Estio do tempo

Coleção **ESTÉTICAS**
direção: Roberto Machado

Estio do Tempo:
Romantismo e Estética Moderna
Pedro Duarte

O Nascimento do Trágico
Roberto Machado

Nietzsche e a Polêmica sobre
"O Nascimento da Tragédia"
Roberto Machado (org.)

Introdução à Tragédia de Sófocles
Friedrich Nietzsche

Pedro Duarte

Estio do tempo

Romantismo e estética moderna

ZAHAR

Grafia atualizada segundo o Acordo Ortográfico da Língua Portuguesa de 1990, que entrou em vigor no Brasil em 2009.

Capa
Jussara Fino

Imagem da capa
Gerhard Richter, *7. April '05*, 2005, óleo sobre fotografia © Gerhard Richter 2011

Preparação
Maria Helena Torres

Revisão
Mônica Surrage
Tamara Sender

CIP-Brasil. Catalogação na fonte
Sindicato Nacional dos Editores de Livros, RJ

D874e Duarte, Pedro
Estio do Tempo: romantismo e estética moderna / Pedro Duarte. — 1ª ed. — Rio de Janeiro: Zahar, 2011.
(Estéticas)

Inclui bibliografia
ISBN 978-85-378-0682-1

1. Romantismo — História. 2. Romantismo — Alemanha — História. 3. Literatura e filosofia. 4. Arte e filosofia. 5. Estética moderna. I. Título. II. Série.

11-1667 CDD: 801
CDU: 82:1

Todos os direitos desta edição reservados à
EDITORA SCHWARCZ S.A.
Praça Floriano, 19, sala 3001 — Cinelândia
20031-050 — Rio de Janeiro — RJ
Telefone: (21) 3993-7510
www.companhiadasletras.com.br
www.blogdacompanhia.com.br
facebook.com/editorazahar
instagram.com/editorazahar
twitter.com/editorazahar

Sumário

O que se pode fazer, enquanto filosofia e poesia estão separadas, está feito, perfeito e acabado. Portanto é tempo de unificar as duas.

Friedrich Schlegel

Prefácio

Filosofia e arte experimentaram, na aurora do romantismo, proximidade inédita na história do pensamento ocidental. Era a virada alemã do século XVIII para o XIX. Sob a contestação da hegemonia do iluminismo e do classicismo, alguns jovens pensadores – como os irmãos Schlegel, Novalis e, a seu modo, Hölderlin – sugeriam, já àquela altura, diferente caminho para a modernidade nascente. Eles confiavam que, com o seu romantismo, "a vida faz-se criação literária, mas com isso o homem torna-se ao mesmo tempo o escritor de sua própria vida",[1] conforme observou mais tarde Georg Lukács. Buscavam unir pensamento e inventividade, reflexão e criação – filosofia e arte. Nesse sentido, eles não fizeram apenas uma filosofia da arte, mas praticaram, ao mesmo tempo, uma arte do filosofar – em textos que pensam poeticamente. Meu objetivo neste livro é apresentar tanto a teoria quanto a prática do amor entre arte e filosofia tal como experimentadas pelos primeiros românticos alemães, tendo em vista sua participação fundadora na estética moderna.

Nas páginas que se seguem, deverá ficar claro que o caráter fragmentado dos escritos românticos não os torna aleatórios ou avessos à compreensão. Interpretação é o que eles exigem. Esta, por sua vez, pede que enfrentemos o debate geral da estética moderna em sua origem, com filósofos como Kant, Fichte e Hegel, com Winckelmann e Lessing, mas também com Shakespeare e Goethe, além de interpretações posteriores, como as de Walter Benjamin, Martin Heidegger, Maurice Blanchot ou Peter Szondi, entre outros autores cruciais de nossa época. Pois o sentido das ideias românticas não nos espera já pronto: devemos construí-lo junto com os textos e seus contextos.

"Somente mostro que entendi um escritor quando sou capaz de agir dentro de seu espírito, quando sou capaz de, sem estreitar sua individualidade, traduzi-lo e alterá-lo multiplamente", sentenciava Novalis.[2] Nesse sentido, busquei traduzir o que os primeiros românticos pensaram, sabendo que esse gesto, porém, também altera o que eles pensaram. Permanece aberta, portanto, a possibilidade de outras traduções. Mais até: o que o romantismo pensou sugere que a vida se faz viva justo na capacidade que as traduções – não apenas de uma língua para outra, mas de uma coisa para outra, como da arte para a filosofia e da filosofia para a arte – têm de tornar o estranho familiar e o familiar estranho. Interpretar é esse gesto que não deixa seu objeto exatamente como o encontrou, mas sem o qual, ao mesmo tempo, esse objeto não produziria sentidos diferentes.

Por fim, gostaria ainda de sublinhar que escrevi este livro dando autonomia aos seus capítulos, o que só foi possível porque cada um deles é definido por questões que dizem respeito à estética moderna. Lê-los separadamente é possível, embora o conjunto ajude a dar mais sentido às partes, já que elas oferecem sugestões para assuntos tratados em outras. Reconhece-se assim, na estruturação do próprio texto, que parte de seu espaço só ganha vida quando chega ao outro, e que o escritor "não o concebe parado e morto, mas vivo e reagindo",[3] como dizia Friedrich Schlegel. Leitor é esse outro que também escreve o texto ao acolhê-lo, já que, para os primeiros românticos, o autor não consegue controlar completamente o sentido daquilo que diz. Este pertence à linguagem.

Apresentação
O breve momento de escrita dos primeiros românticos

"Hoje, poucas pessoas vão querer dar a esta palavra um sentido real e positivo."[1] Essa frase de Baudelaire, escrita em 1846, comentava a palavra "romantismo". De lá para cá, a fortuna do termo não mudou muito, talvez tenha até decaído. É comum empregarmos o adjetivo "romântico" para falar da ingênua nostalgia do passado ou da sonhadora esperança do futuro. Tais sentimentos podem até ter raízes, de fato, românticas, mas de nenhum modo dão conta, em sua simplicidade, do que foi o romantismo ou daquilo que, em seus melhores momentos, ele pretendeu. Menos ainda nos trazem o que permanece pulsando no pensamento romântico quando lemos os seus primeiros autores. Mas quem foram eles? Conhecemos bem a dificuldade de definir o escopo de movimentos literários, escolas filosóficas e períodos históricos. Não é diferente com o romantismo, em especial se lembramos que ele "foi um movimento literário, mas também foi uma moral, uma erótica e uma política", como observou o poeta Octavio Paz, completando ainda que, "se não foi uma religião, foi algo mais que uma estética e uma filosofia: um modo de pensar, sentir, enamorar-se, combater, viajar". Foi "um modo de viver e um modo de morrer".[2]

Essa grande amplitude do romantismo evidencia dois fatores que dificultam defini-lo. Primeiro, os românticos, em geral, buscaram mais borrar demarcações do que desenhá-las, apagar fronteiras do que fixá-las, misturar gêneros do que conceituá-los. Segundo, seu caráter transgressor os fazia atacar cada fundamento conquistado e cada caracterização mais sólida, que eram rapidamente derrubados pelo poder corrosivo de sua própria crítica. Como definir, então, algo que já foi chamado de "revolução permanente",[3] que se quer inquieto, irônico e contraditório? Já se tentou afirmar até que nenhuma visão do homem ou do mundo e nenhuma forma filosófica ou estética caracterizariam de modo pertinente tudo o que chamamos de romântico. Definir o romantismo seria impossível, por conta das diversas matrizes envolvidas nesse fenômeno cultural que se desenrolou entre 1780 e 1848 no Ocidente. Para além das divergências nacionais e das diferenças ideológicas, até essa suposta limitação cronológica pareceria extremamente flexível. Resumindo, a dificuldade de compreender o romantismo não advém da escassez de definições sobre ele, e sim do excesso.

Entretanto, caberia questionar se a resistência a definições que o romantismo apresenta não é, em si mesma, fator decisivo para entender o que ele é. Se assim for, é como se o romantismo, por si mesmo, já nos forçasse a pensar para além do modo classificatório habitual que ele criticava. Mesmo porque, como notou Charles Larmore, "sem dúvida, os temas românticos moldaram nosso pensamento e nossa experiência de muitas maneiras, mas nós ainda precisamos enxergar claramente sua verdadeira promessa".[4] Tal promessa talvez possa ser compreendida se voltarmos aos primeiros românticos, assim chamados por terem assumido, de forma pioneira, a palavra "romântico" como ponto central de seu pensamento crítico e a empregado positivamente. Parece-me, ainda, que essa abordagem faz justiça à historicidade exigida por eles próprios.

É comum situar a emergência do romantismo entre ingleses e, sobretudo, alemães. Muitas foram as razões aventadas para justificar a centralidade, desde 1790, da vertente alemã. É certo que a Reforma Protestante, ao defender que a interpretação da Bíblia não era exclusiva da Igreja, mas dependia da revelação pessoal, contribuiu, com seu exemplo, para a liberdade que os românticos exigiam na leitura de qualquer texto. Lutero conquistou essa liberdade espiritual, "estabelecendo vitoriosamente que aquilo que seria a eterna determinação do homem deveria acontecer nele mesmo",[5] notou Hegel. Também a sensação alemã de atraso cultural frente à Itália e à França estimulava a criação intelectual independente da tradição clássica reinante nesses países, que se colocavam como herdeiros da antiguidade grega. Isso já alimentara o pré-romantismo alemão.

Sobretudo, porém, havia o clima geral, na Europa, de excitação por conta do evento político capital que foi a Revolução Francesa, em 1789, bem como de seus efeitos. Seu significado, para os alemães, foi enorme. Kant percebia nos espectadores do evento entusiasmada simpatia de aspirações – segundo famosa anedota, ele só atrasou seu pontual passeio pela cidade de Köningsberg, feito todos os dias de sua vida, quando foi buscar notícias da Revolução Francesa. Mas ele comentava também que uma "revolução poderá talvez realizar a queda do despotismo pessoal ou da opressão ávida de lucros ou de domínios, porém nunca produzirá a verdadeira reforma do modo de pensar".[6] Essa foi a direção tomada pela cultura alemã: pensar as transformações que ocorriam no âmbito da história. Marx identificava entre os alemães a consciência teórica do que outras nações faziam nessa época. Heine comparava as revoltas do universo intelectual alemão às do mundo material francês, afirmando que a excitação gerada pela demolição do dogmatismo antigo em sua terra era como aquela gerada pela queda da Bastilha na França.

Tal situação deveu-se ao fato de que os alemães não tinham condições econômicas e políticas para seguir o exemplo francês e concretizar a revolução material. Nessa altura, seu território estava fragmentado em vários principados, e sua população era sobretudo agrária, sem a formação da classe média que poderia se opor ao governo. O idealismo foi, coerentemente, a filosofia alemã dessa época: a França buscava realizar a liberdade, já a Alemanha ocupava-se com a ideia de liberdade. Se o avanço francês de Napoleão sobre a Europa trazia o signo da nova figura da humanidade, o desafio alemão seria encontrar, em suas literatura e filosofia, o espírito do período nascente. Hegel já saudara Napoleão como a "alma do mundo a cavalo". Para ele, o espírito da história de então rompia com o mundo presente a ponto de submergi-lo no passado, entregando-se à tarefa de sua transformação. Esse desmoronar-se gradual "é interrompido pelo sol nascente, que revela num clarão a imagem do novo mundo", dizia Hegel. Embora os primeiros românticos sejam muito diferentes de Hegel, provavelmente eles concordariam, vagamente, que "nosso tempo é um tempo de nascimento e trânsito para uma nova época".[7]

Líder do primeiro grupo romântico, Friedrich Schlegel afirmara: "A Revolução Francesa, a doutrina-da-ciência de Fichte e o Meister de Goethe são as maiores tendências da época."[8] Nessa passagem, é preciso frisar a palavra "tendência", pois ela dá o sentido de trânsito e nascimento a que se referia Hegel: de que a época não está pronta, mas, antes, em devir. Só que, diferentemente de Hegel, Friedrich Schlegel não supunha que tal transformação cessaria e alcançaria um fim, pois "sua verdadeira essência é mesmo a de que só pode vir a ser, jamais ser de maneira perfeita e acabada".[9]

Revolução Francesa na política, Fichte na filosofia e Goethe nas artes seriam as tendências da época. Diante da aparente disparidade entre política, de um lado, e filosofia e arte, de outro, Schlegel adverte: quem "se choca com essa combinação, alguém ao qual nenhuma revolução pode parecer importante, a não ser que seja ruidosa e material, alguém assim ainda não se alçou ao alto e amplo ponto de vista da história da humanidade". Mas ele não para aí, e destaca que "alguns livrinhos, nos quais na época a plebe não prestou muita atenção, desempenham um papel maior do que tudo o que esta produziu".[10]

Mais tarde, esse tipo de declaração suscitou o ataque ao "romantismo político" por Carl Schmitt, que via aí certa absolutização da arte, o que seria grave porque decisões religiosas, morais e políticas, bem como conceitos científicos, não seriam possíveis no âmbito exclusivamente estético. Ele situou o romantismo na filosofia moderna, que por sua vez seria governada pelo cisma entre pensamento e ser, conceito e realidade, mente e natureza, sujeito e objeto. No romantismo, esses conflitos seriam solucionados, então, pela arte: "Todas as oposições e diferenças, bem e mal, amigo e inimigo, Cristo e Anticristo, podem se tornar contrastes estéticos." Schmitt, contudo, engana-se ao generalizar que a reação estética do romantismo ao racionalismo "transforma as oposições em balanceada harmonia estética".[11] Tal afirmação não é válida para todas as vertentes românticas, e, a meu ver, certamente não para a primeira, já que ela não acreditava em uma solução final para os conflitos com que lidava. Restaria ainda, de todo jeito, questionar se, para os primeiros românticos, a arte, por si própria, não teria significado político vital e até revolucionário, o que evitaria chamá-los de escapistas e conformistas, como chega a fazer Schmitt. Tal possibilidade parece mais coerente, já que, conforme observou Michel Löwy, o romantismo é atravessado por "uma crítica irascível a certos aspectos do capitalismo e/ou da sociedade burguesa".[12]

Isso, aliás, explica que a acolhida romântica da Revolução Francesa não tenha sido total. Liberdade e fraternidade corriam ao encontro do romantismo. Igualdade, porém, corria de encontro a ele, que valorizava a diferença – motivo pelo qual os românticos criticaram o racionalismo do iluminismo, cujo caráter universalista trazia, segundo eles, a pretensão de tornar homogêneo o que é heterogêneo: os homens, os países, a própria vida. Isso os fazia desconfiar da Revolução Francesa, não só pelo terror por ela desencadeado com Robespierre e os jacobinos, mas porque, com Napoleão, revelava-se um ímpeto imperialista capaz de impor os padrões franceses sobre a Europa. Se a "Revolução Francesa pode ser considerada o maior e mais notável fenômeno da história dos Estados, um terremoto quase universal, um imenso dilúvio no mundo político; ou o protótipo das revoluções, a revolução pura e simples", dizia Schlegel, ela "também pode ser considerada como centro e apogeu do caráter nacional francês, onde estão concentrados todos os paradoxos dele, como o mais temível grotesco da época, onde seus preconceitos mais arraigados e pressentimentos mais fortes se mesclam num caos pavoroso".[13]

Essa ambivalência através da qual os românticos alemães entraram em contato com a Revolução enraíza-se, portanto, na disputa cultural franco-germânica, mas é, ao mesmo tempo, uma crítica à estreita e preconceituosa continuação francesa do gosto vindo da antiguidade clássica grega. Se os primeiros românticos queriam uma revolução, ela não era, então, política, mas artística e filosófica. "Só existia um caminho para a Alemanha chegar à cultura: o interno, o da revolução do espírito",[14] comenta Georg Lukács. Friedrich Schlegel afirmava que "a poesia e o idealismo são os centros da arte e da cultura alemãs".[15] Das três tendências da época, a política era francesa. Já a artística e a filosófica tinham cunho alemão, e foram elas que os próprios românticos buscaram levar adiante.

Nesse sentido, a arte aproximava-se da filosofia. Romantismo, na origem, é essa aproximação. Surpreendentemente, o que encontramos aí "não é a glorificação do instinto ou a exaltação do delírio, mas, bem ao contrário, a paixão do pensamento e a exigência quase abstrata posta pela poesia para que refletisse sobre si e se fizesse através dessa reflexão", como observou posteriormente Maurice Blanchot, para quem "o romantismo é excessivo, mas seu primeiro excesso é um excesso de pensamento".[16] Se, depois, o movimento caiu às vezes no emocionalismo exagerado, foi porque abandonou, em outras vertentes, aquilo que buscaram – e como o buscaram – os primeiros românticos, "pois na filosofia o único caminho que leva à ciência passa pela arte, assim como, ao contrário, só por meio da ciência o poeta se torna artista",[17] afirma Friedrich Schlegel. Se a arte passa pela filosofia, a filosofia passa pela arte. Nesse trânsito, a modernidade acharia a força criativa de seu excesso de pensamento. Para tanto, a "poesia só pode ser criticada por poesia" e o "juízo artístico que não é ele mesmo uma obra de arte", diz Schlegel, "não tem absolutamente direito de cidadania no reino da arte".[18] Se a arte deve ser pensada, a filosofia tem que ser poética. Ser ou não ser arte? Ser ou não ser filosofia? Eis as questões românticas.

Segundo a antiga tradição do pensamento ocidental, para ser alguma coisa não se pode ser outra. Identidade é ser o que se é sem ser outro, senão estaríamos em contradição. Mas "o princípio de contradição está mesmo irremediavelmente perdido",[19] de acordo com Novalis. Restava ficar passivo diante disso ou, como fizeram os românticos, dar liberdade de ação ao que é contraditório. Para tanto, precisaram abandonar a identidade clara do que seriam a arte e a filosofia. Esse abandono era da ordem do amor, estado em que as fronteiras entre os elementos envolvidos tornam-se porosas.

Trata-se aqui do amor entre arte e filosofia na origem do romantismo, experiência que contrariava a duradoura tradição ocidental que as colocara em oposição desde Platão. Só que esse "amor original jamais aparece puro, mas em diversos invólucros e figuras, como confiança, humildade, devoção, júbilo, fidelidade, vergonha e gratidão; acima de tudo, porém, como nostalgia e serena melancolia".[20] São várias, então, as formas de amor entre arte e filosofia. "Segundo a origem, o verdadeiro amor deveria ser ao mesmo tempo inteiramente arbitrário e inteiramente casual, e parecer ao mesmo tempo necessário e livre; mas, segundo o caráter, deveria ser ao mesmo tempo destinação e virtude, e parecer um mistério e um milagre."[21] Não seria diferente com arte e filosofia em suas alternâncias vivenciadas no romantismo.

Não se trata, contudo, de fazer do primeiro romantismo alemão a versão literária do idealismo de Fichte, Schelling e até de Hegel. Tão certo quanto o estreito vínculo entre românticos e idealistas é que uns não foram a mera tradução poética dos conceitos dos outros. Existe, nessa hipótese, o básico problema biográfico: Fichte logo desvinculou suas ideias das românticas; Schelling participou do grupo romântico, mas depois afastou-se dele pela maior parte da vida; e Hegel os atacava com força. Porém, o maior problema dessa compreensão é que ela tende a construir uma figura caricata do romantismo, como se ele fosse apenas sentimental, subjetivo, irracional, impulsivo, caótico e dispersivo, julgando-o segundo alternativas duais que, do lado oposto, colocam a frieza, o objetivo, o racional, a sobriedade, a ordem e o centro. Só que os primeiros românticos alemães buscam superar justamente esse tipo de raciocínio dualista, que entretanto é revivido sempre que se tenta situá-los no extremo inferior das hierarquias de valor assim estabelecidas – extremo no qual se enquadram muitas manifestações românticas, mas não as do primeiro romantismo.

Dentre as dualidades da tradição ocidental, estava a que dividia filosofia e poesia. O contato entre elas era considerado mútuo empobrecimento: a filosofia seria simbolicamente vaga, a poesia transbordaria intelectualidade metafísica. Este é, ainda hoje, o problema que os primeiros românticos colocam e pelo qual são discretamente mencionados na arte e na filosofia. Cada lado os encara como impuros demais para si e prefere jogá-los para o outro. No caso da filosofia, os primeiros românticos são vítimas de grande preconceito por conta da forma fragmentária de seu pensamento, produzido em uma época na qual reinava a forma do sistema. Entretanto, julga-se aqui o sintoma, ou seja, a aparência do pensar na forma de fragmentos, sem contudo considerar sua causa, pois tal escolha, longe de ser fruto da carência de filosofia, deveu-se antes a razões filosóficas. Tentou-se, às vezes, dizer que se trataria, então, de crítica de arte. Só que a questão permanece, pois, conforme observou Walter Benjamin, os primeiros românticos "superaram a diferença entre a crítica e a poesia".[22]

Continuamos, assim, com o problema do sentido do romantismo na sua origem. Isso, contudo, pode até ser bom, já que é sinal de que ele continua a desafiar nossos modos habituais de pensar, mesmo passados mais de dois séculos. Pode valer, por fim, lembrar que, para os primeiros românticos, "o sentido somente entende algo quando o acolhe em si como germe, o alimenta e deixa crescer até a flor e o fruto".[23] Melhor do que defini-los, portanto, é acolher a flor e o fruto que podem advir do crescimento de seu pensamento. Porém, de onde aguardar que esse sentido brote? Philippe Lacoue-Labarthe e Jean-Luc Nancy, em seu estudo sobre o primeiro romantismo,[24] apontam para critérios bastante empíricos quando se trata da procura por tal projeto romântico. Ele residiria nesse "*momento de escrita* breve, intenso e fulgurante (cerca de dois anos e algumas centenas de páginas), que por si só abre toda uma era", mas que ao mesmo tempo "exaure-se na sua inabilidade de alcançar sua própria essência e objetivo, e que, em última instância, não encontra nenhuma outra definição senão um lugar (Iena) e uma revista (a *Athenäum*)".

Pode até ser que, além de Iena, tenha havido outra cidade, como Dresden. Pode ser que não tenha sido só uma revista, mas duas. Pode ser que sejam mais de dois anos. Mesmo assim o núcleo do primeiro romantismo alemão continua sendo Iena, a *Athenäum* e os anos de 1798 a 1800. Seu curto raio no espaço e sua breve presença no tempo são, entretanto, inversamente proporcionais à sua energia e à revolução que provocaram no pensamento. Situados na parte norte do território alemão, os jovens primeiros românticos usufruíram da paz que veio com o armistício em 1795, após a derrota da Prússia e seus aliados na guerra contra a França, bem como de uma universidade com grande liberdade acadêmica, na qual lecionaram Reinhold, Schiller, Fichte, Schelling e Hegel. Em meio ao furacão que varria a época, eles buscaram responder, pelo pensamento, ao que ainda nascia: a modernidade.

É possível fixar em 1796 o começo dessa história. No verão desse ano, Friedrich Schlegel juntou-se a seu irmão mais velho, August, que lecionava na cidade de Iena. Naquela altura, Friedrich já escrevera, mas não publicara, seu ensaio *Sobre o estudo da poesia grega*, texto que adianta posições românticas sobre a relação com a antiguidade clássica, embora num estilo pouco resolvido. Seu irmão já era um respeitado crítico literário, tendo valorizado autores como Dante e Shakespeare, centrais no cânone estético moderno. Em 1797, Friedrich vai a Berlim. Torna-se amigo de Schleiermacher, teólogo que formula a hermenêutica, e de Ludwig Tieck, conhecido autor de peças e romances. Desde que fora estudante em Leipzig, era amigo também de Friedrich von Hardenberg, figura central da poesia ocidental, conhecido pelo pseudônimo Novalis.

Esses encontros pessoais teceram os fios da rede que ligou os componentes do movimento romântico. Seus primeiros contatos em grupo ocorreram no verão de 1798, em Dresden, por convite dos irmãos Schlegel. Estavam lá Caroline Schlegel, esposa de August, e Novalis, além de Fichte, professor de muitos deles, e de seu discípulo Schelling. Eles se encontravam às vezes no museu da cidade, como testemunham alguns textos que mesclam relato biográfico e reflexão teórica, por exemplo o que August e Caroline escreveram sobre "as pinturas", dando conta de suas "conversações no Museu de Dresden". Os dois adiantam, aqui, a discussão dos primeiros românticos sobre a linguagem, pois tudo gira em torno da sua relação com as artes plásticas. "Para todas as artes, como quer que se chamem, o único órgão de comunicação comum é a linguagem",[25] chegam a afirmar.

Entre 11 e 15 de novembro de 1799, ocorreu a mais famosa reunião dos primeiros românticos em Iena, na qual estavam os irmãos Schlegel e Tieck com suas mulheres; Schelling; o físico Johann Wilhelm Ritter; e Novalis com seu irmão. Novalis lê seu texto "A cristandade ou a Europa" para o grupo. Schelling escreve um poema satírico contra o seu entusiasmo religioso. Friedrich Schlegel sugeriu a publicação de ambos na *Athenäum*. Posteriormente, Dorothea Veit e Tieck deram depoimentos contraditórios: a primeira dizia só ela ter sido contra a publicação do texto de Novalis, já o segundo falou de rejeição geral ao texto. Schleiermacher, embora não estivesse no encontro, tomou conhecimento do escrito e não gostou, em especial da visão sobre o papado romano. August

Schlegel pediu a opinião de Goethe, que desaconselhou a publicação, tendo em vista as polêmicas que a *Athenäum* vinha suscitando e o clima pesado em torno das acusações a Fichte por ateísmo.

Recusado por fim e objeto de tantas divergências, o texto de Novalis, ainda assim, serve até hoje para que às vezes se acuse um conservadorismo romântico na origem do totalitarismo político que vicejou entre os alemães mais de um século depois. Desprezam-se, aqui, a ambiguidade e a singularidade do texto, responsáveis por ele ter suscitado divergências de opiniões desde sua primeira apresentação, como vimos. Pior que isso, porém, é menosprezar, como às vezes se faz, o fato de que, enquanto o nazismo adotava o critério da cientificidade técnica, biológica e racista para definir os homens e as nações, o primeiro romantismo, ao contrário, insistia na importância do critério cultural.

No ano de 1800, o último de grande vigor do grupo romântico original, Friedrich Schlegel publica o que talvez seja seu mais fundamental documento, a *Conversa sobre a poesia*. Ela faz uma espécie de retrato ficcional do núcleo real do grupo, no qual, de forma inovadora, as mulheres tinham importante participação intelectual. Na *Conversa*, Antonio é o próprio Friedrich Schlegel e Camila é sua futura esposa, Dorothea; Andrea é August Wilhelm, irmão de Schlegel, e Amalia é sua mulher, Caroline; Lothario é Novalis; Marcus é Tieck; e Ludoviko é Schelling. Logo no início do texto, Friedrich, em tom que confunde o biográfico e o ficcional, explica o seu teor.

> Tem-me sido sempre estimulante falar de poesia com poetas e pessoas de inclinação poética. De muitas conversações deste gênero jamais me esqueci, enquanto de outras já não sei ao certo o que pertence à fantasia e o que pertence à lembrança; muita coisa efetivamente ocorreu, e o resto terei inventado. Como na conversa que se segue, que deve apresentar em oposição pontos de vista completamente diferentes, cada qual podendo apontar o espírito infinito da poesia sob uma nova luz, e todos eles se esforçando, mais ou menos, às vezes de um ângulo, às vezes de outro, para alcançar o âmago da questão. O interesse desta variedade de abordagens fez-me decidir por partilhar o que havia observado numa roda de amigos, e inicialmente pensado apenas em referência a estes...[26]

Tal partilha é a escritura do primeiro romantismo alemão. Ela aparece, aqui, como uma conversa, em forma de fragmentos, a preferida de Schlegel e seus amigos. Não eram fragmentos póstumos e circunstancialmente sem acabamento, mas sim a sua forma de abordar a verdade, o absoluto, combinando diferentes perspectivas, como por exemplo as diversas opiniões do diálogo, de sorte que cada uma lançaria foco de luz sobre este ou aquele aspecto da questão. Fica claro, ainda pela passagem citada, o quão decisivo era o contato fraternal do grupo, o que fora anunciado desde o início da *Athenäum*. Seus laços iam além dos objetivos artísticos ou filosóficos. Eram laços amorosos, de amizade, eróticos. Não só os irmãos Schlegel estavam lá com suas companheiras. Schelling, por exemplo, parece ter tido especial interesse por Caroline, então mulher de August, com quem se casaria anos mais tarde, em 1803. Ela, aliás, recebeu a provocadora alcunha de "Madame Lúcifer", pela atração sexual e intelectual que exercia sobre os homens nos círculos sociais da época.

Essa convivência viabilizava, na prática, a subversão do princípio autoral na arte e na filosofia. Os primeiros românticos escreveram anonimamente textos que seriam produções coletivas, sem assinatura e sem autoria individual, questionando a ideia de uma subjetividade empírica responsável por uma obra. Boa parte da *Athenäum* foi assim oferecida ao público, o que não deixa de ser mais uma versão da rebelião tipicamente romântica contra os cânones normativos, ou seja, contra a figura da autoridade. Foi o que eles chamaram de "simpoesia" e "sinfilosofia", onde o prefixo "sin" significa "mesmo", "junto". Seria possível, então, estar em sintonia e, assim, poetizar ou filosofar junto, o que ressoa na formação concreta de uma comunidade filial.

Romanticamente, esse convívio encorajava a fuga dos padrões de sociabilidade da tradição e buscava exercitar certa liberdade existencial. Liberal, para os românticos, é "aquele que é, como que por si mesmo, livre de todos os lados e em todas as direções, e atua em toda a sua humanidade; que venera, na medida de sua força, tudo aquilo que age, é ou será, e participa de toda vida sem se deixar desviar, por visões limitadas, ao ódio ou desprezo por ela".[27] É a disposição de conversar, de não se limitar e de comunicar. Os amores eram experiências felizes justo nesse sentido. Friedrich Schlegel defendera o amor livre no romance *Lucinda*, de 1799. Na *Athenäum*, escreveu que quase todos os matrimônios eram só concubinato, sugeriu o casamento "*à quatre*" e observou que "aqui se deveria limitar o menos possível o arbítrio, que também deve ter direito à palavra quando o que está em questão é se alguém quer ser um indivíduo por si ou apenas parte integrante de uma personalidade coletiva", concluindo que "se, não obstante, o

Estado quiser manter à força essas tentativas frustradas de matrimônio, impedirá com isso a possibilidade do próprio matrimônio, que poderia ser estimulado por tentativas novas e talvez mais felizes".[28]

Em momentos mais audaciosos, alguns membros do círculo romântico imaginaram que ali podia se formar até algo como uma sociedade secreta, marginal. Isso é coerente, a despeito da possível ingenuidade, com sua crítica à atomização da época moderna e com seu repúdio ao filisteísmo que, prezando a erudição vazia, rompia a ligação da vida com a arte. Frequentando aulas juntos, estudando juntos, em contato com as grandes figuras intelectuais da época, discutindo a filosofia e a arte de seu tempo, mas também a política, os primeiros românticos formaram sua singular comunidade. Sua intensa convivência vinha de par com a importância decisiva que a amizade e o amor tinham no seu pensamento. Novalis, ao se apaixonar pela menina Sofia, aproveitava para apontar a convergência entre pensamento e vida: em ambos, estaria em jogo, para ele, o *philos* (amor) pela *sofia* (saber). Friedrich Schlegel afirmava que "seria melhor não escrever obras cujo ideal não tem para o poeta realidade tão viva e, por assim dizer, tanta personalidade quanto a amada ou o amigo".[29]

Por conta dessa produção conjunta, é difícil discernir com precisão o "patrimônio intelectual" de cada integrante do grupo romântico de Iena. Mesmo fora dele, porém, a atividade era tão intensa que, para falar do romantismo, é preciso falar da estética moderna como um todo. Goethe e Schiller, por exemplo, primeiro fizeram parte do movimento pré-romântico Sturm und Drang ("Tempestade e Ímpeto"), que teve em Herder seu líder intelectual, mas que também se inspirava em Hamann, pensador místico conhecido como Mago do Norte. Depois, através da mudança de rumo marcada pela viagem de Goethe à Itália, entre 1786 e 1788, onde toma contato com as obras antigas, ele e Schiller constituíram em Weimar certo classicismo, aparentemente em oposição aos românticos. Mas Weimar, que fica separada de Iena por não mais que trinta quilômetros, tinha grande contato com esta. Tal confusão cresce pois Lessing e Winckelmann, pertencentes à geração anterior, foram grandes referências para os românticos, a despeito de seu pendor clássico. É que, ao contrário do que se pensa, "essa grande combinação", para Friedrich Schlegel, "inaugura uma perspectiva inteiramente nova e ilimitada daquela que parece ser a mais alta tarefa de toda arte poética – a harmonia do clássico e do romântico".[30]

Na dimensão filosófica, os primeiros românticos situam-se no que ficou conhecido como pós-kantismo. Pensar a filosofia de Kant tornara-se, para eles, o enfrentamento da própria modernidade. Nesse contexto, prepondera a influência de Fichte, professor de muitos e inspirador de toda a geração. Seu mais afamado aluno, Schelling, participa do grupo de Iena e depois desenvolve, em linha própria, intuições gestadas ali. De quebra, embora distante em termos pessoais, o poeta Friedrich Hölderlin, em suas ideias, esteve próximo dos primeiros românticos. Hegel também fazia parte dessa geração, tendo sido amigo de Schelling e Hölderlin no famoso seminário de Tübingen. Sua juventude é marcada pelo romantismo, mas a grandeza de sua maturidade filosófica foi precisamente ter deixado para trás o lastro romântico de forma muito original e própria. Marginalmente, Humboldt, com suas reflexões sobre a linguagem, pertence ainda a essa cena.

Não faltaram, além disso, influxos tardios de outros grupos românticos que se seguiram àquele primeiro sediado em Iena, como o de Heidelberg, em torno de 1806 até 1808, do qual participaram Clemens Brentano, Achim von Arnim, Bettine von Arnim, Joseph Görres e Eichendorff, sendo que a ele também foram ligados os irmãos Grimm. Entre 1808 e 1809, houve um grupo romântico em Dresden, centrado em Adam Müller e Heinrich von Kleist. Pouco mais tarde, surgia o romantismo de Berlim, que recebeu integrantes de Heidelberg e de Dresden, contando com figuras como Arnim, Brentano, Adelbert von Chamisso, Friedrich de La Motte Fouqué, E.T.A. Hoffmann e, num certo período, Kleist. Existiram, ainda, outros círculos românticos, mas de menor projeção.

Nenhum "círculo", contudo, foi tão ousado quanto o que se formou em Iena, pois só ali esta palavra definia que jamais uma posição fixa e estável seria segura. Tratava-se de percorrer um círculo, porque pensar não seria achar saída, mas ganhar, na circulação, o movimento. Friedrich Schlegel dizia que "a filosofia ainda caminha demasiadamente em linha reta, e ainda não é suficientemente cíclica".[31] Podemos empregar os termos "grupo" e "escola", no caso dos primeiros românticos, com os sentidos de fato filosóficos de "círculo" e "movimento". E mais: cabe ainda destacar que distinguir entre os componentes do grupo de Iena e os que, embora situados no clima da estética romântica, ficaram de fora dele não é só artifício historiográfico. Em atitude pioneira, os próprios românticos de Iena sentiam-se um grupo com afinidades internas, e assim se apresentaram para o exterior, até quando esse gesto era polêmico. Não é de fora, portanto, que classificamos os primeiros românticos como grupo. Eles é que se apresentavam assim.

Marque-se que Friedrich Schlegel e seus amigos não se denominavam românticos necessariamente, nem foram os primeiros a usar a palavra. No sentido literário, o termo emerge na Inglaterra, no século XVII, referindo-se sobretudo aos velhos romances, mas não definia o gênero como forma moderna típica, e sim a narrativa de aspecto fantástico com cunho cavalheiresco e amoroso, em geral proveniente de culturas românicas neolatinas, como a portuguesa ou a espanhola. Sua marca era a desobediência ao que seria o ideal antigo clássico de equilíbrio e proporção, tendo, por isso, conotação pejorativa. Pouco a pouco, porém, seus personagens ganham apelo junto aos leitores, justamente por seu caráter livre e conflituoso, o que ocorreu sobretudo durante o pré-romantismo alemão. Lembremos, por exemplo, a onda de suicídios desencadeada entre os alemães pela publicação, por Goethe, do romance *Os sofrimentos do jovem Werther*, marco decisivo do movimento Sturm und Drang.

Com o grupo de Iena, porém, o significado da palavra "romântico" muda bastante. Refere-se, às vezes, ao cânone que passa por Dante, Cervantes e Shakespeare. Pode ser aplicada para falar da tradição medieval. Em outros momentos, seu sentido aproxima-se do que é simplesmente moderno. Mas, em geral, predomina o significado daquilo que ainda precisa ser feito, da poesia que deve ser produzida. Só que, como anunciou Friedrich Schlegel, essa poesia romântica, longe de estar restrita à forma literária, "abrange tudo o que seja poético, desde o sistema supremo da arte, que por sua vez contém em si muitos sistemas, até o suspiro, o beijo que a criança poetizante exala em canção sem artifício".[32] É em torno desse ideal amplo de poesia que se juntam aqueles que incluímos no ciclo do romantismo de Iena, orientados ao mesmo tempo para o passado e para o futuro, para os gregos clássicos e para os desafios da criação e do pensamento modernos.

Mesmo com grande heterogeneidade desde cedo entre os primeiros românticos, o que conta é seu projeto consciente, explícito e programático de atuar como grupo no contexto da arte e da filosofia de seu tempo. E assim surgiu o primeiro movimento estético moderno que conhecemos. Por isso, Philippe Lacoue-Labarthe e Jean-Luc Nancy afirmaram que o primeiro romantismo "antecipa a estrutura coletiva que artistas e intelectuais do século XIX até o presente irão adotar", completando que, "de fato, e sem qualquer exagero, foi o primeiro grupo *avant-garde* da história".[33] Como as vanguardas em geral, os primeiros românticos ergueram seu pensamento num período de tempo curto. Nem seus integrantes, seguindo cada um o seu caminho após a dissolução do círculo, mantiveram a radicalidade desses poucos anos do final do século XVIII.

Em 1800, cessa a edição da *Athenäum*. Novalis morre em 1801. Schleiermacher aceita o cargo de pregador numa pequena cidade. Seus interesses mudam e, quando ele se volta para a estética, anos depois, pouco resta da visão romântica. August Schlegel dedica-se a cursos sobre a estética romântica que difundiram as ideias do grupo, mas acrescentaram pouco a elas. Se a Revolução Francesa, em 1789, impulsionara os jovens alemães ao frescor renovador, eles foram abatidos pela maré conservadora de sua cultura a partir de 1815, com o fim das guerras de libertação face à dominação de Napoleão. Friedrich Schlegel é o caso emblemático, o que torna bem difícil pensar em progresso na sua obra. Ele ainda escreve depois seus ensaios sobre pintura italiana e arte gótica e cristã, além de fazer o estudo pioneiro sobre a cultura da Índia. Mas sua guinada conservadora é clara, o que faz da nota biográfica de sua conversão ao catolicismo fato simbólico. Resta pouco da impetuosidade da reflexão juvenil. Desconsiderar esse rápido aborto do que o romantismo foi na origem pode levar à acusação de que ele seria conservador. Portanto, ao analisar seu caráter religioso e político, é bom ter em vista que seu fim difere de seu início.

Daí o acerto em afirmar que o momento de escrita da origem do romantismo, embora intenso e brilhante, foi breve. Nem o próprio Friedrich Schlegel pôde estar completamente à altura da reflexão produzida pelo primeiro grupo romântico de que fez parte. É possível que nós também não estejamos. Só o fato de continuarmos a imputar autoria a essa obra já é sinal de que nos falta algo para alcançá-la, posto que, em grande parte, ela foi oferecida sem autor, como criação da própria linguagem a partir da escrita coletiva. Não demos conta, ainda, da inovação de pensamento dos primeiros românticos. Isso não os deixa permanecer só no passado. Eles estão no futuro, à espera de leitores. Estão no futuro do pretérito. Contestando a hegemonia do iluminismo e do neoclassicismo, os primeiros românticos participaram do que Habermas chamou de "crítica estética da modernidade".[34]

Foi Octavio Paz quem melhor descreveu essa situação do romantismo, ao afirmar que, se ele nega a modernidade como fora concebida pelo século

XVIII, tal negação é moderna, ou seja, é uma negação dentro da modernidade: "O romantismo convive com a modernidade e a ela se funde só para, uma e outra vez, transgredi-la."[35] Modernos por excelência, os românticos o eram, sobretudo, por trazerem consigo o poder crítico que a modernidade sempre exigiu, mas eles o apontavam para a própria modernidade. Novalis expõe o sentimento romântico sobre sua época ao escrever que "estava a murchar o horto deleitoso da jovem estirpe", que "só e sem vida a Natureza estava", pois, acrescenta, "cingiram-na o árido número e a exigente medida, com cadeias de ferro".[36] Essa crítica romântica buscava limitar o poder que a ciência moderna das Luzes gostaria de exercer, pois o intelecto, ao mensurar tudo através de cálculos, poderia matar a própria vida das coisas. Ele deveria ser acompanhado pela imaginação estética, ou seja, poética.

Não seria de bom-tom, portanto, submeter os românticos ao critério de mensuração numérica que eles mesmos atacaram. Deveríamos, antes, lê-los criticamente, sabendo que, como disse Friedrich Schlegel, "crítico é um leitor que rumina" e que, "por isso, deveria ter mais de um estômago".[37] Essa tarefa, contudo, não é simples, pois vai contra a pressa que nos faz correr com as leituras, em vez de remastigá-las ou remoê-las. "É certo que, a praticar desse modo a leitura como *arte*, faz-se preciso algo que precisamente em nossos dias está bem esquecido", escreveu Nietzsche, e "para o qual é imprescindível ser quase uma vaca, e não um 'homem moderno': *ruminar.*"[38] Ecos de Schlegel. Ele dizia, aliás, que classificações ruins dominam até épocas inteiras.[39] Portanto, melhor do que classificar o romantismo é acompanhar seu ritmo, semelhante ao da música de Schumann, que "inicia como se continuasse um processo que já estava em movimento, e termina, sem resolução, em uma dissonância",[40] conforme observou Charles Rosen. Prefiro, assim, encerrar – ou começar – com palavras da poeta Sophia de Mello Breyner, que, ao falar do romantismo, termina paradoxalmente não com um "árido" ponto final, mas com ponto de interrogação.

> A Alemanha romântica é um estio maravilhoso do tempo. Mas este estio não consegue deter os caminhos da civilização ocidental, não consegue deter os homens que trabalham incessantemente como as fúrias. Pois a Alemanha romântica não é uma época, é apenas alguns homens. E poderão alguns homens salvar o mundo?[41]

1. A emergência filosófica da arte

Fernando Pessoa escreveu, certa vez, que "no desenvolvimento da metafísica, de Kant a Hegel, alguma coisa se perdeu".[1] Mas o que teria se perdido? Compreendida como o caminho reto que vai de Kant até Hegel, a filosofia moderna teria ordenado tudo o que houve entre eles como degraus de uma escada que levaria de um a outro, embora justamente aí talvez houvesse, pelo contrário, algum tipo de desvio, alguma outra possibilidade de pensamento – quem sabe até algo que fizesse emergir, de forma singular, o valor filosófico da arte. Em termos históricos, entre Kant e Hegel, na virada do século XVIII para o XIX, fica justo o período dos primeiros românticos alemães. Estaria com eles a "alguma coisa" perdida de que fala Fernando Pessoa? E, se sim, o que exatamente ela seria?

Kant foi o filósofo da crítica. Criticar, para ele, não era atacar nada, mas discernir, delimitar. Kant limita a pretensão do conhecimento humano. O sentido negativo da crítica está em que ela nega a chance de alcançarmos a verdade absoluta. Nós só apreenderíamos os fenômenos, ou seja, as coisas como aparecem para nós, e não como são em si mesmas. Mas como elas apareceriam para nós? Segundo Kant, pela ação – comum a todos os homens – dos conceitos intelectuais do entendimento sobre os dados que recebemos intuitivamente na sensibilidade. Ou seja: não pensamos diretamente sobre as coisas, mas sobre as intuições que temos delas. O termo "intuição" designa um acesso imediato às coisas que é apenas sensível,[2] enquanto a ação de nosso intelecto só chega a tais coisas já pela mediação dessa sensibilidade. Eis por que, para Kant, o homem jamais possui intuição intelectual: pensamos intelectualmente sobre o que já colhemos intuitivamente. Kant consolida, na era moderna, seu contexto de cisão: intuição e intelecto, sensibilidade e entendimento, fenômeno e coisa em si, necessidade e liberdade, conhecimento e moral, teoria e prática, finito e infinito, sujeito e objeto.

Esse dualismo foi sentido como problema pelo próprio Kant ao final de sua vida. Em sua esteira, os filósofos posteriores tiveram por objetivo contornar as cisões do projeto crítico original: a filosofia de Kant, ao colocar limites, devia ser ultrapassada. Era o problema que exigia solução. Tudo que ficara separado devia ser juntado numa síntese. Daí nasceu, com Fichte e Schelling, o que conhecemos como idealismo alemão. Nenhum dos dois, porém, foi tão resoluto quanto Hegel. Se Kant desconfiara da pretensão de saber como as coisas eram em si mesmas, Hegel perguntou "por que não cuidar de introduzir uma desconfiança nessa desconfiança, e não temer que esse temor de errar já seja o próprio erro". Partindo daí, pôde dar à filosofia a tarefa de apresentar o "movimento de formação cultural" cuja meta final é "a intuição espiritual do que é o saber".[3] Foi tal intuição, espiritual ou intelectual, que Kant declarara, anos antes, não ser possível para o homem, mas apenas, hipoteticamente, para Deus. Só que, ao contrário dele, Hegel aceita tacitamente equiparar o homem a Deus. Embora Hegel desista, no decorrer de sua filosofia, da ideia de intuição intelectual como união imediata das oposições, sua lógica é pensamento puro, sem empiria, assemelhando-se ainda à intuição intelectual.

É claro que Hegel não pretendeu restaurar o dogmatismo pré-crítico e postular o acesso puro à verdade, excluindo toda falta e toda negatividade críticas. Hegel não aniquila o negativo, mas o coloca – e resolve – no que chamou de dialética. Ela o absorve enquanto antítese que, em vez de anular a tese a que se opõe, produz, a partir do choque com ela, outra coisa, resultado das anteriores: a síntese final da tensão antes existente. Inclui-se o negativo como motor do positivo: "o espírito encara diretamente o negativo e se demora junto dele", sendo que "esse demorar-se é o poder mágico que converte o negativo em ser".[4] Todo "não" passava a ser apenas etapa preparatória para o "sim" pleno do ser no processo dialético. Portanto, a crítica era até necessária: ao cindir negativamente, ela obrigava o pensamento a fazer seu movimento de "re-união" positiva – de Kant a Hegel.

Já antes de Hegel, com os primeiros românticos, a ênfase na negatividade da crítica também era questionada. Para eles, se "Kant introduziu na filosofia o conceito de negativo", podia ser "uma tentativa útil introduzir agora na filosofia também o conceito do positivo".[5] Desde cedo, o romântico Friedrich Schlegel encarava a dualidade moderna de princípios opostos: o impulso da alma a partir de dentro e os decretos da natureza a partir de fora. Essa divisão entre interioridade subjetiva e exterioridade objetiva aparecia como problema. Seria preciso talvez juntá-las. Os românticos reconheciam, como Hegel, que a formação recente levara "ao topo da mais dura contradição", já que "o entendimento moderno produz no homem esta contraposição que o torna anfíbio, pois ele precisa viver em dois mundos que se contradizem, de tal sorte que a consciência, nesta contradição, também se dirige para lá e para cá e, jogada de um lado para o outro, é incapaz de satisfazer-se".[6]

Se o diagnóstico da modernidade feito pelos primeiros românticos assemelhava-se ao de Hegel, o prognóstico, porém, era diferente. Enquanto Hegel dava a solução definitiva e plena para aplacar esse pêndulo que, entre os extremos, jamais se satisfazia, Friedrich Schlegel afirmava que "o espírito que conhece as orgias da verdadeira musa nunca irá percorrer esse caminho até o fim". Não haveria como aplacar o desejo de união que, no entanto, pulsava aí tanto quanto nos demais pensadores pós-kantianos: a cada solução, surgiriam novos problemas; a cada satisfação, renasceria o desejo. Embora sentissem a necessidade de ir além de Kant, os românticos não acreditavam que o espírito apreendesse o saber absoluto, pois este "nunca pode saciar uma ânsia que renasce da própria plenitude da satisfação, eternamente renovada".[7] Os românticos de Iena transformaram a "eternidade", substantiva, em advérbio aplicado à renovação – "eternamente".

Eles atentavam, assim, contra o preceito metafísico tradicional de que a verdade absoluta se define pela ausência de tempo da eternidade plena. Novalis escreveu que "a eternidade é realizada temporalmente, a despeito do fato de que o tempo contradiz a eternidade". Essa contradição explica-se porque nada é eterno, a não ser a busca pela eternidade, que se dá eternamente pois o objeto que ela almeja lhe diz "não", recusa sua apropriação absoluta, tem caráter negativo. Nada que está no tempo é eterno, mas o próprio tempo o é. Só o tempo é para sempre: a dinâmica infinita pela qual, a cada falta, nova resposta é dada, mas ela não é senão o início de outra falta – e assim sucessivamente, sem ponto final. É que, a despeito da tentativa de engendrar a positividade na filosofia para chegar ao absoluto, os primeiros românticos achavam que "este absoluto que é dado a nós só pode ser conhecido negativamente".[8] Pela pretensão positiva de encontrar o saber absoluto, os românticos experimentaram sua resistência negativa. Em seu pensamento, o negativo não pode ser totalmente absorvido pelo positivo, nem mesmo através da dialética.

Nesse sentido, os primeiros românticos tinham seu desejo definido por Hegel, mas sua natureza marcada por Kant. Eles queriam a síntese, mas sabiam, criticamente, que ela não era possível. Situados nessa tensão, esboçaram o pensamento contraditório que, até hoje, gera desconfiança acerca de sua consistência. Ela não é, como vemos, casual. É fruto do lugar onde a reflexão romântica original se instalou: entre a crítica de Kant e a síntese de Hegel. Mesmo quando o diagnóstico sobre o caráter conflitante de sua época era severo, os primeiros românticos não compactuavam com a solução de Hegel. Schlegel observou, certa vez, que "o pecado original da cultura moderna é a separação completa e o desmembramento das forças humanas, que, contudo, só poderiam permanecer saudáveis numa combinação livre".[9] Muitas vezes, Schlegel nem considerou essa separação um pecado. Mas, até quando o fez, não apelou para a síntese final do saber absoluto, ao modo de Hegel. Ele falou, em vez disso, de livre combinação, conjugação e vinculação, o que não significa abolir os termos conflitantes em prol do seu resultado dialético.

Nessa situação, Novalis gostava de dizer que "a filosofia fica paralisada e deve permanecer assim – pois a vida consiste precisamente nisso, em não poder ser possuída". Na contramão do movimento que caracterizaria, mais tarde, a dialética de Hegel, Novalis defendeu que a filosofia devia paralisar a tensão entre ser e não-ser: quando o negativo (o não-ser) opõe-se ao positivo (o ser), eles não constituem o processo de síntese da nova positividade. Para o romantismo, a "vida é alguma coisa composta de síntese, tese e antítese, e, ainda assim, de nenhuma das três",[10] porque a dialética não esgota ou totaliza o ser da vida, que é busca infinita. Novalis chega até a afirmar que a "filosofia, o resultado do filosofar, surge através da *interrupção* do esforço na direção do conhecimento do fundamento". Filosofia não é, portanto, continuidade progressiva, pois seu fundamento jamais é possuído completamente. Não há consumação da junção absoluta entre o que é dividido, entre sujeito e objeto, homem e mundo, eu e não-eu.

> O que eu faço quando filosofo? Eu reflito sobre um fundamento. O fundamento do filosofar é, então, o esforço da procura do pensamento de um fundamento. … Todo filosofar deve, portanto, acabar em um fundamento absoluto. Mas, se ele não é dado, se esse conceito contém uma impossibilidade – então o impulso para filosofar seria uma atividade infinita – e sem fim porque haveria uma eterna urgência por um fundamento absoluto que só pode ser satisfeita relativamente – e que, portanto, jamais cessaria.[11]

Essa posição romântica foi aberta com os estudos que Novalis fez já em 1795 sobre seu professor, Johann Gottlieb Fichte, principal pensador da época. Fichte sublinhava as contradições da filosofia, em especial quando pensava o ser de tudo o que é a partir da determinação recíproca entre sujeito e objeto, eu e não-eu. Ele afirma que o ponto de inflexão do saber absoluto é oscilar entre ser e não-ser do saber, pois "não há unidade a não ser dos separados, e não há separados a não ser da unidade". Mas Fichte volta, depois, ao ponto de vista da síntese filosófica completa. Sua meta é o "captar-se do saber, como aqui chegado a seu *término* e absolutamente fixado". Ele conclui com o saber absoluto no eu, com "o cunho de sua própria perfeição".[12] Já Novalis, por sua vez, afirma que a esfera mais alta é mesmo "entre ser e não-ser" e que é na "oscilação entre os dois" que fica "o conceito da vida".[13] Esse "entre", muito sutil, é a tensão do romantismo alemão em sua origem.

Fichte buscava o princípio elementar fundamental por trás da crítica de Kant, a unidade da razão aquém do dualismo entre o eu subjetivo e o não-eu objetivo. Para tanto, reabilitou a noção de intuição intelectual, mas sem fazer oposição a Kant, apenas transformando seu significado. Ela não seria direcionada para fora, para alcançar as coisas em si no mundo exterior. Remetida para o interior, ela se torna, agora, autointuição, autoapreensão da atividade do eu. Fichte joga a filosofia sobre o que chama de "egoidade". Porém, como pode o sujeito que é eu, ao se voltar para dentro de si, alcançar o objeto que é não-eu? É que, quando penso a mim mesmo, não sou só o sujeito que pensa, mas também o objeto pensado, ao contrário do que ocorre quando está em jogo algo fora de mim, pois aí eu sou o pensante, mas não o pensado. Esse raciocínio de Fichte engolfa o não-eu pelo eu, como se trouxesse ambos a seu fundamento absoluto, sem divisão: "A autoconsciência é imediata; nela, subjetivo e objetivo estão inseparavelmente unificados e são absolutamente um."[14] Essa metafísica da autoconsciência achava no eu a superação do dualismo de Kant, pois sua constante atividade produziria até o não-eu. Entende-se por que Novalis suspeitou que "Fichte colocou, muito arbitrariamente, tudo dentro do eu".[15]

Romanticamente, a filosofia "nada pode gerar": "algo precisa lhe ser dado".[16] Ou seja: o eu, ao contrário do que gostaria Fichte, não produz o não-eu. Não criamos o que nos afeta. Para Novalis, o eu não é só ativo, mas tem passividade, pela qual recebe o que lhe é dado. Novalis chama a atenção aqui para que, quando Fichte assinala que na atividade da autoconsciência o eu é tanto sujeito (que pensa) quanto objeto (pensado), a identidade por ele procurada precisa, ao mesmo tempo, ser uma duplicidade. Se sujeito e objeto são o eu, ou seja, se o dois vira um, também o eu torna-se sujeito e objeto, ou seja, o um vira dois: ao invés da perfeita fundamentação do ser consigo mesmo, instaura-se a dessemelhança, a diferença. Portanto, Novalis não endossava a identidade alcançada na egoidade da intuição intelectual de Fichte: atribuía-lhe apenas o estatuto do que Kant chamara de "ideia reguladora", que norteia a direção sem se concretizar, determinando que dela nos aproximemos sempre, mas que, por esse "sempre", jamais a ela cheguemos. Fichte sugere esse caráter regulador, que, entretanto, não prevalece em sua filosofia. Já para Novalis, "eu nunca acho a intuição porque eu devo procurá-la através da reflexão e vice-versa". Marca-se, então, o desencontro entre intuição (sensível) e reflexão (intelectual) no conhecimento.

Paralelamente aos estudos de Novalis sobre Fichte, o também poeta e pensador Hölderlin engajava-se em tarefa parecida. Ele anuncia ao irmão, por carta: "Fichte é agora a alma de Iena." Em 1795, destacava a relevância de Fichte afirmar que "existe no homem uma aspiração pelo infinito", uma atividade "que o impede de aceitar barreiras" e cuja tendência é "tornar-se cada vez maior, mais livre e independente". Essa ação era o pensar, por oposição às meras coisas, que não são livres nem infinitas. Mas Hölderlin apontava também que "essa atividade, infinita por impulso próprio, é limitada". Sua conclusão é que, para um ser com consciência como o homem, ambas as dimensões são necessárias: a atividade ilimitada (do eu) que o difere das coisas sem consciência (o não-eu) e a limitação dessa atividade por tais coisas. Só que, quando Hölderlin escreve a Hegel, acusa Fichte de falhar em equilibrar essas duas dimensões. Para ele, o eu de Fichte "contém toda realidade: ele é tudo e, fora dele, nada há; portanto, não há objeto algum para este eu absoluto". Eis aí o problema, já que só há consciência com objeto, com uma contrapartida que a limite. Logo, a consciência não pode ser absoluta. Se me tomo como objeto, já me limito, necessariamente, "portanto não sou absoluto",[17] conclui Hölderlin.

Nessa época, então, Hölderlin confronta Fichte com entusiasmo e crítica, como se vê no curto texto "Juízo e ser",[18] de 1795. Para ele, o conceito cunhado por Fichte de "eu absoluto" é contraditório, já que aquele substantivo não pode ser qualificado por este adjetivo. Seria preciso sair da estrutura cognitiva do juízo tradicional, que permanece dividida em sujeito que julga e objeto julgado até quando este último é o próprio sujeito que ali se põe. É claro que, na tradição aristotélica, juízo é dissociação mas também associação. Só que, ao fazer a ponte que associa elementos separados, o juízo já admite que são diferentes. Portanto, não alcança o absoluto. Cai numa contradição entre conteúdo e forma: o que quer expressar é a indistinção dos termos que relaciona, mas só o faz ao distinguir esses termos. Hölderlin opõe, ao juízo, o "ser", que é absoluto porque exprime a ligação do sujeito com o objeto e, ao mesmo tempo, a separação através da qual eles se tornam possíveis em si. Para serem sujeito e objeto, sujeito e objeto precisam ser.

Se é assim, contudo, onde procurar este ser absoluto que Fichte pretendia achar pela intuição intelectual do sujeito, do eu? "Busco encontrar o princípio esclarecedor das separações pelas quais pensamos e existimos e que possa permitir o desaparecimento do antagonismo entre sujeito e objeto, entre o nosso si mesmo e o mundo, sim, entre razão e revelação, teoricamente, na intuição intelectual", escrevia Hölderlin em carta de 1796, completando que, "para tanto, necessitamos de sentido estético".[19] Ele destacava o sentido estético como aquilo de que precisamos ao buscar o ser absoluto. Essa tese partira de seu amigo Schelling. Ex-aluno de Fichte, Schelling acreditava que vivíamos o "exílio do absoluto", já que a modernidade, com Kant, dividira sujeito e objeto, homem e mundo, liberdade e necessidade. Ele discordava, porém, de que o absoluto seria acessível na intuição intelectual da autoconsciência, na qual o sujeito torna-se objeto para si. Era a arte que daria tal oportunidade. No conhecimento, o privilégio é do objeto conhecido. Na moral, o privilégio é do sujeito livre. Só na estética há intuição intelectual do absoluto sem divisão entre sujeito e objeto.

Schelling afirma que, "quanto mais afastado de mim está o mundo, quanto mais intermediários eu coloco entre ele e mim, tanto mais limitada é minha *intuição* dele, tanto mais impossível aquele abandono ao mundo, aquela aproximação mútua, aquele sucumbir em luta de ambos os lados (o princípio da beleza)". Ele conclui que perdemos o princípio divino da arte, "a intuição intelectual do mundo, que surge pela unificação instantânea dos dois princípios conflitantes em nós",[20] ou seja, do sensível e do inteligível, da natureza e da liberdade. Mas é ainda na arte que podemos buscar tal unificação, para a qual o signo é a tragédia. Segundo Schelling, essa clássica forma grega de poesia é emblemática da apresentação de oposições, aludidas pelo embate entre homens e deuses. Já estava ali a busca, embora jamais totalmente bem-sucedida, de harmonizar o "conflito da liberdade humana com a potência do mundo objetivo", conforme as palavras da décima das *Cartas sobre o dogmatismo e o criticismo*. Tal conflito, agora, dominava a época moderna: o homem com consciência e a natureza sem consciência. Peter Szondi observou que passávamos, com Schelling, da antiga poética da tragédia de cunho aristotélico, que tinha em vista os aspectos desse tipo específico de arte, para alguma outra coisa, que ele chama de "filosofia do trágico",[21] pois estava em jogo agora o contato do homem com o ser, a ontologia. Porém, Schelling, seguindo a tendência forte da filosofia moderna, pretende, por fim, superar os conflitos típicos da tragédia. Livre dos antagonismos, o absoluto alcançado assim poderia explicá-los e, por fim, dissipá-los. Seria a solução conquistada.

Romanticamente, com autores como Schlegel e Novalis, a solução final para o exílio moderno do absoluto jamais era conquistada em definitivo, ao contrário do que ocorre no pensamento de Schelling, primeiro de forma mais tímida, na juventude, e depois de forma resoluta, quando ele defende que "todas as contradições são suprimidas, todos os enigmas são resolvidos".[22] Tal harmonia, endossada às vezes também por Hölderlin, que pensava a tragédia como metáfora da intuição intelectual, foi o que os românticos de Iena duvidaram que existisse. Importa, porém, destacar que Schelling deslocara o absoluto da sede do eu, onde o colocara Fichte, para a concretude da obra de arte. Saía-se do sujeito egoico. Daí que a arte devesse tornar-se "órgão da filosofia". Ela realiza no mundo, nas obras, o que pensadores pretendiam só no sujeito. Para Schelling, a intuição estética seria a intuição intelectual tornada objetiva, ou seja, tornada obra de arte material, e não só uma ideia. Eis o salto do idealismo para um certo realismo: da ideia filosófica à obra artística. Nessa época, Schelling abandona o grupo de Iena dos primeiros românticos, do qual já participara com Schlegel e Novalis, mas demonstra o quão ele foi importante ali, já que, como bem frisaria depois Walter Benjamin, "no sentido primeiro romântico, o ponto central da reflexão é a arte, e não o Eu".[23] Foi essa a tese decisiva de Schelling nesse contexto.

Na medida em que a questão estética surgira, para os românticos, no diálogo com Fichte, o apelo de seu pensamento ao eu como criador livre, embora sem relação com a arte, foi decisivo. Não queriam os românticos, segundo Novalis, "fichtizar"?[24] Porém, ao fazerem isso, foram além. Para eles, a reflexão que Fichte pretendia encontrar no sujeito estaria já na arte, na esfera da linguagem em si e por si mesma. No romantismo, a arte não é contato intuitivo e sem intelecção com as coisas, já que "a reflexão se expressa de modo supremo enquanto princípio da arte", como diagnosticou ainda Walter Benjamin. Mais: aqui a reflexão ganha seu caráter infinito, sem conclusão ou síntese no sujeito. Não basta, portanto, conceber a passagem do filosófico ao poético no romantismo, a não ser que se tenha em vista que o poético, princípio de toda arte, tem o seu quinhão filosófico. Novalis e Hölderlin eram poetas. Schlegel considerava a arte "o cerne da humanidade".[25] Tal situação, porém, tem fundo filosófico: a alta posição das atividades estéticas advinha de sua capacidade intensa de expressão, que aludiria ao absoluto, assunto por excelência da filosofia, em sua ininteligibilidade – coisa que o conceito teórico tradicional não podia fazer.

Era a estética que emergia como dimensão de contato com o ser na modernidade romântica. Nela, o que não podia ser provado como fato verificável podia ser, contudo, articulado, dando acesso à opacidade do ser que escaparia do discurso conceitual e de sua exigência de transparência total, de esclarecimento completo. Só com essa linguagem mais poética seria possível trilhar o progresso sem fim da filosofia, deixando de exigir sua conclusão: aludia-se ao que não se deixava dizer, apontava-se indiretamente o que não se podia argumentar. Hölderlin, Schelling, Novalis e Schlegel, entre outros, envolveram-se com a mesma tensão, advinda da presença simultânea da pretensão idealista de dizer o absoluto e da sensação romântica de que dizê-lo seria impossível. Foi dessa dificuldade que surgiu a necessidade de relacionar a filosofia à arte, construindo uma linguagem capaz de sustentar tal tensão. Isso implicava reconhecer que a própria filosofia, se quisesse dizer o absoluto, precisaria transformar-se, abandonando o caráter cognitivo estrito da intuição intelectual e abraçando seu caráter poético.

Por isso, Hölderlin falava amplamente de "sentido estético", e não só de arte: ele poderia estar presente inclusive na filosofia. Logo, não seria preciso abandoná-la. Nem o seminal e hoje famoso esboço de 1796 conhecido como "Mais antigo programa de sistema do idealismo alemão" defende essa posição. Lemos, nesse texto de autoria conjunta dos então jovens seminaristas Hölderlin, Schelling e Hegel, que "a poesia recebe assim uma dignidade maior, torna-se ao final o que era no início: *educadora da humanidade*, pois não há mais filosofia". Porém, bem antes dessa afirmação, estava escrito: "O filósofo deve ter a mesma potência estética que o poeta."[26] Só nessa medida a poesia pode ser mestra da humanidade, pois a filosofia já se tornara poética. Portanto, o que seria preciso é encarar a filosofia de outra maneira, com o sentido estético que, em geral, a tradição lhe negou.

Essa mudança, para os primeiros românticos de Iena, como Schlegel e Novalis, significava dar à filosofia uma preocupação com a sua forma de apresentação no mesmo patamar que concedemos à arte, de maneira a torná-la viva novamente e mais livre de seu tecnicismo terminológico. Essa filosofia voltava-se para a arte não apenas como tema de pesquisa, mas como aquilo de que deveria impregnar-se. Seria preciso que a filosofia fosse também poética, o que não quer dizer escrever em versos ou coisa que o valha, mas levar em conta sua forma, sua escrita, sua linguagem. Por isso, o caráter poético dos textos filosóficos do romantismo não se explica pelo luxo retórico ou pela falta de vocação para a rigidez sistemática, ainda que biograficamente esta existisse, como confessou Friedrich Schlegel. Trata-se da atenção filosófica ao modo de acesso requerido pelo ser do absoluto.

Essa atenção ao absoluto complicava-se porque ele se convertia, para o homem moderno, na ânsia por sua liberdade irrestrita, infinita – absoluta. Os ideais emancipatórios alimentados politicamente pela Revolução Francesa pareciam exigir do homem tomar sob seu domínio tudo que estava ao seu redor, para não ficar subordinado a esse entorno. Era preciso colocar-se acima de todas as coisas, já que elas poderiam limitar a liberdade: as potências do mundo objetivo atrapalhavam o alastramento subjetivo. Só que, para vencer aqui, o sujeito perdia ali. Para estar livre acima das coisas, o homem precisava estar fora delas, e assim perdia a comunhão absoluta com elas, forçando à situação de divisão, que não é absoluta. Portanto, como afirmar a liberdade sem se exilar das coisas que nos afetam pela sensibilidade? Como a razão e a vontade humanas poderiam prevalecer sobre os desígnios da natureza sem perder a capacidade de serem afetadas por ela? Como aliar a intuição e o intelecto? Na experiência estética talvez tais conquistas fossem possíveis.

Schiller pensava que a experiência estética faria o homem sentir os fenômenos sem a necessidade natural que, ao submetê-lo às inclinações instintivas, castraria sua liberdade. "Liberdade no fenômeno é o mesmo que beleza",[27] afirma ele. Esteticamente, a liberdade ocorreria sem prejuízo da sensibilidade. Se, na era moderna, "o entendimento intuitivo e o especulativo dividiram-se com intenções belicosas em campos opostos", Schiller vê nisso o mesmo problema que os românticos: "Enquanto aqui a imaginação luxuriosa devasta as penosas plantações do entendimento, mais além o espírito de abstração consome o fogo junto ao qual o coração deveria aquecer-se e no qual deveria inflamar-se a fantasia." Já na estética, a fantasia intuitiva não se subordina ao intelecto. Tais dimensões entraram em contato lúdico. Em passagem célebre, Schiller diz que "o homem joga somente quando é homem no pleno sentido da palavra, e somente é homem pleno quando joga".[28] Ele seguia, aqui, o aceno que a estética de Kant – responsável histórica pela posterior emergência da arte no pensamento filosófico – já dera, ao postular que a imaginação e o entendimento entram em um "livre jogo" quando o sentimento da beleza nos toma, nos afeta.

Romanticamente, além da arte, também o amor proporcionaria tal experiência pela qual a liberdade, ao invés de exigir que saíssemos das coisas, faria com que entrássemos nelas. O poeta português Luís de Camões, admirado e traduzido pelos românticos alemães, afirmava que amor "é um cuidar que ganha em se perder; é querer estar preso por vontade".[29] Estar preso, no amor, não nega a liberdade da vontade: pelo contrário, é seu ato. Estar submetido ao outro e ao mundo aparece aqui como prova de que a liberdade pode, em vez de se impor sobre o que está fora, apenas acolhê-lo como o que a convoca. No amor, a dualidade entre sujeito e objeto, razão e sensibilidade, espírito e carne – mas também entre arte e filosofia – pode ser substituída por certa aproximação.

Foi no conceito de amor antigo cunhado por Platão que os românticos acharam a chave para acolher os conflitos da época moderna, pois "Eros nunca é rico nem pobre e se encontra sempre a meio caminho da sabedoria e da ignorância". Platão fazia jus à presença do amor, "philos", na própria palavra "philo-sophia". Nós amamos o saber, "sophia", pois não o possuímos. Tanto que "nenhum dos deuses se dedica à filosofia nem deseja ficar sábio – pois isso ele já é". São os homens que filosofam. Ignorância e saber, portanto, são extremos entre os quais o amor do homem se situa, já que Eros "descende de um pai sábio e rico em expedientes, e de mãe nada inteligente e de acanhados recursos".[30] Esse trecho de Platão, expondo a ambivalência essencial do amor, volta com Friedrich Schlegel. Ele afirma que "pode-se amar intimamente algo, justamente porque a gente não o possui", explicando ainda que, "como o eros platônico, esse sentido negativo é, portanto, filho da abundância e da penúria".[31] Sustentar essa tensão foi o desafio dos primeiros românticos.

Porém, poucas vezes percebemos essa tensão amorosa com o saber em que ficam os primeiros românticos. Somos seduzidos pela versão coerente e progressiva da história contada por Hegel, segundo a qual todos que se situaram antes dele, se não estavam bem errados, foi porque contribuíram para que a filosofia culminasse em seu sistema. Ele atacava a opinião que "não concebe a diversidade dos sistemas filosóficos como desenvolvimento progressivo da verdade, mas só vê na diversidade a contradição".[32] Hegel coloca, assim, os diferentes filósofos dentro do desenvolvimento da verdade. Mas o preço que eles pagam é serem submetidos ao ponto de referência que é o próprio Hegel. Sua diversidade é acolhida mas, no mesmo lance, reduzida ao critério do progresso cujo ponto ótimo é o sistema que a acolhe. Este visa a "colaborar para que a filosofia se aproxime da forma da ciência – da meta em que deixe de chamar-se *amor* ao *saber* para ser *saber efetivo*". Essa concepção filosófica da história, portanto, engolfa tudo que fica entre Kant e Hegel.

Tal qual Édipo, o "senhor onipotente",[33] Hegel encarnava a desmedida trágica da época moderna, burlando as proibições concernentes ao caráter finito do homem. Toda ambiguidade seria superada por ele. Para tanto, a filosofia deixaria a prática da arte para trás, fazendo dela objeto compreendido no saber absoluto. Para trás deviam ficar também os primeiros românticos alemães, de acordo com Hegel. Ele buscava, em seu sistema, a totalidade do conhecimento forjado na e pela história do espírito absoluto, cujo âmbito de exercício seria a própria humanidade. Nessa empreitada, fizera do que veio antes dele, na história em geral e na história da filosofia em particular, etapas do processo que trouxera o mundo, pelo progresso, até a era moderna. Romantismo e arte seriam etapas desse tipo, devidamente consumadas pela filosofia de Hegel. Muito diferente, claro, era a concepção dos primeiros românticos, a começar pelo sentido que davam à história da filosofia.

> Ir cada vez mais fundo, subir cada vez mais alto, é a inclinação predileta dos filósofos. O que conseguem, caso se creia na palavra deles, com admirável rapidez. ... Sobretudo com relação à altura superam regularmente uns aos outros, como quando duas pessoas têm a recomendação expressa de fazer a mesma compra num leilão. Mas toda filosofia que é filosófica talvez seja infinitamente elevada e infinitamente profunda. Ou Platão está abaixo dos filósofos atuais?[34]

Dessa perspectiva, não se poderia antecipar o fechamento sistemático da filosofia que Hegel depois executou. Novalis escreveu que "toda procura por um princípio único seria como a tentativa de enquadrar o círculo".[35] Por carta, Hölderlin escreve que a relação com o ser "só é possível por meio de uma aproximação infinita, tal como a aproximação do quadrado ao círculo", para confessar ao fim: "Busco desenvolver a ideia de um progresso infinito da filosofia."[36] Nesse contexto, a filosofia abandonava a exigência de totalizar o saber e, por outro lado, aproximava-se da arte. "Eis o que faz a abundância de esboços, estudos, fragmentos, tendências, ruínas e materiais poéticos",[37] afirma Friedrich Schlegel. Os primeiros românticos, paradoxalmente, não abandonavam a pretensão ao absoluto mesmo sabendo que ela jamais seria completada: "O salto até aquilo que é perfeito e acabado permanecerá sempre infinito",[38] ou seja, aberto. Só que, ainda assim, o salto é o que eles tentam a cada vez e de novo, pois "o jogo do comunicar e do aproximar-se é a ocupação e a força da vida, uma vez que a completude só existe na morte".[39]

Era sugerido, aqui, outro pensamento para a modernidade ocidental, que não caía no sonho hegeliano do saber absoluto sem ser despertado, toda vez, pela consciência crítica kantiana, mas que não se contentava com esta sem cair naquele. Isso ocorria com sutileza, pois a proximidade teórica e afetiva entre todos esses pensadores era grande. Hölderlin, por exemplo, era amigo de Hegel. "Mas esta proximidade é problemática", como observou Martin Heidegger: "O poeta, já nesta época, e a despeito de toda aparência dialética que seus ensaios podiam mostrar, já tinha ultrapassado e quebrado a dialética especulativa – enquanto Hegel estava no processo de estabelecê-la."[40] O mesmo vale para os primeiros românticos alemães, embora Hölderlin não tenha pertencido ao grupo formado em Iena. Eles adiantaram alguma possibilidade de pensamento cuja abertura, embora jamais tenha sido completamente esquecida no âmbito da estética, foi atropelada pela sistematização totalizante da história feita por Hegel já no século XIX.

Tanto assim que Hölderlin afirmava, romanticamente, que "a unificação ilimitada se purifica por meio de uma separação ilimitada". Diante da desmesura do desejo de acasalamento completo entre homens e deuses, só há purificação pela separação, o que antigamente era apresentado pelos gregos em suas tragédias, cujo significado seria mais bem concebido justamente por esse paradoxo. Manter a tensão – entre arte e filosofia, entre homem e mundo, entre vida e morte – aberta e sem solução era o desafio, agora, do pensamento moderno do romantismo. "Nesse momento, o homem esquece de si e de deus, e se afasta, certamente de modo sagrado",[41] escreve Hölderlin. Suportar tal afastamento dos deuses que caracterizaria a época moderna torna-se, paradoxalmente, o que há de sagrado para o homem. Início e fim, ao contrário do que gostaria Hegel, não mais rimam. Não fecham. Talvez porque a vida seja sempre o que fica no meio, sem finalidade.

Nesse sentido, o amor entre arte e filosofia, para os primeiros românticos alemães de Iena, não alcança qualquer completude final que pudesse salvar a modernidade de todos os seus conflitos e sanar as ausências e os vazios que a atormentavam. "Poesia e filosofia são apenas extremos",[42] afirma Friedrich Schlegel. Só que ele mesmo aconselha: "Vinculem os extremos, e terão o verdadeiro meio."[43] Mas o que fica no meio? Responde Schlegel: "O que está no meio tem o caráter da vida."[44] São a comunicação e a aproximação entre os extremos da arte e da filosofia, da criação e da reflexão, que dão a vida. Não se tratava de aniquilar e pacificar a diferença entre elas, então. Só quando não podemos separar alguma coisa de outra e tampouco juntá-las como se fossem a mesma, exercita-se a alteridade. É o que fazem os românticos. É o que talvez fique perdido entre Kant e Hegel, falando não apenas cronológica mas também filosoficamente: uma posição "entre".

Portanto, quando nos voltamos para o romantismo, não devemos procurar apenas suas afinidades com o idealismo alemão de Hegel e até de Fichte, mas também, nesse contexto, sua originalidade. Sua inserção nesse momento de acabamento da metafísica é ambígua, estranha. Heidegger afirma que Hölderlin e Hegel são próximos, "com a diferença, porém, de Hegel olhar para trás e fechar um ciclo, e Hölderlin olhar para a frente e abrir outro ciclo".[45] Sob esse aspecto, Schlegel e Novalis juntam-se a Hölderlin. Eles abriam um tipo de pensamento que, diante das contradições, não pretendia solucioná-las de uma vez por todas – "o que adquire hoje, perde amanhã", como o amor de Platão. Sem a expectativa de superar a arte pela filosofia, tratava-se de colocá-las em relação amorosa, ao menos para os primeiros românticos de Iena. Para eles, estava em jogo aí a situação do homem, que, desprovido do absoluto, partia em sua busca. Tal busca convivia com o que David Farrell Krell chamou de "absoluto trágico",[46] pois sabia que provavelmente jamais teria sucesso em apreender por completo o que a motivara. Isso fez com que vários desses pensadores trocassem a pesquisa cognitiva em sentido estrito pelas possibilidades cognitivas em sentido amplo da via da estética, afeita à mistura de plenitude e indigência que constitui o amor. Ninguém expressou essa situação de forma mais eloquente do que Hölderlin.

> A unidade da alma, o ser, no único sentido da palavra, está perdido para nós; e tínhamos de perdê-lo, se era para desejá-lo, conquistá-lo. Retiramo-nos do pacífico *hen kai pan* do mundo para restabelecê-lo por nós mesmos. Separamo-nos da natureza, e o que era, ao que se pode crer, uno faz-se agora oposto a si; soberania e servidão alternam-se em ambos os lados. Muitas vezes, parece-nos que o mundo é tudo e que não somos nada, mas em outras também que somos tudo, e o mundo, nada. Dar fim a esse combate entre nós e o mundo, restaurar a mais pura paz, que vai além de toda razão, reunirmo-nos com a natureza em um todo infinito, tal é o objetivo de todos os nossos esforços, quer nos entendamos ou não sobre isso. Mas nem nosso saber nem nossa ação alcançam qualquer período da existência em que é abolida toda contradição, em que tudo é uno: a linha definida reúne-se com a linha indefinida apenas numa infinita aproximação. Não teríamos qualquer ideia dessa paz infinita, desse ser no único sentido da palavra, não aspiraríamos de forma alguma a nos reunirmos com a natureza, não pensaríamos nem agiríamos, não haveria absolutamente nada (para nós), não seríamos nós mesmos nada (para nós), se essa união infinita, se esse ser único no sentido da palavra, não existisse. Ele existe – como Beleza; para dizer como Hipérion, um novo reino nos espera, no qual a Beleza será rainha. Creio que exclamaremos ao fim: Santo Platão, perdoa-nos! Pecamos gravemente contra ti![47]

2. Poesia transcendental

Será que "a arte é e permanecerá para nós, do ponto de vista de sua destinação suprema, algo do passado"? Essa era a opinião de Hegel em seus *Cursos de estética*,[1] que delimitou o que, até hoje, chama-se de morte da arte. Escrevendo no começo do século XIX, Hegel não achava que novas obras de arte fossem deixar de ser produzidas. Ele achava apenas que elas não seriam a expressão privilegiada da verdade na época moderna, pois teriam parado de proporcionar a satisfação das necessidades espirituais que povos do passado nelas procuravam e só nelas encontraram. Seu diagnóstico é histórico, calcado na perda dos belos dias da Grécia antiga e da época de ouro da Baixa Idade Média, quando a arte ocupava o centro da vida coletiva do homem. Seu objetivo é mostrar que o presente moderno não lida com a arte como antes, pois ela hoje suscita, além da fruição imediata, a submissão dessa fruição à consideração pensante. É que as obras de arte modernas não despertariam o efeito das antigas: "A impressão que elas provocam é de natureza reflexiva e o que suscitam em nós necessita ainda de uma pedra de toque superior." Essa pedra de toque seria a filosofia. Mas ela não conviveria com a arte. Deveria compreendê-la e superá-la, ainda que conservando-a enquanto conceito. Para Hegel, se a antiguidade foi a época da arte, a modernidade é a época da filosofia. Ele conclui que "a *ciência* da arte é, pois, em nossa época muito mais necessária do que em épocas nas quais a arte por si só, enquanto arte, proporcionava plena satisfação". Interessa a ele a filosofia da arte, não a arte, pois "o pensamento e a reflexão sobrepujaram a bela arte". Hegel, como vários contemporâneos seus, via a era moderna como a prevalência do poder do pensamento reflexivo no homem. E a arte, apegada à beleza sensível, não faria parte desse progresso, ficando para trás.

Nem todos, porém, pensavam assim. Schiller, no fim do século XVIII, expunha a transformação da situação da arte na modernidade em termos parecidos com os que Hegel empregaria depois, mas com conclusões bem diferentes.[2] Comparando os poetas antigos e modernos, conclui que "aqueles nos comovem pela natureza, pela verdade sensível, pela presença viva; estes nos comovem pelas ideias". E afirma predominar entre os primeiros o estilo "ingênuo" e entre os segundos o estilo "sentimental". Se os ingênuos desfrutam da comunhão direta com a natureza à sua volta, os sentimentais têm sua relação com o ser em geral mediada pela reflexão. Embora os sentimentais comovam, não o fazem acolhendo com tranquilidade e simplicidade o que veio da natureza e expondo isso com desenvoltura em suas obras. É que, com eles, o sentimento prevalece sobre as coisas, a fantasia sobre a intuição, o pensamento sobre a sensação: "Fecham-se olhos e ouvidos para se imergir completamente em si." Portanto, todas as impressões são recebidas pela mente já com ela assistindo a seu próprio funcionamento e jogo. Põe-se diante e fora de si, pela reflexão, o que se tem em si. Essa situação define o problema da criação poética moderna. Nela, "jamais alcançamos o objeto, mas apenas o que o entendimento reflexionante do poeta fez do objeto, e mesmo quando o próprio poeta é esse objeto, quando quer nos exprimir suas sensações", completa ainda Schiller, "não experimentamos imediatamente e em primeira mão o seu estado, mas como se reflete em sua mente, aquilo que pensou sobre tal estado como espectador de si mesmo".

Era a arte que perdia o contato direto com a natureza, com a "chama que alimenta o espírito poético", segundo Schiller. Nesse ponto, a cultura separa-se da natureza, o que seria diferente da suposta harmonia antiga. Schiller pergunta, então, "o que teriam por si mesmos de tão aprazível para nós uma flor singela, uma fonte, uma rocha musgosa, o gorjeio dos pássaros, o zumbidos das abelhas". O que nos faz amar essa natureza? Para Schiller, aí "amamos a vida silenciosamente geradora, o tranquilo atuar por si mesmos, o ser segundo leis próprias". Estaríamos, então, diante da suposta perfeição grega passada, de sua "idade de ouro"? Não, pois essa perfeição não era mérito do próprio homem e obra de sua escolha, mas dada natural e necessariamente aos poetas ingênuos. Já "a disposição sentimental é o resultado do empenho em restabelecer a sensibilidade ingênua segundo o conteúdo, *mesmo sob as condições da reflexão*". Este é o grande desafio. "Nossa cultura deve nos reconduzir à natureza pelo caminho da razão e da liberdade"[3] – por escolha consciente. Não é o retorno ao passado que resolveria o problema da poesia moderna, segundo Schiller, e sim a perseguição do ideal no futuro. Esse futuro seria, como notou Peter Szondi,[4] a síntese dialética na qual o sentimental alcança, através da reflexão livre, o que o ingênuo tinha apenas pela necessidade natural. Schiller, ainda que destaque o caráter reflexivo da cultura moderna, não fez disso, como Hegel depois, a cova da arte enquanto expressão do espírito de seu tempo. Ele, ao contrário, enxergava a possibilidade de que a arte, ao se transformar, fornecesse a verdadeira "educação estética do homem".[5]

Essa perspectiva foi decisiva para o primeiro grupo romântico alemão. Friedrich Schlegel, no prefácio de seu ensaio juvenil *Sobre o estudo da poesia grega*, sublinha que poderia melhorá-lo se tivesse lido as páginas de Schiller em tempo.[6] Essa observação é significativa, pois Schlegel, nesse ensaio escrito antes da formação do seu grupo, apresenta a arte moderna de forma pejorativa: faltariam a ela, dada a sua dispersão fragmentada no tipo subjetivo "interessante", a objetividade e a coesão no todo, como tinha a antiguidade clássica. Lendo Schiller, como sugere Hans-Robert Jauss,[7] Schlegel deve ter fortalecido a sensação de que o caráter reflexivo da arte moderna não precisava ser encarado como problema, mas como oportunidade de pensar diferentemente a sua situação na história.

Na *Conversa sobre a poesia*, Schlegel afirma que "romântico é justamente o que nos apresenta um conteúdo sentimental em uma forma da fantasia".[8] Seu vocabulário nesse texto, escrito já no grupo romântico de Iena, mostra o quanto Schiller determinou a virada no seu pensamento. "Romântico" e "sentimental" chegam a funcionar como sinônimos, desde que se esqueça "o significado corriqueiro e pejorativo da palavra sentimental, em que por esta denominação se entende quase tudo o que comove de modo trivial, é lacrimoso e cheio daquele familiar sentimento de honradez". Para Schlegel, sentimental é "onde o sentimento domina, mas aquele sentimento espiritual, não o que provém dos sentidos". Se os sentidos dizem respeito ao contato direto e objetivo com as coisas, o espírito se refere à presença do pensamento reflexivo no acesso ao ser. Espírito é o sentido que vê a si mesmo. Essa situação marca a arte moderna pelo caráter reflexivo. Hegel, como vimos, achava que, com isso, a arte já não possuía o esplendor de antes e devia, assim, dar lugar à filosofia. Já segundo os românticos de Iena, capitaneados por Schlegel, a consequência da situação é, antes, a aproximação entre arte e filosofia.

Shakespeare era o autor em que a contenda moderna da reflexão na arte seria a mais clara possível, pensavam os românticos. "De todos faz covardes a consciência", afirma Hamlet em seu famoso solilóquio, completando ainda que "o natural frescor de nossa resolução definha sob a máscara do pensamento, e empresas momentosas se desviam da meta diante dessas reflexões, e até o nome de ação perdem".[9] Pelas palavras de seu personagem, Shakespeare expunha o confronto entre o poder pensante do homem e a sua capacidade de agir. Reflexiva, a era moderna jogava o homem sobre si mesmo e o cindia. Hamlet pensa – mas não age. Internaliza subjetivamente todas as considerações possíveis sobre a vingança que gostaria de perpetrar pela morte de seu pai e, com isso, não a consuma. Nós acompanhamos, na peça, menos o que Hamlet faz do que suas reflexões sobre o que fazer. Desde que o espectro do pai falecido surge e acusa o tio de Hamlet de ser seu assassino, o filho não acredita completamente na aparição, embora não consiga esquecê-la. Ele só suspeita. Imagina poder tirar a dúvida, porém, através da arte. Encena uma peça cujo enredo teria correspondências com os fatos que o espectro do pai revelara, para poder então observar as reações do tio, que supostamente denunciariam sua culpa ou sua inocência. Recorre Hamlet ao pouco provável âmbito da arte para procurar a verdade, e não à ciência, como se esperaria tradicionalmente.

Friedrich Schlegel explica que, no caráter de Hamlet, tudo "é concentrado no entendimento; a força ativa, porém, é completamente destruída", já que "sua mente puxa a si mesma em diferentes direções como se estivesse em uma máquina de tortura". Hamlet vivia a dilaceração do homem moderno: "máximo de desespero", "dissonância colossal" e "desarmonia sem solução, que são o objeto atual da tragédia filosófica".[10] Sua pré-história estaria em Descartes, com a dúvida sobre nosso acesso à verdade. Sua consolidação ocorreria depois na doutrina de Kant, com a crítica à possibilidade de conhecermos as coisas como elas são em si mesmas. Essa crítica era delimitação do espaço da verdade absoluta, agora apartado de nós. Logo depois, os pensadores alemães criavam a filosofia do trágico. Não eram, contudo, análises empíricas das tragédias gregas que estavam em primeiro plano aí. No conflito trágico entre deuses e homens, o que chamava a atenção, agora, era a oposição que constituía ontologicamente o ser, em especial na época moderna – que deixava de fazer tragédias como as antigas para se tornar, ela mesma, a época trágica por excelência. Separavam-se sujeito e objeto, homem e mundo, mortais e deuses, Estado e Igreja, modernidade e antiguidade. Se Novalis afirmara que filosofia é nostalgia, o impulso de sentir-se em casa por toda parte, então onde procurar o âmbito da verdade sem cisão que satisfizesse tal impulso?

Seguindo o exemplo de Hamlet, os primeiros românticos alemães voltaram-se para a arte. Encontraram nela, contudo, situação parecida com a da época em geral: a criação e a fruição estéticas também tinham perdido o contato direto e certo com a experiência. Essa arte, como observaria Lukács mais tarde, "não é mais uma cópia, pois todos os modelos desapareceram; é uma totalidade criada, pois a unidade natural das esferas metafísicas foi rompida para sempre".[11] Não é, portanto, Hamlet o herói romântico. É Shakespeare, que pensou essa modernidade em sua peça. De todos os artistas, ele seria o que caracterizou o espírito da poesia da época moderna. Ironicamente, Shakespeare colocara a arte dentro da arte. Destacava-se, na sua obra, "a mais profunda e mais compreensiva filosofia poética". Ele refletia sobre a arte enquanto a fazia, como Cervantes e, depois, Goethe. Ingenuidade deixava de ser algo possível. Estava perdida. E perdidos estavam os artistas que ainda confiassem nela para criar com suposta perfeição suas obras.

"Desde que comemos da árvore do conhecimento", como disse Kleist, deixaram de ser evitáveis os erros: "o paraíso está trancado", afirma, portanto "precisamos dar a volta ao mundo, e ver se não há talvez, do outro lado, uma abertura em algum lugar".[12] Foi a viagem que empreenderam os primeiros românticos alemães. Diz o ditado: se não pode vencê-lo, junte-se a ele. Era o que a arte deveria fazer com o pensamento. É certo que a arte já pensava antes, porém pensar a si mesma não era condição de sua atividade. Passou a ser. "Se a poesia deve se tornar arte, se o artista deve ter profundo discernimento e ciência dos seus meios e fins, e dos obstáculos e objetos dela, o poeta tem de filosofar sobre sua arte",[13] afirma Schlegel. Justo onde a arte parecia perder a simples centralidade histórica que tinha, por exemplo, com os antigos gregos, surgia a transformação que a faria moderna. Razão pela qual Baudelaire sentenciou: "Quem diz romantismo diz arte moderna."[14] Refletir deixava de ser só o entrave para a ação de criar. Tornava-se outra forma de criar.

Para Schlegel, essa transformação da arte na modernidade significava seu contato com a filosofia. O próprio nome que os primeiros românticos dão a esta arte já evidencia isso. "Há uma poesia cujo um e tudo é a proporção entre ideal e real e que, portanto, por analogia com a linguagem técnica filosófica, teria de se chamar poesia transcendental."[15] É o termo "transcendental" que, tomado à filosofia, caracteriza a arte. Precisamos, então, compreender seu sentido pela discussão, posta por Schlegel, da relação entre ideal e real. No tradicional realismo filosófico, supõe-se que o homem tem acesso ao ser de tudo o que é tal como é, que a realidade apresenta-se em sua verdade, mesmo que essa apresentação se faça ao pensamento, e não aos sentidos. Na modernidade, porém, o ceticismo de Hume colocou sérias suspeitas sobre essa pretensão, introduzindo a dúvida no coração da filosofia. Não à toa, Kant dizia que foi despertado de seu sono dogmático, ou seja, realista, graças a Hume. E, a partir daí, formulou sua filosofia crítica. Sugeriu que fossem conhecidas as coisas não em sua verdade real absoluta, mas pela ideia subjetiva que temos delas, embora sem a dúvida cética. Logo, o aparecer dos objetos obedeceria não a seu puro ser interior, mas às estruturas daquele para quem o aparecer aparece. Como tal estrutura subjetiva seria comum a todos os homens, o caráter ideal (das ideias da consciência do espírito humano) sustenta a apreensão do real (das coisas do mundo objetivo) nessa filosofia.

Nesse contexto, o termo "transcendental", para Kant, designa o recuo filosófico que não se preocupa tanto com o real como coisa objetiva quanto com as condições de possibilidade do conhecimento desse real, que, no caso, aparece como sujeito. Nesse sentido específico, a filosofia transcendental precisava ser crítica ou, melhor, autocrítica, já que ela se questiona sobre o fundamento de sua própria compreensão do real, e não apenas sobre o real em si. Seu movimento é a reflexão, é flexionar-se sobre si mesma. É por isso que os primeiros românticos apontam a proximidade de Fichte, sua principal referência filosófica, e Kant: ambos são reflexivos e, nessa medida, autocríticos. Fichte faz "ao mesmo tempo filosofia e filosofia da filosofia",[16] ou seja, dobra a filosofia sobre si mesma. Para os românticos, isso colocava em questão antes a forma de conhecer do que o conhecimento, já que este só é o que é naquela. Trata-se de abordar a forma de conhecer o conteúdo a ser conhecido, o que se chama crítica. Para Schlegel, "crítico também é algo que jamais se pode ser o bastante". Daí o elogio da radicalização desse procedimento de reflexão na maturidade de Fichte, "um Kant elevado à segunda potência". Até esse ponto, os primeiros românticos acompanham Kant e Fichte. Mas, a partir daí, separam-se deles, já que essa reflexão, pensavam, diz respeito antes à linguagem do que ao eu do sujeito.

Kant afirmava: "Chamo de transcendental todo conhecimento que se ocupa não tanto dos objetos quanto do modo de conhecê-los."[17] Se Schlegel o tivesse parafraseado, provavelmente diria assim: "Chamo de transcendental toda poesia que se ocupa não tanto dos objetos quanto do modo de poetizá-los." Mantendo o caráter crítico de Kant, mas deslocando-o do conhecimento para a estética, os românticos postulavam que a natureza da arte moderna era reflexiva. Seu centro não é o objeto de que trata, e sim a forma como o trata, mesmo que isso nem sempre apareça explicitamente. Mas a reflexão não é privilégio só da modernidade, embora predomine nela. Daí o esforço do romantismo de Iena para destacar, a partir do presente, o passado que estimula a nova poesia, fundando sua linha de descendência na tradição e selecionando experiências que anteciparam o moderno, como Homero, Dante, Petrarca, Boccaccio, Ariosto, Cervantes ou Shakespeare. Mesmo porque,

> assim como se daria pouco valor a uma filosofia transcendental que não fosse crítica, não expusesse o producente com o produto e contivesse ao mesmo tempo, no sistema de pensamentos transcendentais, uma caracterização do pensamento transcendental: assim também aquela poesia deveria unir, aos materiais transcendentais e aos exercícios preliminares para uma teoria poética da faculdade criadora, uns e outros não raros nos poetas modernos, a reflexão artística e o belo autoespelhamento que se encontram em Píndaro, nos fragmentos líricos dos gregos e na elegia antiga, mas, entre os modernos, em Goethe, e expor também a si mesma em cada uma de suas exposições e em toda parte ser, ao mesmo tempo, poesia e poesia da poesia.[18]

Poesia transcendental é a que poetiza a própria poesia, que reflete sobre si. Logo, em vez de dar lugar à filosofia, como gostaria Hegel, a arte, com os românticos, transforma-se para incorporar o caráter que define a época moderna: a reflexão. Ela se dobra sobre si mesma e, por isso, não expõe apenas o produto, mas também o próprio processo de produção, que passa a fazer parte do produto. "E no entanto ainda não há uma forma tão feita para exprimir completamente o espírito do autor: foi assim que muitos artistas, que também só queriam escrever um romance, expuseram por acaso a si mesmos",[19] afirma Schlegel. Seguindo o exemplo da filosofia transcendental, que deve tornar-se filosofia da filosofia, a poesia torna-se, ela mesma, poesia da poesia. É como se, com a modernidade, toda obra de arte fosse, simultaneamente, a sua própria teoria da arte. Se o romantismo trazia a fantasia e o entusiasmo pessoais, tudo era, ao mesmo tempo, submetido à racionalidade irônica em relação a si, que é a essência da reflexão.

Em tudo o que faz, o homem moderno coloca, junto, a consciência que tem de estar fazendo. Daí a recorrente metáfora romântica do espelho que, em vez de direcionado para fora em uma imitação da natureza, é voltado para o ato da criação. É como se o artista moderno, ao escrever ou pintar, ao compor ou construir, enfim, ao fazer sua atividade, estivesse sempre diante do espelho no qual vê o reflexo do que está fazendo. Ele, com isso, não pode senão trazer para o que cria este fato: sua consciência de estar criando. Por isso, o produtor entra no produto, o criador na obra, o sujeito no objeto. Não se trata de pôr o artista empírico vaidosamente retratado na obra feita, mas sim de deixar que esta obra carregue consigo a consciência de sua criação, ou seja, seu caráter reflexivo. Essa poesia, às vezes chamada simplesmente de romântica, "pode se tornar, como a epopeia, um espelho de todo o mundo circundante, uma imagem da época" ou, ainda, "oscilar, livre de todo interesse real e ideal, nas asas da reflexão poética, sempre de novo potenciando e multiplicando essa reflexão, como numa série infinita de espelhos".[20]

Os primeiros românticos fazem parte da conquista histórica da autoconsciência reflexiva e, com isso, da perda da suposta ingenuidade antiga, já que, como sustentou Hans Ulrich Gumbrecht, "há um processo de modernização, abrangendo as décadas em volta de 1800, que gerou um papel de observador que é incapaz de deixar de se observar ao mesmo tempo em que observa o mundo".[21] Essa transformação epistemológica abarca o poeta moderno. Ele não só faz, mas sabe que faz. Não apenas cria, sabe que cria. E, com isso, precisa colocar tal saber na própria criação, já que ele faz parte dela. Essa situação diagnosticada no romantismo é que está na origem do veredicto que, depois, determinaria "a não ingenuidade a que já, segundo Hegel, não mais se pode esquivar",[22] como viria a observar a teoria estética adorniana. Tal processo, em suma, foi a perda da naturalidade da atitude criativa, que desde então tornou-se atividade crítica de si. Por isso, mesmo quando propostas dos primeiros românticos parecem querer, de algum modo, resgatar a ingenuidade passada, seu sentido é irônico. Pois o que está em jogo, para eles, é o novo.

É o caso da proposta de uma "nova mitologia", cujo caráter histórico não permite que seja compreendida em chave restauradora. Na *Conversa sobre a poesia*, escrita por Schlegel já após o contato com Schiller, a mitologia velha jamais poderia ser recuperada. Tratava-se de construir a nova, que não é natural como a antiga, mas ao contrário requer um esforço consciente de elaboração. "Ela nos virá através do caminho inverso da de outrora, que por toda parte surgiu como a primeira floração da fantasia juvenil, diretamente unida e formada com o mais vivo e mais próximo do mundo dos sentidos", segundo Schlegel.

Portanto, "a nova mitologia deverá, ao contrário, ser elaborada a partir do mais profundo do espírito; terá de ser a mais artificial de todas as obras de arte, pois deve abarcar todo o resto, um novo leito e recipiente para a velha e eterna fonte primordial da poesia; ao mesmo tempo, o poema infinito, que em si oculta o embrião de todos os poemas".[23] Essa transformação exigida partia da constatação da diferença entre o contexto antigo (natural, ingênuo, simples e ligado diretamente aos sentidos) e o presente (artificial, autoconsciente, complexo e ligado à mediação do espírito, ou seja, da reflexão). Logo, a nova mitologia é uma construção, um esforço que sabe de si.

No primeiro grupo romântico, Schlegel, com o personagem Ludoviko da *Conversa sobre a poesia*, dirige-se aos amigos para afirmar: "Vocês já poetaram e com frequência devem ter sentido, ao fazê-lo, que lhes faltava um firme apoio para sua ação, um seio materno, céu e vento vivo." Ele completa que "o poeta moderno tem de arrebatar tudo isso de dentro". Por quê? É o próprio Ludoviko quem responde que "falta a nossa poesia um centro, como a mitologia o foi para os antigos, e tudo de essencial em que a arte poética fica a dever à antiga reside nestas palavras: nós não temos uma mitologia". Nós não temos a religião em que se fundava a mitologia antiga, que fornecia a solidez sobre a qual se assentava a coesão da poesia grega, a força de sua formação que não se dispersa e nem se divide, tanto que "os poemas da antiguidade unem-se todos, um com o outro, até se constituírem em partes e membros sempre maiores do todo; um se engrena no outro e, por todas as partes, é sempre um e o mesmo espírito diversamente expresso".[24] Por outro lado, nós temos a liberdade, na qual deveria se fiar a mitologia moderna, sem qualquer autoridade prévia para sua educação poética, já que a unidade cultural foi perdida, estando fragmentada. Esse cenário, no tom iconoclasta e lúdico do primeiro romantismo de Iena, não é tomado de forma pejorativa e nem lamentado. Schlegel chega a cogitar que a antiguidade apenas voltará a ser viva com essa nova mitologia, que pode vir a ser ainda maior e mais bela que aquela. Esse era o desafio da formação moderna para os românticos.

Nessas teses de Schlegel, a comparação entre a arte antiga e a moderna parece a que ele esboçara já no ensaio precoce *Sobre o estudo da poesia grega*. Naquela altura, Schlegel considerava que a beleza, na modernidade, "não seria tanto experimentada com alegria serena quanto com anseio insatisfeito".[25] Ele opõe a falta de coesão do presente da arte à perfeita completude grega. Tais elementos que caracterizam a arte moderna, embora até certo ponto continuem nos escritos posteriores de Schlegel no grupo de Iena, deixam, porém, de ser enfatizados como obstáculos. São tomados como oportunidades. São os presságios até mesmo da nova mitologia, como o fato de que "as fronteiras da ciência e da arte, da verdade e da beleza, são tão confundidas que até a convicção de que essas fronteiras eternas são permanentes tem, geralmente, começado a esmorecer".[26] No ensaio juvenil, esse contágio de áreas era malvisto. Para deixar isso claro, Schlegel, ao reeditá-lo, substituiu a frase original "a filosofia poetiza e a poesia filosofa" pela seguinte: "A filosofia perde-se de si na incerteza poética e a poesia tende na direção de uma profundidade taciturna."[27] Longe de corrigir o texto para afiná-lo com seu pensamento romântico posterior, Schlegel, com isso, aponta a alteração de sua disposição anterior para a que agora governava seu pensamento já no grupo de Iena. Ele mesmo criticaria, depois, a falta de ironia das suas posições anteriores.[28] Justamente aquele moderno anseio insatisfeito e o contato da arte com a filosofia, antes eventualmente lamentados, tornam-se o motor para a criação da nova poesia almejada.

Não o deixa mentir o fato de que, agora, a "nova mitologia" para a arte origina-se, sobretudo, da filosofia. "Se é apenas das mais íntimas profundezas do espírito que uma nova mitologia pode elaborar-se como se através de si mesma, há uma indicação muito significativa, uma notável confirmação disto que procuramos no grande fenômeno de nossos dias – no idealismo."[29] Essa presença da filosofia idealista mostra o quanto a situação da arte, no contexto da nova mitologia, entrava no registro moderno reflexivo. Nesse contexto, os primeiros românticos chegam a empregar a palavra "revolução" para designar aquilo que têm diante dos olhos em sua época: "A grande revolução irá arrebatar todas as artes e ciências." Eram os alemães sendo, aqui, tomados pelo clima político da Revolução Francesa e aplicando-o ao mundo da cultura e do espírito. Sua ponta de lança era a filosofia: "Assim o idealismo será não só um exemplo, em seu modo de surgimento, para a nova mitologia; será até mesmo, de maneira indireta, sua fonte."

Para os primeiros românticos, esse idealismo precisa acolher, paradoxalmente, o movimento que vai ao realismo, pois a ideia subjetiva (da filosofia) deve ser exteriorizada na realidade objetiva (das obras de arte). É claro que não se trata do realismo dogmático tradicional, mas de situar o caráter transcendental da reflexão fora do casulo do sujeito, do eu, da interioridade. Desse modo, "o idealismo precisa, em todas as suas formas, sair de si mesmo, de um modo ou de outro, para que possa retornar a si mesmo e permanecer aquilo que é", portanto "é preciso e certo que se erga de seu seio um novo e igualmente ilimitado realismo".[30] Não se tratava, assim, da "egoidade" da primeira filosofia de Fichte, e sim de algo mais próximo de seu pensamento tardio. Esse novo realismo, distinto do antigo, foi buscado, sobretudo, já pelo jovem Schelling, que se afastava de seu professor Fichte e valorizava a concretude efetiva que a arte oferecia através das suas obras.

Lembremos que, na *Conversa sobre a poesia*, o discurso sobre a nova mitologia é feito por Ludoviko, personagem criado por Friedrich Schlegel, mas cujas opiniões eram inspiradas nas que Schelling dava quando participou do grupo de Iena. Ludoviko confessa: "Há muito que trago em mim o ideal de um realismo como esse, e se isto, até agora, não foi compartilhado, foi apenas porque ainda procuro o órgão, o meio que me permitirá fazê-lo." E completa: "Sei no entanto que somente na poesia posso encontrá-lo."[31] Schelling conclui seu *Sistema do idealismo transcendental*, escrito simultaneamente à *Conversa sobre a poesia*, dizendo a mesma coisa: a arte é o órgão da filosofia. Ele pretende, aí, mostrar que o absoluto (a dimensão do ser em que desapareceria a cisão entre sujeito e objeto, entre idealismo e realismo) pode ser encontrado através da arte. Enquanto a filosofia idealiza o absoluto teoricamente, a arte o realiza concretamente, como obra.

Se a beleza é, para Schelling, "o infinito apresentado finitamente", a filosofia não a produz, já que não se expressa na finitude, isto é, no realismo concreto como obra, mas só nas ideias. É a síntese, ocorrida no produto que é a obra, o que Schelling tem em vista, pois aí se juntariam a liberdade da consciência idealista humana (o espírito do artista) e a necessidade sem consciência e realista da natureza (a matéria à qual o artista dá forma). Pela criação estética, a infinita liberdade do pensar humano é expressa na finitude concreta do mundo. Schelling afirma que a intuição estética é a intuição intelectual que se tornou objetiva, ou seja, é a efetivação realista da síntese entre a intuição sensível e o intelecto pensante, que na filosofia só ocorria enquanto atividade subjetiva. Portanto, "a arte é o único órgão verdadeiro e eterno da filosofia, e ao mesmo tempo seu documento, que reconhece sempre e continuamente o que a filosofia não pode apresentar externamente".[32]

No horizonte de Schelling, aparece, assim, a possibilidade de que a filosofia acabe por ser engolfada pela poesia. "É de se esperar que a filosofia, assim como na infância da ciência nasceu da poesia e foi nutrida por ela", diz ele, "após o seu acabamento reflua como muitas correntes singulares ao oceano universal da poesia, de onde partiram." É que, desse modo, a própria filosofia, já devolvida à poesia, poderia também passar do idealismo ao realismo, tornando-se obra efetiva no mundo. Por fim, Schelling pensa em qual seria o "membro intermediário" para esse retorno da filosofia à poesia. E diz que não deve haver mistério sobre isso, já que ele existiu no passado: como mitologia. Porém, o desafio para criar essa "nova mitologia, que não pode ser invenção do poeta singular, mas de uma nova geração", constitui, para Schelling, "um problema cuja solução só deve ser esperada dos destinos posteriores do mundo e do curso mais afastado da história".[33] Reencontramos, com Schelling, a proposta apresentada pelo personagem de Schlegel, Ludoviko: a nova mitologia.

Lançada para o futuro, essa nova mitologia proposta tanto por Schelling quanto pelos românticos permanece com contornos vagos. Ela, porém, já tem feições no passado e no presente. Ludoviko, por exemplo, a aproxima do conceito de poesia romântica: "Aqui encontro muita semelhança com aquela grande espirituosidade da poesia romântica, que não se mostra em lampejos isolados, mas na construção do todo." Era esse o caso de Shakespeare, Cervantes e Goethe. Os três fariam parte da construção da nova mitologia. Logo, ela não é o fundamento que, só depois de pronto completamente, sustentaria a arte moderna. Pelo contrário, a construção da nova mitologia já é a nova mitologia, como nos autores que souberam agregar à sua produção criativa o caráter reflexivo da era moderna. "Esta confusão artificialmente ordenada, esta excitante simetria de contradições, este maravilhoso e eterno jogo alternado de entusiasmo e ironia, vivo até mesmo nos melhores segmentos do todo, já me parecem uma mitologia indireta", diz Ludoviko.

Todos os componentes da melhor poesia moderna fazem parte da formulação da nova mitologia, cuja fome abarca os mais diversos alimentos culturais. "Também as outras mitologias precisam ser novamente despertadas", afirma Ludoviko, se é que desejamos "acelerar o surgimento da nova mitologia". Esse foi o peculiar movimento romântico que buscou alternativas à tradição clássica hegemônica. "Se ao menos os tesouros do Oriente nos fossem tão acessíveis quanto os da antiguidade", exclama Ludoviko. Pergunta-se, ainda, se "novas fontes de poesia não poderiam fluir da Índia", por exemplo.[34] Nesse sentido, a dispersão moderna poderia se revelar como oportunidade, e não como problema. "É preciso, em geral, que se possa chegar ao objetivo por mais de um caminho", ou seja, "cada um por aquele que é todo seu, com alegre confiança, da maneira mais individual".

Portanto, a nova mitologia não é um programa fixo para a arte. Ela só se faz pelas buscas diversas de cada caminho singular, sendo distinta da antiga, cuja solidez sustentava o sentido de totalidade que falta ao mundo moderno fragmentado. Friedrich Schlegel, com o personagem Ludoviko, já advertia que "poderiam rir desse místico poema, da quase desordem que resultaria da abundância e do congestionamento de tantos versos".[35] Ele parece, com isso, suspeitar da recepção que, anos antes, talvez ele mesmo tivesse tido de sua própria proposta atual, já que, ao escrever *Sobre o estudo da poesia grega*, ainda abominava a dita "anarquia" moderna, sem caráter definido e confusa. Mas, já naquele contexto, Schlegel, ao falar da "falta de propósito e de lei do mundo da poesia moderna" e mencionar que tais fragmentos da arte se moviam numa "mistura lúgubre", considerava que se "poderia chamar isso de caos de tudo o que é sublime, belo e encantador que – justo como o caos antigo a partir do qual, segundo a lenda, emergiu o mundo – aguarda um amor e um ódio para separar as partes diferentes e unificar as partes semelhantes".[36]

Reencontramos passagem parecida, depois, nas frases de Ludoviko, o qual afirma que "a mais elevada beleza, a mais elevada ordem é, justamente, a do caos, um caos que só espera o contato do amor para se desdobrar em um mundo".[37] Por isso, a poesia deveria "transplantar-nos de novo para a bonita confusão da fantasia, o caos originário da natureza humana, para os quais", diz, "não conheço, até agora, símbolo mais belo que a multidão colorida dos antigos deuses", ou seja, do que a mitologia. Essa capacidade associativa do amor ganhava uma significação histórica decisiva na situação fragmentada da modernidade. Por isso, Schlegel se pergunta, retoricamente, "o que é toda mitologia senão uma expressão hieroglífica da natureza circundante nesta transfiguração de fantasia e amor". É a transfiguração amorosa que dá sentido ao caos, dirigindo a construção da nova mitologia proposta pelos românticos.

Nesse sentido, a arte deve levar-nos à beira do caos, porque é justamente ali que, com o toque do amor, as coisas se organizam originariamente, é ali que o mundo pode formar-se, juntar-se e se erguer. Portanto, o amor, para os primeiros românticos, não era apenas o sentimento que enlaça dois seres humanos no afeto sexual e espiritual. Ele só pode ser isso porque, antes, possui o valor ontológico geral de ligar, relacionar, conectar: "Um claro aroma paira quase imperceptível sobre o todo, por toda parte a eterna nostalgia encontra uma ressonância das profundezas da obra pura, que em tranquila grandeza exala o espírito do amor original."[38]

3. Filosofia do romance

Falar de romantismo é falar de romance. Não tanto pela coincidência etimológica quanto porque os primeiros românticos alemães a aproveitaram conscientemente. Eles o fizeram pois o romance era a expressão privilegiada da poesia que procuravam. Mesmo a proposta romântica de construção da mitologia da época moderna, distinta da mitologia natural grega, encarnava-se no romance. Na *Conversa sobre a poesia*, Friedrich Schlegel faz o "Discurso sobre a mitologia" ser sucedido pela "Carta sobre o romance". É que a forma do romance surge como resposta aos problemas colocados para a criação artística na ausência da base religiosa tradicional. Essa nova mitologia precisava de outro espaço de elaboração, contendo a reflexão moderna. Retrospectivamente, Lukács chamou atenção para tal espaço, ao declarar que "o romance é a epopeia do mundo abandonado por deus", pois sabe que "o sentido jamais é capaz de penetrar inteiramente a realidade, mas que, sem ele, esta sucumbiria ao nada da inessencialidade". É a busca artística pelo sentido não dado completamente na vida pela religião que forja o romance. Daí seu caráter irônico, "a mística negativa dos tempos sem deus: uma *docta ignorantia* em relação ao sentido", observa Lukács. Tratava-se de construir o sentido perdido na modernidade desencantada, mesmo sabendo que a antiga totalidade não seria atingida, pois nosso mundo tornara-se infinitamente grande, e o que não tem fim jamais pode ser totalizado. Essa riqueza plural suprime o sentido positivo e depositário das vidas que é a totalidade. Eis aí a aposta dos românticos no romance como forma original da construção da nova mitologia, já que ele, como disse Lukács, "é a epopeia de uma era para a qual a totalidade extensiva da vida não é mais dada de modo evidente". Modernidade é o nome dessa era. Como expressão sua, "o romantismo alemão, embora nem sempre esclareça em detalhes, estabeleceu uma estreita relação entre o conceito de romance e o de romântico".[1]

Por isso, os primeiros românticos chegam a afirmar, pura e simplesmente, que "um romance é um livro romântico". Mas é preciso compreender qual o conceito de romance aí envolvido. "Detesto o romance, na medida em que ele se pretenda um gênero específico", dizia Friedrich Schlegel, para completar declarando, contra a classificação tradicional, que "entre o drama e o romance há tão pouco lugar para uma oposição que, pelo contrário, o drama tratado e tomado tão profunda e historicamente como o faz Shakespeare, por exemplo, é o verdadeiro fundamento do romance".[2] Levantar a questão do romance nesse contexto é, junto, discutir o problema dos gêneros poéticos, já que ele só seria a forma privilegiada de expressão da época moderna porque não é apenas mais um dentre diversos gêneros, e sim o gênero que abrange os outros – o gênero dos gêneros. Não bastaria, então, atualizar ainda uma vez a antiga poética dos gêneros com viés empírico e tampouco partilhar do entusiasmo que o público do século XVIII já tinha pelos romances mas que era acompanhado de sua desqualificação pela crítica. Exigia-se a fundamentação de uma filosofia do romance. Para Schlegel, desde o princípio está claro que, "em sua rigorosa pureza, todos os gêneros poéticos clássicos são agora ridículos",[3] confirmando que, com o movimento da história, a organização antiga se desfaz, exigindo um novo tipo de crítica.

Sabemos que a divisão tradicional de gêneros poéticos começa com Platão. Na *República*,[4] Sócrates distingue a poesia em que as ações são apresentadas apenas pelas falas dos personagens daquela em que o próprio poeta narra as ações e, ainda, a poesia que combina ambos os processos. No primeiro caso, estão as tragédias e as comédias; no segundo, os ditirambos; por fim, na terceira modalidade, fica a epopeia. Não é muito diferente a visão aristotélica sobre o assunto, que mantém ainda que "é possível imitar os mesmos objetos nas mesmas situações, numa simples narrativa, ou pela introdução de um terceiro, como faz Homero".[5] Nós viemos a conhecer essa mesma classificação oriunda dos gregos, em geral, sob os nomes de poesia dramática, lírica e épica. Tal organização tradicional dos gêneros, para os primeiros românticos alemães, não mais se sustenta com a modernidade, o que fica patente na forma do romance. "Já se têm muitas teorias dos gêneros poéticos", afirma Friedrich Schlegel, para a seguir perguntar "por que não se tem ainda nenhum conceito de gênero poético" e concluir que "então teríamos talvez de nos contentar com uma única teoria do gêneros poéticos".[6] Parte-se, assim, da constatação de que existem muitas teorias dos gêneros poéticos, mas, a despeito disso, não existe conceito de gênero poético. Logo, é preciso não tanto aplicar certa classificação genérica às obras, de acordo com o procedimento empírico, quanto explicar filosoficamente a condição de possibilidade transcendental dos gêneros.

Essa condição de possibilidade da explicação poética dos gêneros tem sentido histórico, no entender de Schlegel. Desde o ensaio *Sobre o estudo da poesia grega*, ele já discernia entre a "formação natural" grega e a "formação artificial" moderna. Peter Szondi, tendo em vista os escritos póstumos de Schlegel, argumentou que "os gêneros poéticos, se eles são verdadeiramente poesia da natureza, são válidos apenas para a poesia clássica e não para a poesia moderna", concluindo, ainda, que o "conceito de poesia moderna não deve conter a divisão em gêneros", pois deve coincidir com o conceito de um só gênero que unifica todos os outros em si.[7] É verdade que mesmo autores modernos quiseram manter estaticamente válida para todas as épocas a antiga doutrina dos gêneros. "No próprio universo da poesia, porém, nada está em repouso, tudo vem a ser, se transforma e move",[8] afirma Schlegel. Esse movimento é o da própria história.

Tal historicidade da arte quebrava a pretensão da classificação tradicional dos gêneros de dar conta da nova situação moderna. Schlegel preferia, se fosse o caso, falar de gêneros que predominam em cada época: a tragédia para os gregos, a sátira para os romanos e o romance para os modernos, por exemplo. Essa predominância não quer dizer só que os livros considerados romances superavam outras formas literárias modernas. Pois o ponto é que mesmo essas acabam respirando o ar de romance. Para Schlegel, "o romance tinge toda a poesia moderna",[9] ou seja, contagia também aquelas expressões que, a rigor, não são classificadas como romance. Ele "dá o tom". É que seus efeitos espraiam-se para além do que seria sua fronteira definida como gênero, deixando seu selo marcado na poesia moderna em geral, já que a "nossa arte poética começa no romance". Essa situação explica-se porque "o romântico não é tanto um gênero quanto um elemento da poesia", afirma Schlegel, sendo que este elemento "nela predomina em maior ou menor grau, mas nunca deve faltar completamente".[10]

Somente porque se configura como combinação de diversos gêneros, o romance pode pôr em ação sua forma própria de articular as partes no todo que ele mesmo é, fora dos marcos de composição literária da tradição. Sua continuidade é forjada artificialmente pela heterogeneidade de seus componentes. Segundo Novalis, o romance deveria "incluir toda sorte de estilos, ligados entre si em ordem variada, e animados por um espírito comum".[11] Impureza marca o romance, como notou anos depois Octavio Paz, atribuindo a ele a ambiguidade da modernidade: "Ritmo e exame da consciência, crítica e imagem."[12] Nem o presente possuiria sua configuração definitiva, tanto que "o gênero romântico ainda está em devir; sua verdadeira essência é mesmo a de que só pode vir a ser, jamais ser de maneira perfeita e acabada", afirma Schlegel. Com essa tese, ele faz a ponte entre a poesia romântica em geral e sua particular manifestação na forma privilegiada do romance, já que "o gênero romântico é o único que é mais do que gênero e é, por assim dizer, a própria poesia: pois, num certo sentido, toda poesia é ou deve ser romântica".[13] Não se tratava de afirmar a poesia romântica em detrimento das outras, e sim de frisar a capacidade do romance de agregar diferentes discursos: filosófico e poético, épico e dramático, clássico e barroco, em canção e narração. Por essa característica geral, o romance não se deixava classificar por um ou outro aspecto específico. "Não posso conceber um romance que não seja uma mistura de narrativa, canção e outras formas",[14] afirma Schlegel.

Restringindo a divisão de gêneros à antiguidade, Schlegel não enxergou no romance moderno só mais um elemento pertencente a essa classificação tradicional; tampouco o enquadrou em algum gênero anterior apenas adaptado à modernidade – como, em certo sentido, faria Hegel, para quem o romance é a forma moderna da antiga epopeia. Em sua consideração, Hegel passa por cima da descoberta, feita décadas antes pelos primeiros românticos, de que a singularidade do romance era ser uma forma artística que mistura as demais. Isso é agravado pois, a essa altura, Goethe já consolidara sua obra através dessa forma. Era o gênero que englobava os outros. Por isso, quem caracterizasse o *Meister* de Goethe poderia decifrar o significado poético de seu tempo e, anuncia Schlegel, "no que concerne à crítica poética, não precisaria fazer mais nada".[15] Bem, o próprio Schlegel escreveu tal crítica.

Muitos romancistas foram celebrados pelos primeiros românticos alemães: Sterne e Swift pelo humor; Diderot pela espirituosidade; Jean Paul pela fantasia. Nenhum, porém, alcançara as alturas de Cervantes, no passado, e de Goethe, no presente. Nada a estranhar, portanto, que, depois da "Carta sobre o romance", a *Conversa sobre a poesia* dê lugar ao discurso que trata de Goethe. É que, se o romance é a junção dos diversos gêneros, "o *Meister* permanece a mais compreensível suma para abranger, com os olhos, toda a extensão desta diversidade como que reunida, unificada em um ponto central".[16] Perceber essa novidade encarnada por Goethe permitia a Schlegel, ao contrário de Schelling e Hegel, parar de lamentar que a modernidade não produzisse o verdadeiro épico. Esperar outro Homero era não se dar conta da transformação histórica da arte. "Nada é mais oposto ao estilo épico do que as influências da própria disposição pessoal que se tornam, de algum modo, visíveis; para não falar do abandono ao próprio humor, de jogar com ele, como acontece nos melhores romances", dizia Schlegel. Toda a ironia e a reflexividade dos romances não deixavam que eles fossem derivados dos gêneros clássicos.

Em *Os anos de aprendizado de Wilhelm Meister*, Goethe explicita tal debate quando os personagens começam "certa tarde a discutir qual dos gêneros seria superior: o drama ou o romance", e logo aparece alguém que diz "tratar-se de uma discussão inútil, equivocada", pois "tanto um quanto outro poderiam ser excelentes a seu modo, contanto que se mantivessem nos limites de seu gênero". Wilhelm, porém, se opõe: "Eu mesmo ainda não tenho uma opinião totalmente clara a esse respeito."[17] Se tomarmos a fala como pista compreensiva, devemos olhar para a obra sem preconceitos quanto à classificação a que ela atenderia. Foi o que fez Friedrich Schlegel, não só na *Conversa sobre a poesia*, mas sobretudo na antológica crítica "Sobre o *Meister* de Goethe", em que pôde ver a novidade da obra por conta de sua problematização dos gêneros. Em geral, a crítica literária alemã considerava que o romance moderno tinha raiz igual à da épica antiga: a narrativa clássica. Seriam como duas plantas brotadas do mesmo solo. Schlegel considerava essa perspectiva estreita para dar conta da fluidez do romance, que passava de um gênero para outro gênero no mesmo livro. Nem seu caráter narrativo constituiria a diretriz de seu ser geral.

Daí o esforço de Schlegel, na crítica ao *Meister*, no sentido de fazer justiça à singularidade da obra. Para ele, esse livro é absolutamente novo e único, portanto só podemos aprender a entendê-lo em seus próprios termos, distante das tentativas de "julgamento acadêmico ortodoxo desse organismo divino".[18] Porém, ao mesmo tempo em que é singular, o livro, por sua qualidade moderna reflexiva, fornece sua própria medida crítica. "Talvez devêssemos julgá-lo e, ao mesmo tempo, abstermo-nos de julgá-lo; o que não parece ser, de modo algum, tarefa simples", afirma Schlegel, para completar que, "por sorte, este é um daqueles livros que acabam por carregar seu próprio julgamento consigo e dispensam o crítico de seu trabalho". Tal tarefa é difícil porque não consiste em classificar a obra na tabela dos gêneros, o que seria, segundo Schlegel, agir como a criança que quer pegar a lua e os astros com a mão e guardá-los em sua caixa. Trata-se, antes, de compreender os critérios críticos da obra a partir da própria obra, e é só nesse sentido que ela dispensa o trabalho do crítico.

"Sem qualquer presunção, sem som e barulho", escreve Schlegel sobre a abertura do *Meister*, "como o quieto desdobramento da formação de um espírito que anseia, como o mundo recém-criado erguendo-se suavemente a partir de dentro, a história lúcida começa." Suas palavras buscavam, ao salientar a construção da obra a partir de si, situar sua organização, na qual "os contornos são leves e gerais, mas nítidos, precisos e seguros", ao mesmo tempo em que "o menor detalhe é significativo, a cada toque uma leve pista; e tudo é reforçado por contrastes claros e vivos". Essas descrições tinham por objetivo desvendar como, em meio à presença de prosa e poesia ou de reflexões estéticas e cenas soltas, surgira a coesão do romance de Goethe. Tratava-se de explicitar sua estrutura, a despeito do desencaixe nos princípios clássicos dos gêneros poéticos. Schlegel pensa tal tarefa como metáfora daquela posta pela modernidade, tanto que seria preciso visar a obra "como um todo, até mesmo nas suas partes mais escondidas e fazer conexões entre os mais remotos cantos".

> Por que não podemos tanto respirar o perfume de uma flor quanto, ao mesmo tempo, inteiramente absorvidos na observação, contemplar nas suas infinitas ramificações o sistema de veias de uma única folha? ... Tanto a maior quanto a menor massa revelam o impulso inato da obra, organizada e organizadora até seus mais finos detalhes para formar o todo. Nenhum intervalo é acidental ou insignificante; e neste romance, no qual tudo é, ao mesmo tempo, tanto meio quanto fim, não seria errado considerar a primeira parte, a despeito de sua relação com o todo, como um romance em si mesma.[19]

Schlegel encontra, no romance de Goethe, a articulação da mais antiga questão filosófica, a da relação entre o particular e o geral. Ele observa que "nossas expectativas de unidade e coerência são frustradas por este romance tanto quanto são satisfeitas". Seu objetivo é provar que, a despeito da liberdade individual que as partes contêm, a obra sabe juntá-las com precisão. Schlegel fala de "homogeneidade não intencional" e de "unidade original" que se fazem pelo emprego de variados meios, porém sempre poéticos. "E, desse modo, cada parte essencial do romance singular e indivisível torna-se um sistema em si mesma."[20] Em seus fragmentos, Schlegel já dissera, aliás, que só "mirando do modo mais certeiro num único ponto um achado isolado pode atingir uma espécie de totalidade".[21]

No caso do *Meister* especificamente, sua totalidade só seria compreensível pelo encontro de prosa e poesia. Nós, que já vivemos hoje a completa diluição dos gêneros tradicionais, mal nos damos conta da revolução dessa visão crítica. Em geral, o romance era desvalorizado por sua escrita prosaica. Segundo o classicismo, ele não era de caráter poético, justo o que Schlegel detecta no *Meister*. Sua crítica percebe que ali "tudo é poesia – alta, pura poesia". Reconhecia-se, assim, a prosa poética moderna. Tal fato só se tornou possível porque Schlegel já abandonara a aplicação empírica da classificação em gêneros sobre a obra que tinha em vista para, em seu lugar, construir o que chamou de "filosofia do romance".[22] No *Meister*, "essa maravilhosa prosa é prosa, e, no entanto, é poesia", afirma Schlegel, completando que sua simplicidade é significativa e profunda. Portanto, "mesmo que as linhas mestras desse estilo sejam, no todo, tiradas do discurso social culto da vida, ele também toma parte em metáforas raras e estranhas que possuem como objetivo estabelecer uma relação entre o mais alto e puro, de um lado", continua Schlegel, "e alguns aspectos peculiares a este ou aquele jeito de falar cotidiano, ou aquelas esferas que, de acordo com o senso comum, são muito distantes da poesia".[23]

Por trás dessa análise da linguagem do romance, estava em jogo a transformação histórica moderna. Para Lukács, "a nova poesia da vida, impetuosamente almejada por Goethe, a poesia do ser humano harmonioso, que domina ativamente a vida, já está ameaçada pela prosa do capitalismo".[24] Portanto, tomar o discurso social culto da vida ou do senso comum cotidiano e transformá-lo em alta poesia é o caminho para o romance mediar tal conflito moderno, que Hegel expressou ao falar da "prosa das relações" e da "poesia do coração". No fio da narrativa, a "prosa das relações" destina Wilhelm ao trabalho burguês, a fim de ganhar dinheiro e logo assumir sua profissão. Mas a "poesia do coração" não o deixa abandonar a pretensão de aprimoramento espiritual e moral. Essa resistência poética do coração às relações prosaicas fica evidente na carta que Wilhelm escreve ao tio, após a morte do pai. Nela, estão resumidos os conflitos do personagem com o mundo no qual se situa, assim como sua motivação diante dele.

> De que me serve fabricar um bom ferro, se meu próprio interior está cheio de escórias? De que me serve também colocar em ordem uma propriedade rural, se

comigo me desavim? Para dizer-te em uma palavra: instruir-me a mim mesmo, tal como sou, tem sido obscuramente meu desejo e minha intenção, desde a infância.[25]

Foi o cumprimento desse desejo de instrução do personagem durante o livro que fez com que ele fundasse o gênero do "romance de formação". Mas Wilhelm não é Werther, o protagonista do famoso romance da juventude de Goethe. Em *Os sofrimentos do jovem Werther*, a poesia do coração dirige o personagem para dentro de si, para a exploração de sua subjetividade como fuga da objetividade social prosaica. Tanto que ele confessa: não tratará seu "coraçãozinho" senão "como uma criança doente, satisfazendo-lhe todas as vontades".[26] Esse "monólogo" do sujeito, como o denominou Roland Barthes,[27] é deixado de lado no *Meister*, onde a formação do personagem acontece justamente no diálogo com o mundo – diálogo da poesia com a prosa. Não por acaso, ainda na carta ao tio, Wilhelm afirma: "Tenho visto mais mundo que tu crês, e dele me tenho servido melhor que tu imaginas."[28] Nesse caso, a formação do personagem depende do contato com a sociedade. É em meio às relações prosaicas que se encontra o coração poético.

Em romances de formação, como mostrou Mikhail Bakhtin, a formação do homem apresenta-se em indissolúvel relação com a formação histórica. Sua análise aponta que os romances tradicionais apresentam o personagem estático, como "grandeza constante", enquanto deixam como "grandeza variável" apenas seu entorno. Todo o movimento do destino e da vida constitui o enredo de um personagem que, contudo, está já pronto, ou seja, o próprio caráter do homem, com suas mudanças e sua formação, não se torna, ele mesmo, enredo. O oposto ocorre no romance de formação, pois aqui o herói e seu caráter são "grandezas variáveis", portanto a mudança do herói ganha, ela própria, significado de enredo. Eis a novidade do *Meister*, em que "o homem se forma concomitantemente com o mundo" e, assim, "é obrigado a tornar-se um novo tipo de homem, ainda inédito".[29] Nada poderia ser mais condizente com o nascimento da época moderna do que a procura da formação do novo homem, já que os próprios tempos eram novos e não davam a esse homem seu lugar definido pela ordem do cosmo. Goethe fazia isso na literatura.

Entretanto, nem sempre os românticos endossaram o projeto de Goethe. Novalis declarou, sobre o *Meister*, que "a filosofia e a moral do romance são românticas",[30] mas não tardou para sua primeira admiração transformar-se em crítica severa. Foi essa rejeição que o levou a escrever seu próprio romance, *Heinrich von Ofterdingen*, que permaneceu inacabado. Para Novalis, *Os anos de aprendizado de Wilhelm Meister* "são, de certa maneira, completamente prosaicos e modernos". Ele, ao contrário de Schlegel, não observa no romance de Goethe o casamento de poesia e prosa, mas sim a prevalência da segunda, ou seja, do comum e ordinário das relações sociais. Ficaria para trás a poesia do coração e, assim, "o elemento romântico vai embora, e com ele a poesia da natureza, o maravilhoso". Novalis afirma, ainda, que o *Meister* foca "apenas em coisas triviais, humanas, são inteiramente esquecidos o misticismo e a natureza", portanto a história é burguesa. Por fim, ele declara que "ateísmo artístico é o espírito do livro" e que este se apresenta "sem poesia ao máximo grau, por mais que sua exposição seja poética".[31] Se o problema não está na apresentação, que é poética, está no espírito, que é prosaico. Simplificando muito, diríamos que a forma do romance de Goethe, para Novalis, é boa, mas o conteúdo não. Embora a linguagem respire profunda poesia, a história permanece presa à prosa das relações sociais, sem conseguir romantizar a realidade de que fala.

Devemos, aqui, lembrar em que consiste o enredo do *Meister*. Desde o começo, o personagem Wilhelm resiste ao mundo burguês por conta de seu desejo pelo teatro. São as artes que o puxam para o coração, e até certa altura a história transcorre assim. Só que, depois, Wilhelm desiste do teatro. Não porque fracassara, já que o fato ocorre após a ótima montagem de *Hamlet*, que ele almejava. É que, como observou Lukács, "Wilhelm Meister não deixa jamais de sentir o quanto Shakespeare se estende para além dos limites daquele palco", e é por isso que a apresentação de *Hamlet* "converte-se numa clara configuração do fato de que teatro e drama, e mesmo a arte poética, não são senão um aspecto, uma parte do extenso complexo problemático da educação".[32] A arte em si não mais basta, portanto, para solucionar a formação. Na dialética do romance, essa direção do enredo significa a vitória da chamada Sociedade da Torre sobre personagens como Mignon e o harpista. Mignon, com toda a sua singeleza infantil, abomina a crueldade da razão e prefere ficar só com o coração. Já a Sociedade da Torre possui papel decisivo no deslocamento da formação que Wilhelm compreendia como individual até ali para outra, em contato com o mundo. Em suma, o enredo do *Meister*, a despeito da forma poética, faz com que o personagem se forme na prosa das relações sociais. E esse parece ser o problema para Novalis. Por isso, o romance que ele mesmo pretende escrever, *Heinrich von Ofterdingen*, caminha na direção do conto de fadas, a fim de escapar completamente do prosaico. Todo o seu projeto aparece concentrado já nas primeiras linhas do livro.

> "Não foram os tesouros que despertaram em mim tal ânsia inexprimível", ele disse para si. "Não há cobiça em meu coração; mas eu desejo vislumbrar a flor azul. Ela está perpetuamente em meu pensamento, e eu não posso mais escrever ou pensar em outra coisa. Nunca me senti assim antes; é como se só então eu tivesse um sonho, ou como se o sono tivesse me carregado para outro mundo. Pois, no mundo em que sempre vivi, quem alguma vez se preocupou com flores? Além disso, tal estranha paixão por flores é algo de que até então nunca ouvi falar."[33]

Essa flor azul, cuja imagem provavelmente Novalis colheu em Jacob Böhme, concentra, para ele, toda a poesia do mundo. Seu personagem, Heinrich, faz questão de logo avisar que a ânsia por ela não veio por conta de tesouros, ou seja, de riquezas como aquelas das atividades burguesas. Pelo contrário, é pela entrada em outro mundo, já onírico, que se dá a possibilidade de vislumbre da flor azul, mesmo porque, constata o personagem, no mundo concreto em que vive ninguém se preocupa com flores. Enquanto a jornada de Wilhelm Meister supunha o encontro com outras pessoas da sociedade, o percurso de Heinrich é, antes, pela natureza e pelo sonho. Não é diferente a viagem empreendida por Hyazinth em *Os discípulos em Sais*, outro romance não finalizado de Novalis. Hyazinth abandona seus pais e seu amor, Rosenblütchen, enunciando as seguintes palavras: "Queria dizer-lhes aonde irei, mas eu mesmo não sei, vou para onde mora a mãe de todas as coisas, a virgem encoberta de véus: é por ela que anseia o meu espírito." Seu caminho passa por elementos da natureza, que se mostram dotados de caráter mágico: camundongos riem, gansos narram contos, pedras dão cambalhotas, violetas e morangos conversam entre si. Procurando o que chama de "deusa sagrada", Hyazinth, ao fim, aproxima-se dela. "Imerso em aromas celestiais deliciosos, ele adormeceu, pois apenas seria permitido entrar no mais sagrado recinto caso fosse dirigido pelo sonho."[34]

Tanto no *Heinrich von Ofterdingen* quanto em *Os discípulos em Sais*, os enredos de Novalis permanecem na poesia do coração apenas porque evitam a prosa das relações, ou seja, o mundo capitalista da burguesia nascente com sua sanha industrial. Não é aí que se encontram a flor azul e a deusa sagrada.

Só pelo distanciamento da racionalidade da vigília é que se abraça, pelo sonho, a poesia. Explica-se a crítica de Novalis ao *Meister*, de Goethe: este não saberia preservar a poesia diante da prosa social burguesa, o que fica patente quando Wilhelm abandona a vida da arte, no teatro, como centro absoluto de sua formação. Por outro lado, é justamente aí que podemos ver a fragilidade do projeto ficcional do próprio Novalis. Ele tentava negar a realidade prosaica que se anunciava historicamente dominante. "Goethe condena, porém, não só essa prosa, mas também a revolta contra ela", afirma Lukács, já que essa revolta "é somente sedutora, contudo infrutífera; não é uma subjugação da prosa, mas um não reparar nela, um descuidado deixar de lado seus autênticos problemas – com o qual essa prosa pode continuar florescendo intacta".[35] Por fim, Lukács, na *Teoria do romance*, afirma que "a fissura artística que Novalis detecta com argúcia em Goethe torna-se ainda maior e absolutamente intransponível em sua obra: a vitória da poesia, o seu domínio transfigurador e redentor sobre todo o universo, não possui a força constitutiva para arrastar consigo a esse paraíso tudo o que, de resto, é mundano e prosaico", concluindo que a estilização de Novalis, "embora recubra na superfície o perigo, na essência apenas o agrava".[36]

Friedrich Schlegel, como já vimos aqui, não enxergava em Goethe, como Novalis, a derrota do espírito poético para o prosaico das relações sociais burguesas, pois concebia a aliança de ambos. Essa diferença de posicionamento aparece não só nos comentários de cada um deles sobre o *Meister*, mas em seus próprios romances. Não se trata de comparar os méritos literários de um e de outro, que provavelmente favorecem Novalis, mas de compreender, através da efetivação de seus romances, duas distintas posições sobre a arte moderna a partir do confronto com Goethe. No belo *Heinrich von Ofterdingen*, Novalis encaminha-se para o conto de fadas mágico, buscando dar conta da "fantasia geognóstica ou da paisagem"[37] que considerava faltar a Goethe. Schlegel, por sua vez, faz, em seu *Lucinda*, a suma da transição entre gêneros e estilos, indo da confissão à carta, do idílio ao sexo. Novalis preza a pura poesia do coração, voltando-se para a natureza, enquanto Schlegel está mais preocupado com a construção irônica e reflexiva de sua obra.

Se, no enredo do *Wilhelm Meister*, o personagem desiste da vida teatral, Schlegel concebe tal virada como ganho de amplitude em sua perspectiva. Goethe, originalmente, planejara a primeira versão do romance toda centrada no que chamava de "missão teatral" do personagem. Em grande parte por conta de sugestões dadas por Schiller, ele acabou transformando aquele enredo, de onde surgiu *Os anos de aprendizado de Wilhelm Meister*. Essa transformação pode esclarecer a diferença de opiniões de Novalis e Schlegel sobre a obra. Enquanto o primeiro encontra aí seu problema, por conta da perda de centralidade da arte para a conclusão da formação do personagem, o segundo percebe nela seu encanto, pois fica explícito que o valor da arte pode extravasar para a vida, não se restringindo a ser dramatizado no palco especificamente teatral. Schlegel enfatiza que a obra foi "feita duas vezes, em dois momentos criadores, a partir de duas ideias", já que "a primeira era apenas a de fazer um romance de artista; mas então, subitamente, a obra tornou-se, surpreendida pela tendência de seu gênero, muito maior que seu propósito inicial", e então "imiscuiu-se nela a doutrina do cultivo da arte de viver, que se tornou o gênio todo".[38]

Para Schlegel, portanto, "a obra pretende abraçar não apenas o que chamamos de teatro ou poesia, mas o grande espetáculo da própria humanidade, e a arte de todas as artes, a arte de viver".[39] Meister, ao desistir do teatro, não o faz porque desiste da arte, mas porque percebe que seu problema é a vida enquanto arte. No romance, o personagem chamado de "desconhecido" diz a Meister que "cada um tem a felicidade em suas mãos, assim como o artista tem a matéria bruta, com a qual ele há de modelar uma figura". Traça, assim, o paralelo entre a felicidade buscada na vida e a obra buscada na arte, aproximadas pelo problema da formação. O "desconhecido" explica, referindo-se à vida, que "ocorre com essa arte como em todas: só a capacidade nos é inata; faz-se necessário, pois, aprendê-la e exercitá-la cuidadosamente".[40] Esse seria o desafio geral da formação.

É como se a forma do romance, por sua diferença face à narrativa antiga, fosse o espelho da própria modernidade: "a primeira é consagrada a *um* herói, *uma* peregrinação, *um* combate; a segunda, a *muitos* fatos difusos",[41] observou Walter Benjamin. Tanto o Meister de Goethe quanto o Heinrich de Novalis são personagens que estão sós em busca de sua formação, a despeito do caminho distinto que esta toma para um e para outro. É que a forma do romance, como nota Lukács, "objetiva-se como psicologia dos heróis romanescos: eles buscam algo". Para nenhum deles está em jogo o destino da comunidade, mas o destino individual, ao contrário do que ocorria com o herói da epopeia antiga, "pois a perfeição e completude do sistema de valores que determina o cosmo épico cria um todo demasiado orgânico para que uma de suas partes possa tornar-se tão isolada em si mesma, tão fortemente voltada a si mesma, a ponto de descobrir-se como interioridade",[42] o que viria a ocorrer no romance de formação, conforme mostrou Lukács.

Essa formação, contudo, não era, segundo Schlegel, o desenvolvimento teleológico para certo fim determinado. Tal opinião pode soar estranha, já que o *Meister* termina com as seguintes palavras: "Sei que alcancei uma felicidade que não mereço e que não trocaria por nada no mundo."[43] Meister alcança a felicidade, o enredo se fecha e chegamos à conclusão. Estaria completada a educação. Mas, a despeito daquelas palavras que situam o sentimento da vida do personagem, como explicar que, no que diz respeito à vida da obra, seu fim não deixe de ser algo abrupto, como se as coisas subitamente se resolvessem? Foi para essa dimensão que Schlegel apontou ao exclamar "quão decepcionado o leitor desse romance deve ficar ao fim, pois nada resulta de todos aqueles arranjos educacionais, a não ser um singelo encanto; e por trás de todos aqueles incríveis e oportunos acontecimentos, das insinuações proféticas e aparições misteriosas, não há nada a não ser a mais lúcida poesia".[44] Essas palavras sublinhavam que o *Meister* seria poesia, embora escrita em prosa e não em verso; portanto, os conteúdos dos episódios contados ao longo do enredo valem pela forma poética na qual aparecem e pela qual se conjugam entre si. É por isso que os críticos atuais costumam reconhecer a compreensão que Schlegel tem de toda a organização estrutural do romance, mas apontam, ao mesmo tempo, sua falta de capacidade para entender o objetivo final da concretização do aprendizado de Wilhelm. É que, para Schlegel, não é tanto a continuidade prosaica e progressiva da formação do personagem que faria da obra de Goethe o epicentro da teoria romântica da literatura em sua própria época, mas, antes, sua construção formal reflexiva, cuja essência é poética.

Por isso, Schlegel afirma que "a poesia puramente poética de Goethe é a mais completa poesia da poesia",[45] ou seja, ela pratica a "poesia transcendental" almejada pelos primeiros românticos alemães. É chamada de transcendental porque não se preocupa tanto com seus objetos quanto com o modo de poetizá-los. No caso do *Meister*, essa abordagem explica o que Schlegel dizia: não é o conteúdo da vida do personagem que conta, mas sim a forma literária pela qual ela é organizada como obra por Goethe. Esse é o desafio da arte moderna. Lukács comenta que se trata da "tentativa desesperada, puramente artística, de produzir pelos meios da composição, com organização e estrutura, uma unidade que não é mais dada de maneira espontânea", completando ainda que é "uma tentativa desesperada e um fracasso heroico".[46] No *Meister*, essa tentativa apareceria sob a forma de poesia da poesia, pois é poesia que se sabe enquanto poesia. Daí a ironia do romance, que funciona como consciência da obra em relação a si. É ela que permite, sem vedar o acesso à vida humana ali representada, o distanciamento pelo qual o texto explicita que sabe que é texto, pois tal vida é representada, é criação construída, é antes artística do que empírica.

Por conta disso, Schlegel enfatiza o caráter poético de Goethe, mais que o desfecho da narrativa. E, quando não o faz, critica Goethe pela ausência da relação com o infinito em sua obra, pelo fechamento que o enredo apresenta. Num fragmento, Schlegel já escrevera que "uma obra está formada quando está, em toda parte, nitidamente delimitada, mas é, dentro dos limites, ilimitada e inesgotável; quando é de todo fiel, em toda parte igual a si mesma e, no entanto, sublime acima de si mesma".[47] É de acordo com essa tese que ele lê Goethe. Está em jogo, antes da formação de Meister, a formação da obra da qual ele é protagonista. E esta, ao contrário daquela, acaba, mas não termina, ou seja, é lançada ao infinito. Schlegel já não dissera que o gênero romântico "só pode vir a ser, jamais ser de maneira perfeita e acabada", logo, "não pode ser esgotado por nenhuma teoria"?

Só que Antonio, o personagem criado por Schlegel na *Conversa sobre a poesia*, afirma, contrariando seu criador: "Eu me animaria a tentar uma teoria do romance."[48] Ele a concebe de forma bastante peculiar, já que "semelhante teoria do romance teria de ser, ela mesma, um romance que reproduzisse fantasticamente cada nota eterna da fantasia". Logo, essa teoria, como o romance, não somaria mais um gênero à classificação antiga. Ela fundiria o dramático, o lírico e o épico, abrindo a possibilidade de pensar a literatura como absoluto em que todos os textos comunicam-se entre si, como o grande Livro de todos os livros – tese que, depois, ressoaria em Mallarmé. Deve-se dar à palavra "teoria", aqui, seu sentido ontológico e transcendental, não empírico. Em suma, a teoria do romance precisava ser ela mesma romance porque a derrubada da tradicional divisão de gêneros atinge seu ponto culminante ao conceber que a própria crítica faz parte da literatura, e não se situa fora dela. Realizar essa teoria crítica é fazer filosofia, até porque "os romances são os diálogos socráticos de nossa época", já que, "nessa forma liberal, a sabedoria da vida se refugiou da sabedoria escolar".[49] Essa filosofia do romance como gênero dos gêneros é o "livro por vir" romântico, um livro que, a rigor, está sempre por vir, e no qual "viveriam os velhos seres em novas feições; ali a sombra sagrada de Dante se ergueria de seu inferno, Laura passearia de modo celestial ante nossos olhos, e Shakespeare conversaria em intimidade com Cervantes – lá Sancho poderia gracejar novamente com Dom Quixote".[50]

4. A CRIAÇÃO DO GÊNIO

Em seus cursos de estética, Hegel afirma que, antes dele, no fim do século XVIII, surgira o chamado "período do gênio", aberto pelas primeiras obras de Goethe e Schiller. Referindo-se ao momento em que os dois escritores, ainda jovens, participaram do pré-romantismo alemão, Hegel os destacava como figuras de proa da nascente estética do gênio. Essa expressão denotava o rompimento com a obediência às ordens classicistas para a arte, como a tradicional divisão da poesia em gêneros fixos. Ela cedia espaço para a liberdade de criação, como no *Götz von Berlichingen* de Goethe e em *Os salteadores* de Schiller, que desrespeitavam normas tradicionais de composição literária. Segundo Hegel, os alemães descartaram as regras que prescreviam como fazer arte para defender o direito do gênio, afirmando suas obras e o efeito delas sobre as pretensões presunçosas das teorias anteriores. Essa foi uma conquista romântica. Embora a admita, Hegel esclarece que, ao fim, não simpatiza com o que seria o gênio, que é "em parte inflamado por um objeto, em parte pode colocar-se neste estado voluntariamente, sem esquecer o bom serviço da garrafa de champanhe". Sua provocação destaca a participação, durante a criação, de forças que não são transparentes para quem cria, como a embriaguez. Ela seria fruto só do entusiasmo. Logo, a teoria do gênio, para Hegel, "considera não só supérfluo mas também prejudicial para a produção artística toda consciência sobre sua própria atividade". É essa ausência absoluta da consciência no processo criativo que Hegel não tolera e, por isso, sublinha sua discordância com o elogio ao gênio. Entretanto, o próprio Hegel comenta "as confusões que imperam sobre o conceito de entusiasmo e de gênio".[1] Só não comenta que ele mesmo foi vítima delas, pois seus ataques ao modo de criar do gênio não dão conta de tudo que foi pensado sobre o tema durante o romantismo, mas apenas de uma parte.

Ecoam, na teoria moderna do gênio, as antigas palavras de Platão: "Quem chegar às portas da poesia sem a inspiração das Musas, convencido de que pela habilidade se tornará um poeta capaz, revela-se um poeta falho." Tratava-se, em seu entender, "de possessão divina e de loucura".[2] É provável que Hegel tivesse essa passagem do *Fedro* em mente ao criticar o gênio como aquele que abdica da consciência e do esmero no processo criativo para sair de seu estado normal e criar divinamente. Inspiração, não transpiração, seria a marca do gênio. Essa tese foi retomada pelo movimento pré-romântico Sturm und Drang, assim nomeado por conta da peça homônima de F.M. Klinger. Ele, contudo, deslocou a fonte dessa inspiração, que passou a ser situada menos nos deuses do que na subjetividade humana como expressão natural da criação na arte e na vida. Ímpeto e ousadia fariam a tempestade violenta para acabar com a clareza solar clássica, graças à prevalência dos instintos emocionais do artista sobre sua consciência reflexiva. "Mais de uma vez me embebedei, minhas paixões nunca estiveram longe da demência, e não me arrependi de nenhuma das coisas que fiz", confessa o protagonista de *Os sofrimentos do jovem Werther*, de Goethe, "pois graças a elas pude compreender, por excelência própria, como todos os homens extraordinários que levaram a cabo alguma coisa grande, alguma coisa reputada impossível, desde sempre foram declarados ébrios e dementes."[3]

Entendemos agora a acusação de Hegel sobre o emprego da garrafa de champanhe pelos gênios: a aproximação dos estados do louco e do bêbado servia como fonte não apenas simbólica, mas efetiva, para que eles criassem sem a vigilância autoconsciente orientada pelas antigas regras estéticas clássicas. Essa posição, alargada para a vida em geral e não somente para a arte, fica bem clara no romance *Os sofrimentos do jovem Werther*, cuja dramática história, ao ser publicada, provocou, pelo que sabemos, uma onda de suicídios na Alemanha, por conta da identificação de muita gente com as dores de amor do personagem. Fiel à sensibilidade aflorada de então, ele exigia a singularidade do gênio na conduta da vida em geral, que não devia ser submetida aos padrões sociais tradicionais.

> Um coração juvenil pende inteira e unicamente de uma moça, passa a seu lado todas as horas do dia, oferece-lhe todas as suas forças, tudo o que possui para lhe deixar claro a todo instante que se entregou a ela por inteiro. E eis que vem um filisteu, um homem de boa posição, com cargo público, e lhe diz: "Meu bom rapaz! Isso de amar é próprio do homem; porém tendes de amar como homem! Dividi bem o vosso tempo, dedicando parte dele ao trabalho, e as horas de folga à vossa namorada. Calculai vossa fortuna e, com o que sobrar depois de atendidas vossas necessidades, não vos proíbo de dar a ela de vez em quando, mas não com muita frequência – talvez no aniversário e no dia do seu santo –, um presentinho..." Se

> o nosso rapaz seguir esses conselhos, se tornará uma pessoa bastante útil, e eu até mesmo o recomendaria a qualquer príncipe, a fim de lhe dar um emprego em sua chancelaria; mas quanto ao amor, adeus... E se for artista, adeus talento. Ó meus amigos! Por que é que a torrente do gênio transborda tão poucas vezes e tão poucas vezes chega a ferver, em encrespadas ondas, sacudindo vossas almas letárgicas?[4]

Não só na arte, mas também no amor, seria preciso gênio, segundo Werther. Em suma, o pré-romantismo fez do gênio a arma de sua luta contra as regras, na estética e na sociedade. Individualidade genial era oposição às normas gerais. "Pode-se dizer muito a favor das regras, mais ou menos tanto quanto se pode dizer para louvar as etiquetas da sociedade burguesa", comenta Werther, já que "um homem que se forme seguindo-as jamais produzirá algo falto de gosto ou ruim" – mas o comentário é feito só para ele arrematar depois que, "em compensação, as regras, por mais que se diga algo em favor delas, destroem o verdadeiro sentimento da natureza e sua genuína expressão". Essas palavras explicitam o esquema compreensivo de Werther: de um lado a mediocridade das normas construídas pela cultura e de outro a natureza não maculada por elas. É a esta que o gênio estaria filiado, pois sua expressão é genuína: aí ficam a singularidade e a originalidade.

Na natureza interior da subjetividade, as regras objetivas seriam superadas pela espontaneidade singular do eu. Roland Barthes, ao comentar essa situação, considera que a amada de Werther, Carlota, é "a personagem medíocre de uma encenação forte, atormentada, armada pelo sujeito Werther".[5] Embora narre esse amor, o livro, escrito na forma epistolar, só tem as cartas do remetente: apresenta apenas os sentimentos do personagem em primeira pessoa. Nesse aspecto, aliás, Werther é o protótipo do indivíduo moderno com seus conflitos, aquele que não consegue ficar à vontade dentro da sociedade e tampouco viver totalmente fora dela, atrelado às alterações de seu estado de alma e ao subjetivismo de sua vida emocional. Foi o que Hannah Arendt chamou de "rebelião do coração",[6] levada a cabo, segundo ela, por Rousseau e pelos românticos com a descoberta da intimidade e contra as exigências niveladoras da sociedade. Regras estéticas ou sociais de cunho conformista eram repudiadas neste movimento pré-romântico, o Sturm und Drang, em nome da liberdade criativa do gênio na arte ou na vida.

O jovem Goethe sustentou essa posição não só literária, mas também teoricamente, envolvendo-se na polêmica sobre a apreciação da obra de Shakespeare, polo histórico em torno do qual as discussões acerca do gênio se desenvolveram. Lessing já desejava colocá-lo no lugar ocupado por Corneille e Racine, os símbolos da criação pautada pelas regras da estética neoclássica francesa. Preocupado com o teatro nacional, ele queria deslocar o referencial da dramaturgia alemã na direção de Shakespeare, pois "um gênio só pode ser inflamado por outro gênio, e com maior facilidade por um que pareça dever tudo à natureza e que não intimide pelas árduas perfeições da arte".[7] Goethe, em 1771, confessa, no estilo exaltado que o fez aderir ao pré-romantismo alemão na juventude, o quanto o gênio de Shakespeare determinara o seu próprio, confirmando a previsão de Lessing. Foi preciso colocar Shakespeare como referência para que surgisse o gênio alemão: Goethe.

> Não esperei de mim, agora, que escreva muito e ordenadamente. Sossego de alma não é traje para festa; pensar sobre Shakespeare consegui apenas muito pouco, até hoje. Pressentir, senti-lo, isso sim. Ao ler sua primeira página tornei-me seu adepto para toda a vida, e ao terminar a primeira peça, senti-me como um cego de nascimento a quem fora dado de repente a vista por uma mão milagrosa. Reconheci, senti vivamente que toda a minha existência se alargara infinitamente, tudo era novo, desconhecido, e a luz a que não estava acostumado doía-me nos olhos. Aos poucos aprendi a enxergar e tenho de dar graças ao meu gênio reconhecido, se ainda hoje sinto vivamente o que ganhei.[8]

Mesmo após sua produção juvenil, Goethe persiste dando importância ao conceito de gênio, como em *Os anos de aprendizado de Wilhelm Meister*, em que a descoberta que o personagem homônimo faz de Shakespeare é decisiva para que, em sua formação, ele abandone os preconceitos que privilegiavam o teatro francês. Falemos primeiro dos preconceitos. É dito a Wilhelm que, em ocasiões sociais na corte, ele "deveria elogiar o favorito do príncipe, Racine, o que causaria boa impressão". Ele segue o conselho e, na primeira oportunidade, disserta para o príncipe sobre as maravilhas do teatro neoclássico de Racine e Corneille. Não percebe, na ânsia de agradar, que, embora o príncipe lhe tivesse perguntado se lia a grande dramaturgia francesa, já perdera o interesse e se dirigia a outras pessoas. No meio das loas que tecia, Wilhelm é então interrompido pelo nobre Jarno, que pergunta se ele já assistira a alguma peça de Shakespeare. Wilhelm responde que não, justificando: "Tudo que ouvi dizer dessas peças não me despertou a curiosidade de conhecer mais a fundo esses monstros estranhos, que parecem ultrapassar qualquer verossimilhança, quaisquer conveniências."[9]

Esses ataques refletem as discussões da época. Shakespeare era reprovável porque, a despeito do talento, não conseguira domá-lo com a razão na obediência às regras do classicismo, desrespeitando a verossimilhança e as conveniências antigas. É o que diz, por exemplo, Voltaire, empregando palavras parecidas com as do personagem de Goethe. Shakespeare faria "farsas monstruosas, chamadas tragédias", enquanto suas peças seriam "desprovidas de conveniência".[10] Essa menção à monstruosidade advém do fato de que, do ponto de vista da composição tradicional, suas peças pareciam deformadas, já que não seguiam as unidades de tempo, de lugar e de ação conforme as prescrições oriundas das lições poéticas aristotélicas. Mas Goethe, desde a juventude, declarara guerra a elas, que lhe soavam como "cadeados maçantes para nossa imaginação" vindos do "teatro regular" e dos "senhores das regras". Foi Shakespeare quem o despertou para essa situação.

Tanto assim que, posteriormente, em *Os anos de aprendizado de Wilhelm Meister*, a opinião do personagem será alterada. Jarno empresta-lhe livros de Shakespeare e diz: "Em nada poderá empregar melhor seu tempo do que em, ao se livrar imediatamente de tudo, ver na solidão do seu velho quarto a lanterna mágica desse mundo desconhecido." E completa: "Só uma coisa exijo: que não se escandalize com a forma; o resto, deixo aos cuidados do seu justo sentimento." Essa ressalva sublinha que mesmo os admiradores de Shakespeare sabiam que a forma de suas composições não estava de acordo com o que o senso comum estético da época esperava. Wilhelm, então, "recebeu os livros prometidos e em pouco tempo, como se pode presumir, arrebatou-o a torrente daquele grande gênio, conduzindo-o a um mar sem fim, no qual rapidamente se esqueceu de tudo e se perdeu". Inúmeras passagens se seguem no livro sobre a experiência que produz em Wilhelm a leitura do gênio inglês. "Ele vivia e se movia no universo shakespeariano", afirma o narrador. "Sentado, e com movimento ignorado, agitavam-se nele mil sensações e faculdades, das quais não havia tido nenhuma noção, nenhuma ideia." Depois, ao encontrar Jarno, agradece, confessando: "Não me lembro de nenhum outro livro, ser humano nem de qualquer acontecimento da vida que tanta impressão me tenha causado quanto essas peças magníficas, que graças à sua bondade pude conhecer." Por fim, Wilhelm decreta: "Parecem obra de um gênio celestial."[11]

Se nas declarações de Goethe sobre Shakespeare, em ensaios e romances, as obras criadas pelo gênio transformam os que entram em contato com elas pois não se submetem às regras tradicionais de estruturação literária, essa visão abriu-se para ele a partir do contato com o líder do movimento pré-romântico alemão, seu mestre na juventude: Johann Gottfried Herder. Segundo Herder, "os adversários de Shakespeare inculpam-no e dele escarnecem porque, embora um grande bardo, não chegaria a ser um bom dramaturgo, e, sendo-o, não chegaria a ser na verdade um autor trágico tão clássico como Sófocles, Eurípedes, Corneille e Voltaire", enquanto seus amigos "vêm-se contentando em, nisso, apenas desculpá-lo e salvá-lo; ponderando e compensando as belezas de sua obra sempre em relação às regras violadas".[12] Tanto aquele ataque quanto esta defesa de Shakespeare não dariam conta de seu gênio. Enaltecer seu talento e a beleza de sua obra a despeito da desobediência a parâmetros classicistas é ainda reconhecer seus erros. Mas o ponto é que Shakespeare não é genial apesar de seus erros, e sim por causa deles. É por infringir a legislação estética tradicional que ele traz ao mundo obras diferentes. Seus erros são seus maiores acertos.

Essa apreensão de Herder pôde ocorrer graças à sua filosofia da história. Dado que Shakespeare criava em solo e tempo distintos dos gregos antigos, não poderia só copiá-los. Mesmo para chegar ao patamar da arte grega, o artista moderno precisaria ser diferente. Para Herder, "Shakespeare irmana-se a Sófocles justamente onde lhe é na aparência tão dessemelhante, para ser no fundo de todo igual a ele". Tal fato explica-se pela produção do gênio. Ele é "dotado de força divina para, justamente de matéria contrária e através de uma elaboração totalmente diversa, produzir o mesmo efeito, terror e compaixão". Nesse sentido, o gênio só cria obras que se situam no âmbito de excelência das gregas porque não as copia. Herder pensa na chance de que "nesta época feliz ou infelizmente modificada existisse um gênio, que de sua matéria extraísse uma criação dramática tão natural, grande e original como os gregos o fizeram com a sua, e essa criação, justamente pelos mais diversos caminhos, alcançasse o mesmo objetivo". Destaque-se, aqui, a emergência do valor da originalidade do presente, que só ocorreria com a criação natural, pois ela não se fia a regras do passado. Ninguém deveria criticar a "segunda criação" por não ser a "primeira", pois "toda a sua essência, virtude e perfeição está em que não é a primeira".[13] Novo solo, outra planta.

Os elogios dos pré-românticos alemães à criação genial exaltavam seu caráter mais natural e subjetivo do que regrado e objetivo. Seria olhando diretamente para a natureza, e não para como os clássicos a apreenderam, que nos juntaríamos a eles. "Nisso Shakespeare é o grande mestre, justamente por ser sempre e unicamente servo da natureza", diz Herder. No lugar da apropriação neoclássica das lições poéticas aristotélicas como referência para a criação, surge o gênio. Hamann, cujo pensamento está nas origens do romantismo, afirma que o gênio "substitui em Homero o desconhecimento das regras artísticas, depois dele pensadas por Aristóteles", assim como "substitui em Shakespeare o desconhecimento ou o desprezo das próprias leis críticas".[14] Ironicamente, o também pré-romântico Lenz pergunta se "a natureza pediu conselhos a Aristóteles, para ser genial". Se ela não precisou, os artistas modernos também não precisam. Eles devem se fiar na natureza, se querem criar originalmente suas obras. Em suas notas sobre o teatro, Lenz aguçava o traço de espontaneidade do gênio, por oposição ao estudo acadêmico das regras. "Chamamos de gênios aos cérebros que penetram imediatamente em tudo que lhes vem à frente, que tudo enxergam nitidamente até o fundo, de tal modo que seu conhecimento tem o mesmo valor, volume e clareza como se for adquirido pela intuição."[15] Estabelece-se, aqui, a oposição que caracteriza boa parte da difusão do conceito de gênio até hoje: intuição contra reflexão. O gênio não deveria carecer de mediações reflexivas, pois tem acesso direto pelos sentidos àquilo que cria.

Era sobre essa concepção pré-romântica específica de gênio que, mais tarde, incidiriam os ataques de Hegel. E apenas sobre ela – embora Hegel não faça essa discriminação. Pois, embora os românticos em geral fossem contra a obediência a mandamentos prévios sobre como criar arte, nem todos acreditavam que se deveria tirar de cena o pensamento reflexivo. Essa confusão feita por Hegel fica evidente quando se percebe que ele tinha em mente, em seus ataques ao gênio, sobretudo as obras dos jovens Schiller e Goethe, como *Os sofrimentos do jovem Werther*: "Em suas primeiras obras estes poetas partiram do zero ao pôr de lado todas as regras que na época foram fabricadas e ao agir intencionalmente contra elas."[16] Tal avaliação foi antecipada justo pelos próprios primeiros românticos alemães, na *Conversa sobre a poesia*. Friedrich Schlegel escreve sobre Goethe que "não encontrarão com facilidade outro autor cujas primeiras e últimas obras sejam tão notavelmente diferentes quanto neste caso", completando: "Trata-se da mais aguda oposição entre todo o ímpeto do entusiasmo juvenil e a madurez de uma formação plenamente acabada." Sua conclusão é que, do ímpeto à formação, ocorreu "a progressão de um desenvolvimento ascendente".[17] Para Schlegel, enfim, "Goethe purificou-se, em seu longo percurso, das efusões do ímpeto inicial". Tal desenvolvimento, porém, não fez dele menos gênio, e sim mais, pois o gênio, para os primeiros românticos, não precisa deixar de refletir ou se cultivar. Pelo contrário.

Tanto é assim que o diagnóstico que os primeiros românticos fazem da trajetória de Shakespeare tem igual feitio. Suas primeiras obras, embora "profundas, grandiosas e cheias de engenho", seriam "incompletas e sem perspectiva". Só depois aparece o "lindo e doce cultivo do belo espírito", graças à "maturação" em seu percurso, com peças, agora, dotadas de "mais plenitude, encanto e espirituosidade". Nem por isso, contudo, são menos geniais. São tão geniais que os primeiros românticos desejam qualificá-las de românticas para poderem se filiar a elas. São "todos os seus dramas insuflados pelo espírito romântico que, unido à grande profundidade, os marca da forma mais característica, deles fazendo um fundamento romântico do drama moderno que durará por toda a eternidade".[18]

Nesse contexto, deve-se sublinhar que as teses dos primeiros românticos alemães sobre a criação genial, embora brotem do movimento pré-romântico, tomam direção bem diferente. Era o final do século XVIII, e eles afirmavam que, "quanto ao mais elevado, não devemos confiar de modo tão exclusivo em nosso coração". Se é verdade que "em quem esta fonte secou nenhuma outra jorrará", também "devemos, onde quer que seja, nos associar ao cultivado, ao que já tomou forma",[19] como disse Friedrich Schlegel. Em outras palavras, o primeiro romantismo alemão não concede à espontaneidade natural do sujeito o privilégio exclusivo na criação, enfatizando que esta precisa aliar-se à cultura e ao que ela já construiu. Se houve uma "rebelião do coração" durante o romantismo, ela não parou aí. Ela buscou fazer do gênio a soma da força natural com a reflexão intelectual.

Nesse cenário, é o diálogo com Kant que se torna filosoficamente essencial para a teoria romântica do gênio. Em 1789, ele afirmava "que o gênio é um favorito da natureza".[20] Tal favorecimento significa que o gênio cria como a natureza, ou seja, sem modelos prévios. Ele não depende das regras classicistas. Imitar a natureza também não é o que ele faz. Ele copia da natureza a forma de produção livre, mas não seus produtos empíricos. Fiando-se na natureza, o gênio é o "talento para produzir aquilo para o qual não se pode fornecer nenhuma regra determinada", portanto "originalidade tem de ser sua primeira propriedade".[21] Não pela semelhança, e sim pela singularidade, nasce a obra de arte. Mas nem por isso o gênio depende da subjetividade aflorada, pois a criação não é fruto seu, e sim da genialidade, que não lhe pertence de todo. Kant observava que o gênio "não sabe como as ideias para tanto encontram-se nele e tampouco tem em seu poder imaginá-las arbitrária ou planejadamente e comunicá-las a outros em tais prescrições, que as ponham em condição de produzir produtos homogêneos". Toda criação viria do "dom natural": quem age, quando o gênio cria, é a natureza por meio do artista, não o artista a partir de si.

Por isso, para o romantismo de August Schlegel, é "sinal característico do gênio poético saber muito mais do que sabe que sabe".[22] Seu dizer artístico sempre excede suas explicações. Friedrich Schlegel dizia que "assim como uma criança é, na verdade, algo que quer se tornar um homem, assim também o poema é somente algo natural que quer se tornar uma obra de arte".[23] Esse poema estaria escrito potencialmente na natureza, e o gênio lhe permite tornar-se obra de arte. Portanto, o artista exerce o papel de mediador, definido por Friedrich Schlegel como "aquele que percebe em si o divino e, aniquilando-se, abandona a si mesmo para anunciar, comunicar e expor, nos costumes e ações, em palavras e obras, esse divino aos homens".[24] Troque-se a palavra "divino" por "poesia", em sentido amplo, e temos a descrição da função desempenhada pelo gênio. Ele abandona seus interesses pessoais e intenções determinadas para dar lugar à poesia, que ao mesmo tempo é sua e não é. Logo, se o gênio é alçado às alturas, o artista empírico, do qual a genialidade se serve para criar, não o é. Pois a condição de possibilidade para que a obra nasça é que o artista dê lugar para seu gênio, e não para si. Não se trata da inflação subjetiva, que deve ser limitada, como observou Friedrich Schlegel ao dizer que "em toda parte em que alguém não limita a si mesmo, é o mundo que o limita, tornando-se, com isso, um escravo", tanto que "só se pode limitar a si próprio nos pontos e lados em que se tem força infinita, autocriação e autoaniquilamento".[25] Só ao se aniquilar, o gênio cria.

Schelling viu aí o que chamou de princípio inconsciente da criação, que justificaria tanto a observação de Kant sobre a eventual incapacidade do artista de explicar sua obra quanto a "afirmação de todos os artistas, de que são involuntariamente impelidos para a feitura de suas obras, de que na produção das mesmas satisfazem um impulso irresistível de sua natureza". Justamente porque no gênio não predomina a intenção, o artista se vê submetido à criação, e não apenas a submete a si próprio, o que Schelling compara ao sentimento diante do destino. "Do mesmo modo como o homem sob o efeito da fatalidade não realiza o que ele quer ou intenciona, mas o que ele tem de realizar através de um destino incompreensível, parece ao artista", afirma Schelling, "na observação daquilo que é o propriamente objetivo na sua produção, por mais cheio de intenção que esteja, estar sob o efeito de um poder que o separa de todos os outros homens e o coage a exprimir ou apresentar o que ele próprio não penetra inteiramente, e cujo sentido é infinito."[26]

Falta ao artista o domínio completo do que faz, ao menos como pessoa empírica. Sua obra sempre tem mais a dizer do que ele – e do que qualquer outro que fale sobre ela. Daí deriva o "sentido infinito" das obras de arte, pois nem mesmo seu autor pode findá-lo. E "assim ocorre com toda obra de arte verdadeira, na medida em que ela é passível de uma interpretação infinita, como se houvesse nela uma infinitude de intenções que nunca se pode dizer se estava posta no próprio artista ou se antes repousava meramente na obra de arte", afirma Schelling. Na doutrina do gênio como aquele através do qual, e não a partir do qual, a arte acontece, justifica-se a pluralidade de leituras das obras, já que seu sentido não é encerrado por qualquer intenção definida, ainda que ela possa estar presente. Por isso, Friedrich Schlegel afirma que, se o artista pode se orgulhar de alguma coisa, é "da obra que ultrapassa divinamente toda intenção, e cuja intenção ninguém aprenderá até o fim".[27] Noutras palavras, o orgulho do artista não deve ser de si mesmo, e sim da obra.

Entretanto, apenas com a singularidade da passagem que começa na natureza e, via artista, termina na obra, ocorre a genialidade. Por valorizar essa singularidade, Friedrich Schlegel escreveu que "não são a arte e as obras que fazem o artista, mas o sentido e o entusiasmo e o impulso".[28] Parar por aqui, contudo, seria endossar o conceito vulgar de gênio. Por isso, Friedrich Schlegel vai além e afirma também que, "para poder escrever bem sobre um objeto, é preciso já não se interessar por ele; o pensamento que se deve exprimir com lucidez já tem de estar totalmente afastado", pois "enquanto o artista inventa e está entusiasmado, se acha, ao menos para a comunicação, num estado iliberal".[29]

Kant já defendera que a natureza é apenas uma parte da fonte de criação genial. Para ele, "a originalidade do talento constitui um (mas não o único) aspecto essencial do caráter do gênio".[30] Prevendo o destino de sua teoria, ele comentava que espíritos superficiais creem que a melhor forma de mostrar que são gênios brilhantes é renunciar à coerção escolar de todas as regras, acreditando "que se desfile melhor sobre um cavalo desvairado do que sobre um cavalo treinado". Na metáfora, o cavalo é o gosto cavalgado pelo gênio. Para Kant, esse gosto é aquilo em que "o artista, depois de o ter exercitado e corrigido através de diversos exemplos da arte ou da natureza, atém sua obra e para o qual encontra, depois de muitas tentativas frequentemente laboriosas para satisfazê-lo, aquela forma que o contenta". Portanto "esta não é como que uma questão de inspiração ou de um elã livre das faculdades do ânimo, mas uma remodelação lenta e até mesmo penosa".[31]

Segundo August Schlegel, a consideração de Kant sobre a participação do gosto para o gênio era decisiva, pois, enquanto "instrumento cego da natureza", o gênio poderia ser o simples impulso criativo dos animais, já que não teria a reflexão humana. Portanto, o conceito de gênio tinha que ser mais que dom natural. Esse "mais" é o que Kant atribui ao gênio pelo gosto. Para Schlegel, porém, essa divisão só ocorre porque Kant não percebe que o gênio já tem sempre o gosto como parte de si, não como regra, mas como reflexão. Metaforicamente, é como se Kant "arrancasse o olho do gênio e em seguida, para consertar o problema, providenciasse para ele as lentes do gosto". August Schlegel, com palavras que lembram as que Hegel usaria logo depois, aconselha que nos distanciemos dessa perspectiva unilateral sobre o gênio, alimentada antes pelos pré-românticos alemães.

> Parece-me que a loucura que foi cometida com relação ao termo "gênio" durante certo período na Alemanha teve um impacto significativo na concepção de Kant. Durante este período de anarquia poética ridícula, que ainda assim introduziu uma guinada vantajosa e um renovado sentido de vitalidade, pareceu que o espírito, que há muito tempo era guiado por regras convencionais e pelo jugo da autoridade, queria jogar fora todos os códigos internos de conformidade junto com os constrangimentos externos. Logo, licenças indevidas e originalidade excêntrica tornaram-se a marca única e essencial do gênio.[32]

Nesse sentido, pode-se dizer que os primeiros românticos desenvolvem uma teoria crítica do gênio, já que o submetem ao crivo da reflexão. Friedrich

Schlegel busca a junção de entusiasmo e pensamento. Para ele, "em todo bom poema, tudo tem de ser intenção e tudo tem de ser instinto".[33] Intenção é plano, consciência, domínio. Instinto é a natureza, o impulso, o entusiasmo. Tanto um lado quanto o outro devem estar presentes nas grandes obras de arte. Schlegel afirma ainda que, se o escritor "é meramente instinto, é infantil, pueril ou estulto; se é meramente intenção, surge a afetação", portanto, "ainda que ele mesmo não tenha tido intenção alguma, sua poesia e a verdadeira autora dela, a natureza, têm intenção".[34] Ele busca combinação próxima à de gênio e gosto, ao dizer que o pensamento "surge sem a letra, se alguém tem meramente espírito; ou, inversamente, sem o âmago, se tem meramente os materiais e formalidades, a casca seca e dura".[35] No primeiro caso, fica a vastidão sem limites perdida como o azul do céu em tendências sem força. No segundo, fica a trivialidade artística, o exibicionismo virtuoso. Se a letra precisa do espírito para ter âmago, este precisa daquela para tornar real o ideal. Parafraseando Kant, podemos dizer por fim que, para os primeiros românticos, o gênio sem gosto é cego e o gosto sem gênio é vazio. Só quando ambos trabalham juntos, surge a obra de arte.

Schelling, após participar do primeiro grupo romântico, define o gênio pela junção da execução consciente (com consideração e reflexão, que pode ser ensinada e aprendida) ao dom não consciente (inato e natural, que não pode ser ensinado e aprendido). Ele afirma que, "embora o que não se alcança pelo exercício, mas que nasceu conosco, geralmente seja considerado o mais esplêndido, os deuses também ligaram com tanta firmeza o exercício daquela força originária ao esforço honesto dos homens, à diligência e à consideração, ... que a poesia, mesmo onde é inata, sem a arte engendra apenas como que produtos mortos".[36] Poesia é talento natural; arte é prática, ofício. Enfim, a posição de Schelling aqui, como a dos primeiros românticos alemães, é antes a da combinação paradoxal entre intuição e reflexão do que a da exclusão que forçaria a optar entre uma e outra.

Pelo que foi dito, pode parecer que pouco mudou em relação à estética neoclássica, pois Boileau, seu fervoroso defensor, já juntava a genialidade inata e o aprendizado das regras. Para ele, aquele cuja "estrela não o formou poeta por ocasião de seu nascimento"[37] não atinge as alturas nos versos. Embora só com regras fosse criada boa arte, a influência do céu era necessária para o talento. Mas não é tão simples assim. Pois o "gosto" de Kant e a "intenção" de

Schlegel não equivalem ao que Boileau entendia por regras. Nenhum deles erige conjuntos prescritivos que tiranizem a liberdade da criação e submetam o gênio compulsoriamente, como faz Boileau. Kant afirmava que, se o dom natural do gênio dá regra à arte, esta "não pode ser captada em uma fórmula e servir como preceito; pois, do contrário, o juízo sobre o belo seria determinável segundo conceitos".[38] E ele não é.

Kant especifica a genialidade como forma de se relacionar com a natureza na arte, não na ciência, em que governam o entendimento e seus conceitos. Na estética, a imaginação não se subordina àquele entendimento. Já na abordagem neoclássica, como na de Boileau, o modelo ainda era a ciência. Ernst Cassirer observa que "a estética do século XVIII procura e exige um Newton da arte", completando que "essa exigência não parecia, de maneira nenhuma, oca ou quimérica depois que Boileau se arvorara em 'legislador do Parnaso'" e que "parecia que sua obra tinha, enfim, elevado a estética ao nível de uma ciência exata".[39] Foi para se contrapor a esse quadro que os românticos, na esteira de Kant, apoiaram a autonomia da arte algumas vezes. É curioso perceber que, quando Kant descreve o que o gênio não é, suas palavras parecem saídas da boca de Boileau dizendo como o artista deve criar. Num e noutro caso, o que está em jogo é o conceito da "ciência, a qual tem de ser precedida por regras claramente conhecidas que têm de determinar o seu procedimento".[40] Kant afasta daí sua estética. Boileau aproxima a sua. Em suma, a estética do gênio aparta-se da prescritiva porque libera a criação da submissão a critérios prévios como os da operação científica estrita, dando-lhe autonomia. É que essa criação possui caráter "não intencional", segundo a determinação de Kant. Ela é livre até dessa orientação prévia.

Finalmente, chegamos ao xis da questão. Embora os primeiros românticos alemães acompanhassem os pré-românticos no ataque às estéticas prescritivas do neoclassicismo, não concordavam com a espontaneidade natural às vezes defendida ali, pois a criação moderna da arte fundava-se, para eles, na reflexão. Estamos longe da figura vulgar da exacerbação psicológica do eu empírico. No lugar da aplicação de regras, não estaria o sentimento exagerado, e sim o pensamento sóbrio: "Ali onde a sobriedade te abandona, ali se encontra o limite de teu entusiasmo", afirma Hölderlin. Estamos longe do extravasar voluntarista, e perto "de freio e espora para o espírito".[41] O gênio não é esforço voluntário do artista. Esse ponto é decisivo, pois explica o sentido da originalidade, ou seja, da busca pelo novo, para os primeiros românticos alemães. No começo da *Conversa sobre a poesia*, Friedrich Schlegel afirma que a originalidade "precisa ser preservada".[42] Ela não deve ser intencionalmente procurada, e sim protegida da violência das regras, conservada diante daquele ataque. Não há aqui qualquer elogio ao arroubo psicológico. August Schlegel diz que "dificilmente outra literatura tem para mostrar tantas aberrações devidas à mania de originalidade quanto a nossa".[43] Essa mania voluntarista de ser original não é o que a estética dos primeiros românticos postula com o gênio. Mas o que ela quer, afinal?

Schiller dizia que "todo verdadeiro gênio tem de ser ingênuo, ou não é gênio".[44] Isso tirava do gênio o pertencimento à era moderna, pois esta seria reflexiva, e não natural, ingênua. Em sua opinião, "o gênio tem de solucionar as tarefas mais complexas com despretensiosa simplicidade e desembaraço". Novalis, entre os românticos, até parece concordar, ao afirmar que o gênio "diz tão atrevida e seguramente o que vê passar-se dentro de si porque não está embaraçado em sua exposição e, portanto, tampouco a exposição embaraçada nele, mas sua consideração e o considerado parecem consoar livremente, unificar-se livremente numa obra única".[45] É como se o gênio superasse o abismo entre sujeito (consideração) e objeto (considerado): a obra de arte é sua solução desembaraçada. Só que Novalis vai além. Para ele, até aí a genialidade perpassa a vida em geral, pois quando falamos do mundo exterior e descrevemos objetos efetivos, já é o gênio que procede: a faculdade de tratar objetos imaginados como se fossem efetivos e estes como se fossem aqueles. Se, então, o "gênio é necessário para tudo", deve-se acrescentar: "Aquilo, porém, que de costume se denomina gênio – é gênio do gênio." Novalis conclui que "sem esse talento vê-se somente pela metade – e se é somente um meio gênio".

Na ideia de "gênio do gênio" ecoa a fórmula de Friedrich Schlegel, para quem a "poesia da poesia" constitui a arte moderna. Nele e em Novalis, está em jogo a penetração reflexiva que a duplicidade das palavras traz. Não é só fazer poesia, mas poetizar a própria poesia. Não é só criar genialmente, mas aplicar a genialidade a essa criação. Por isso, a despeito da filiação do gênio à ausência de domínio da criação pelo sujeito, Novalis lamenta ali "onde reinou involuntário o gênio".[46] Ele acredita que o "ganho genuíno com Fichte e Kant reside no método – regularização do gênio".[47] Essas declarações evidenciam que o gênio era adotado pelos primeiros românticos como centro da criação da arte só na medida em que seu conceito era ampliado a partir das filosofias modernas. Novalis comenta que "quase todo gênio foi até agora unilateral",[48] pois não fez a composição entre a reflexão natural (típica dos antigos) e a artificial (típica dos modernos), entre o sentido externo e o interno. O gênio romântico moderno, por sua vez, precisa agir e observar sua ação ao mesmo tempo, criar e pensar sua criação simultaneamente. Por fim, poderíamos dizer que, se o gênio precisasse ser ingênuo, como queria Schiller, não lhe poderíamos confiar a criação da arte moderna – ao gênio talvez não, mas ao gênio do gênio sim.

Eis por que essa teoria do gênio tem teor crítico. Suas obras deveriam obedecer ao fato de que "a arte somente pode ser denominada bela se temos consciência de que ela é arte e de que ela apesar disso nos parece ser natureza",[49] como dizia Kant. Ele resumia, aqui, o paradoxo romântico da arte: ela deve parecer natureza pois não é fruto do domínio intencional do artista, mas deve ter consciência de que é artifício pois, com a modernidade, tornou-se reflexiva. Em suma, o gênio, para os primeiros românticos, busca substituir a subordinação da criação a regras pelo exercício da liberdade. Essa liberdade, porém, não se encontra no simples instinto do artista, através do qual ele trocaria de senhor (que deixaria de ser a prescrição da cultura) mas permaneceria escravo (agora das inclinações naturais). Ela ocorre quando o pensamento entra em jogo. Por isso, a própria criação de arte aproxima-se da reflexão filosófica. E esta, por sua vez, pode chegar perto daquela. Para terminar ainda em tom paradoxal, Friedrich Schlegel chegou a escrever: "Em inconsciência genial os filósofos, me parece, podem muito bem disputar a primazia com os poetas."[50]

5. O NASCIMENTO DA CRÍTICA DE ARTE

EXISTEM REGRAS FIXAS que possam dirigir a criação e a compreensão da arte? Essa pergunta cindiu a aurora do pensamento estético moderno. De um lado, o neoclassicismo francês dizia que sim: deveríamos ter em vista leis que pautassem as produções artísticas e sua avaliação, à semelhança do que ocorria no procedimento científico diante da natureza, cujo exemplo principal era a física de Newton. De outro lado, o romantismo alemão dizia que não, opondo-se ao rigor das regras em nome da liberdade na criação e exigindo, com isso, que a compreensão da arte abandonasse o paradigma do juiz, que aplica leis sobre as obras, para abraçar o do crítico, que reflete sobre elas – defendendo assim a autonomia da estética face aos estreitos interesses do conhecimento científico habitual.

No centro da discórdia estavam diferentes interpretações de uma obra antiga que permaneceu mal conhecida durante a época medieval: a *Poética*, de Aristóteles. Para Peter Szondi, "a poética da época moderna baseia-se essencialmente na obra de Aristóteles; sua história é a história da recepção dessa obra". Tal história, diz, "pode ser compreendida como adoção, ampliação e sistematização da *Poética*, ou até como compreensão equivocada ou como crítica".[1] O neoclassicismo adotou, ampliou e sistematizou as lições aristotélicas. O romantismo as criticou e, quando não o fez, foi por considerar equivocada a compreensão neoclássica dessas lições, esforçando-se por reinterpretá-las. No começo de suas reflexões, que nos chegaram incompletas, o filósofo grego anunciava as direções de sua investigação: "Falemos da natureza e das espécies da poesia, do condão de cada uma, de como se hão de compor as fábulas para o bom êxito do poema."[2] Temos aí duas pretensões: primeiro, investigar a "natureza" da poesia, o que ela é e como é; segundo, orientar o melhor modo de composição dos poemas. Portanto, as lições aristotélicas sobre a poesia trariam duas direções: uma mais descritiva e outra mais prescritiva. Dependendo de qual desses polos é privilegiado na obra, surgem compreensões diversas sobre ela e, por extensão, sobre o que são a criação e a teoria da arte: a neoclássica e a romântica.

No século XVI, a arqueologia e a investigação dos textos gregos e romanos pelos renascentistas italianos trouxeram à tona os ensinamentos aristotélicos sobre a poesia, às vezes estendidos para a arte em geral. É fácil adivinhar que, como era o espírito da época, eles foram submetidos ao ideal de um novo nascimento da cultura grega. Na recepção de Valla, Robortello, Scaligero e Castelvetro, a *Poética* foi vista como lugar privilegiado em que estariam as regras perfeitas e eternas para nortear a prática artística e o julgamento de seus produtos. Isso fazia o pensador grego soar mais normativo do que filosófico. No século XVII, essa posição da Itália renascentista foi retomada na França com o neoclassicismo. Se eram as obras clássicas gregas que deveríamos admirar e tomar como modelos, nada melhor do que seguir as orientações técnicas sobre os princípios de sua organização. Foi à procura de decifrar os segredos que produziram a beleza da cultura grega que o neoclassicismo, sob a influência latina de Horácio, voltou-se para a *Poética* aristotélica, como se ali estivesse a fundamentação definitiva da arte, que deveria pautar toda crítica e em relação à qual todo talento deveria se curvar.

O talento pessoal e a inspiração criativa, embora importantes, eram submetidos, aqui, ao ideal de perfeição clássica e às suas leis inexoráveis. Deviam ser controlados, para que não fugissem ao padrão de gosto estabelecido. Desse modo, as obras de arte singulares ficavam subordinadas a critérios gerais que lhes eram exteriores. O passado clássico era tomado como ideal a partir do qual se julgaria a arte, fazendo-a aderir, no presente, à tradição. Nicolas Boileau foi o principal defensor dessa tradição que, tirada do mundo clássico, pretendia-se eterna e universal. Ele sabia da relevância da genialidade individual. Dizia que a "vocação" era condição para que qualquer homem se tornasse poeta. Porém, embora fosse necessário esse talento inato, só com as regras seria possível criar boa arte depois. Tais regras eram formuladas mais por negação do que por afirmação da verdade da arte. Determinavam antes o que evitar, por ser errado, e não o que fazer, por ser certo – explicitando sua inspiração no método cartesiano do conhecimento, segundo o qual a certeza resulta do processo de exclusão do erro. Mas, como aqui se tratava de estética, a aplicação de tal método significava estreitar os limites de criação e apreciação da beleza, transformada em mera questão de precisão. Partindo da avaliação de grandes obras, Boileau oferece conselhos sobre o fazer poético. Por trás de seus imperativos está a convicção em parâmetros absolutos para a arte, que lhe permitem colocar-se, por fim, no lugar de "censor um pouco impertinente, porém sempre necessário".[3] Pretendendo-se herdeiro da tradição aristotélica, ele considerava a inspiração fundamental, desde que governada pela razão. Daí derivam direções mais retas: evitar excessos, o preciosismo, a prolixidade, a monotonia, o burlesco.

Essa arte poética marcou a história da estética, pois suas regras dominaram várias gerações de autores, controlando o poder criativo do gênio, sua liberdade sem medidas prévias. Portanto, a associação da teoria à prática no neoclassicismo significou, muitas vezes, o asfixiamento da última por imposições da primeira. Embora tirasse seus critérios da análise de grandes obras, a teoria tentava, com isso, fornecer normas para a criação, que a amarravam. Mesmo em grandes dramaturgos, como Racine e Corneille, que sabiam apropriar-se das regras de modo independente, a submissão era forte. Paul Valéry afirmou que "havia um Boileau em Racine, ou uma imagem de Boileau".[4] Nesse contexto, a França deu início, em 1687, à famosa querela entre antigos e modernos. Boileau estava do lado dos antigos, enquanto homens como Charles Perrault e Bernard de Fontebelle do lado dos modernos, protestando contra a superioridade incontestável atribuída à antiguidade sobre a modernidade. Perguntavam se não seria o contrário, já que a acumulação de experiências no tempo poderia privilegiar o presente sobre o passado, tornando viável ver os antigos sem dobrar os joelhos, como diziam. Era o despontar da crítica à tradição neoclássica.

Entre os alemães, a querela de antigos e modernos exigia uma tomada de posição. Johann C. Gottsched buscava estabelecer, no incipiente teatro nacional, a ordem racional e rigorosa formulada por Boileau na França. Lessing foi pioneiro no combate a ele. Entre 1767 e 1769, escreve a "Dramaturgia de Hamburgo", em que ataca Gottsched, mas com mira no neoclassicismo. Era estrategicamente decisivo, nesse contexto, dar nova interpretação à *Poética* aristotélica, já que nela se fundava a autoridade da tradição neoclássica. Lessing denuncia que tanto as poéticas de Boileau e Gottsched quanto peças de Corneille e Racine estariam distantes do real sentido das lições do filósofo grego, que, para ele, não dizia respeito à imitação mecânica de certas regras, mas à busca do efeito suscitado pela arte, como a catarse. O esforço de Lessing insere-se, portanto, na busca de liberdade face às regras clássicas, que não dizia respeito só ao talento individual subjetivo, mas à possibilidade de que a criação fosse diferente dependendo do tempo e do lugar em que estivesse. No caso, tratava-se de garantir que a arte alemã moderna pudesse ser distinta da francesa.

Não é coincidência que essa disputa pela liberdade da criação tenha sido levada a cabo com tanta força entre os alemães, cuja produção cultural ainda hesitante e tímida na época podia ser sufocada pela influência francesa, que se fazia em nome não de si própria, mas do cânone universal e atemporal da tradição greco-romana. Herder dizia que "na Grécia surgiu o drama de um modo que não poderia ser o do norte", logo essa era a "razão por que no norte não é nem pode ser o que foi na Grécia".[5] O mundo nórdico esperava sua arte. Para tanto, seria preciso o poder do gênio, que cria sem copiar modelos. Goethe, ao falar sobre arquitetura alemã em 1792, deixa isso claro. Perante uma catedral gótica, ele confessa: "Fiquei apavorado diante da visão de um monstro disforme e encrespado." Esse julgamento vem da aplicação dos critérios da tradição, aos quais a catedral não atende. Mas sua apreciação muda: "Então se me revelava, em silenciosos pressentimentos, o gênio do grande mestre construtor." Historicamente, a ascensão do gênio era, ao mesmo tempo, o modo pelo qual os alemães fundamentavam sua criação estética singular, razão por que Goethe afirma que "isso é arquitetura alemã, da qual o italiano não pode gabar-se, e muito menos o francês",[6] opondo-se, respectivamente, ao Renascimento e ao neoclassicismo.

Nesse contexto, Shakespeare tornava-se o grande exemplo para os alemães, pois não se encaixava na norma neoclássica tirada da poética aristotélica. "Dedico grande respeito a Aristóteles, menos às suas barbas",[7] escreve Lenz com humor. "Mais que ao grego, sinto-me próximo a Shakespeare", afirma Herder. E exclama: "Ah, se Aristóteles tornasse à vida e visse o uso falso e paradoxal de suas regras aplicadas a peças completamente diversas."[8] Racine e Corneille davam lugar a Shakespeare. Reconhecê-lo era dar crédito a um autor não francês e moderno. Shakespeare trazia o desafio da invenção fora dos parâmetros e preceitos tradicionais. Abandonava-se o critério da realização da obra de arte como cópia de um modelo já conhecido, privilegiando-se, por outro lado, a liberdade da criação do novo singular. Eis a revolução romântica que determinaria os rumos da estética moderna.

Por trás dessa revolução estava a filosofia de Kant. Ele não explicita sua estética através do confronto entre românticos e neoclássicos, mas contribui, a despeito de seu gosto pessoal, a favor dos primeiros. Do lado da criação, privilegia o gênio por estar alheio a regras prévias que o orientem. Do lado da recepção, desvaloriza a correção normativa. "Diz-se de certos produtos, dos quais se esperaria que devessem pelo menos em parte mostrar-se como arte bela, que eles são sem espírito, embora no que concerne ao gosto não se encontre neles nada de censurável",[9] escreve Kant. Sua comparação é simples: assim como uma história pode ser precisa e ordenada mas sem espírito, como um discurso festivo pode ser requintado mas sem espírito, como uma mulher pode ser correta mas sem espírito, também uma poesia pode ser graciosa e elegante mas sem espírito. Mas o que é esse "espírito"? Lessing dizia que Shakespeare era "um poeta trágico infinitamente superior a Corneille, embora este conhecesse muito bem os antigos e aquele não os conhecesse em quase nada", já que "Corneille se lhes aproxima pelo arranjo mecânico e Shakespeare, pelo essencial".[10] Esse "essencial" é o que Kant chamava de "espírito", jamais garantido em uma obra meramente por ela nada ter de censurável. Daí a insuficiência da postura de censor em que Boileau se colocava. Tanto criar quanto apreciar arte dizem respeito menos à correção e mais à invenção. Importa o espírito, o "princípio vivificante da alma", como dizia Kant.

Foi a teoria de Kant sobre o gênio que abriu caminho para a concepção romântica da criação, assim como determinou seu modo de pensar a crítica. Se o artista, ao criar, não obedece a prescrições, a crítica, ao mesmo tempo, não procede como avaliação da obra, já que ela não teria parâmetros exteriores para julgá-la. Portanto, se os primeiros românticos alemães às vezes rechaçaram com violência as lições poéticas aristotélicas, foi sobretudo por conta da tradição interpretativa renascentista e neoclássica, visto que o problema era sua identificação como doutrina empírica prescritiva. Nem sempre, entretanto, eles pensaram assim. Tanto que August Schlegel, em suas preleções sobre arte dramática e literatura feitas nos primeiros anos do século XIX, tem como alvo real, ao falar do filósofo grego, a autoridade que ele emprestara à doutrina francesa da imitação dos antigos clássicos. Interpretando a teoria aristotélica, Schlegel busca salvá-la da suposta estreiteza neoclássica – afinal, se obras tão diferentes em espírito e forma quanto as tragédias gregas e as de Corneille poderiam ser igualmente fiéis a ela, isso significaria que seus princípios são mais elásticos do que se imaginava. Ao fim de sua análise da *Poética*, Schlegel declara: "Eu não me encontro, portanto, numa relação polêmica com Aristóteles."[11]

August Schlegel relê a *Poética* de modo distinto da tradição italiana e francesa. Impressiona-o que Aristóteles seja usado para tratar das três unidades da dramaturgia: ação, tempo e lugar. Elas deram ensejo para Boileau afirmar que as peças teatrais deveriam fazer com que "a ação se desenvolva com arte: em um lugar, em um dia, um único fato, acabado".[12] Para Schlegel, o filósofo grego só aborda de modo completo a unidade de ação, restando vagos comentários sobre a de tempo e nada sobre a de lugar. Tampouco existiam ali medidas empíricas firmes para cada unidade. Seria a de tempo mesmo um só dia? E a de lugar, seria um aposento, uma cidade ou um país? Mais: será possível, no caso de um filósofo, tratar a noção de ação como se ela fosse autoevidente, sem se perguntar em que ela consiste? Boileau teria tornado concretas medidas que, em Aristóteles, tinham também teor conceitual, mas preservou seu valor eterno, sem assumir o caráter histórico que marca tudo o que é empírico. Entretanto, se as lições poéticas aristotélicas fossem lidas não como doutrina empírica prescritiva e sim de modo descritivo e reflexivo, poderiam então contribuir para a formulação da filosofia da arte romântica. Interpretando tais lições por esse viés e denunciando que elas teriam sido deturpadas para estruturar um conjunto de regras fixo, Schlegel sugere que até Shakespeare e os poetas românticos se ajustariam a elas. Era a completa reversão da interpretação tradicional das lições poéticas aristotélicas.

Se os primeiros românticos alemães revolucionaram a concepção de teoria da arte, foi porque já não faziam uma poética de natureza prescritiva, mas uma poética de natureza filosófica, a qual, segundo Peter Szondi, "não busca regras para aplicar na prática nem diferenças para serem levadas em conta ao escrever, e sim um conhecimento que se basta a si mesmo", sendo que "a poética nesse sentido constitui uma esfera particular da estética em geral, como filosofia da arte".[13] Hegel seria o consumador desse processo no século XIX. Ele afirma que nas poéticas antigas "as determinações universais que eram abstraídas tinham de valer especialmente como preceitos e regras, segundo os quais se deveriam produzir obras de arte, principalmente em épocas de deterioração da poesia e da arte",[14] para completar ainda que "tais médicos da arte prescreviam para a cura da arte receitas ainda menos seguras do que os médicos para o restabelecimento da saúde". Entretanto, os primeiros românticos, no fim do século XVIII, já construíam, antes de Hegel, uma poética de caráter filosófico. "Não é preciso que alguém se empenhe em obter e reproduzir a poesia através de discursos e doutrinas racionais, ou mesmo produzi-la, inventá-la, estabelecê-la e fornecer-lhe leis punitivas, como seria do agrado da arte poética",[15] assevera Friedrich

Schlegel. Por trás do seu comentário, estava o sentimento de crise pela falta de amparo em valores antigos, já que, com isso, perdia-se a confiança na possibilidade de aplicação dos parâmetros da poética tradicional – cuja autoridade vinha do passado clássico – para as obras de arte do presente moderno. Isso exigia a substituição do julgamento que apenas aplica normas preexistentes pelo exercício teórico da crítica reflexiva.

Na falta de amparo tradicional, os autores pré-românticos do Sturm und Drang já tinham, antes, descartado as poéticas classicistas para abraçar as esferas das tradições locais nórdicas e da singularidade subjetiva do eu, situadas fora dos preceitos greco-romanos. Essa última esfera predomina, ainda, na poesia romântica de língua inglesa. Daí a tese, defendida por M.H. Abrams, de que, em geral, a arte tradicional é concebida como "espelho", enquanto a arte romântica como "lâmpada": se a primeira gostaria de imitar a natureza, a segunda queria criar a partir do próprio artista enquanto gênio.[16] Esse esquema não funciona bem para os primeiros românticos alemães, mas foi responsável por parte dos mal-entendidos em torno deles. Mesmo Hegel, que gostava de atacá-los, admitia o fosso que os separava dos pré-românticos: "Com grande fecundidade e ousadia na renovação, ainda que com ingredientes filosóficos escassos, [os primeiros românticos] se voltaram contra os pontos de vista até então vigentes, numa polêmica cheia de espírito e, assim, introduziram em diversos ramos da arte um novo parâmetro de julgamento e pontos de vista que se situavam acima dos que eram atacados."[17]

Embora admitisse o avanço da visão dos irmãos Schlegel sobre a arte em relação aos pré-românticos, Hegel apontava que eles teriam permanecido somente na "vizinhança" do reavivamento da abordagem de natureza filosófica: "August Wilhelm e Friedrich von Schlegel, desejosos do novo, na busca ávida de distinção e do surpreendente", escreve ele, apropriaram-se da filosofia "tanto quanto eram capazes suas naturezas que, aliás, não eram filosóficas, mas essencialmente *críticas*". Sendo assim, os primeiros românticos teriam ficado a meio caminho, porque eram críticos e não pensadores especulativos, filósofos. Do ponto de vista dos próprios primeiros românticos, contudo, a crítica podia ser filosófica e a filosofia ser crítica, ao contrário do que supunha Hegel. "Toda resenha filosófica deveria ser ao mesmo tempo filosofia das resenhas",[18] como afirma Friedrich Schlegel. Se a crítica assume, para os primeiros românticos alemães, papel tão decisivo, é porque a própria filosofia encontra espaço privilegiado de exercício na forma da crítica.

Walter Benjamin foi quem decifrou, contemporaneamente, o conceito de crítica de arte do romantismo. Ele explica o emprego da palavra "crítica" a partir do seu significado na filosofia de Kant, em que ela fornece uma via para o conhecimento escapar, de um lado, da pretensão do dogmatismo e, de outro, do perigo do ceticismo. Os primeiros românticos transportaram essa solução geral para o dilema particular da arte entre neoclássicos e pré-românticos: "Aquela tendência poderia ser considerada como dogmática, esta, em suas consequências, cética."[19] Na medida em que o neoclassicismo acreditava na verdade absoluta de suas regras para a arte, válidas para qualquer tempo e lugar, ele se tornava dogmático. Já o pré-romantismo refugiava-se ceticamente nas particularidades do sujeito. Benjamin conclui, sobre o romantismo de Iena, que, "com respeito ao primeiro ponto, ele venceu as tendências do racionalismo; com respeito ao segundo, os momentos destrutivos do Sturm und Drang". É provável, portanto, que Friedrich Schlegel tivesse em mente o neoclassicismo e o pré-romantismo do Sturm und Drang, respectivamente, ao reclamar que "quase todos os juízos artísticos são universais demais ou específicos demais".[20]

Se, portanto, o conceito romântico de crítica de arte não se apoia em prescrições universais e tampouco em subjetividades particulares, qual é seu centro? É a obra. Essa resposta deriva da concepção da criação genial, já que esta não se faria pela intenção do autor empírico, do sujeito. Não é ele que fala. "Tudo deve ser poetizado, de modo algum como intenção dos poetas, mas como tendência histórica das obras",[21] dizia Friedrich Schlegel. Portanto, quem fala é a obra. Foi o que percebeu Benjamin, ao afirmar que "o conceito de crítica de Schlegel não conquistou apenas a liberdade com relação às doutrinas estéticas heterônimas – antes, ele possibilitou isto, apenas pelo fato de ter posto um outro critério de obra de arte que não a regra: o critério de uma determinada construção imanente da obra mesma". Esse conceito, para ele, "assegurou, do lado do objeto ou da conformação, aquela autonomia no campo da arte que Kant, na crítica desta, havia conferido ao juízo".[22]

Kant firmara a autonomia do sentimento estético, assim protegido do julgamento prévio a partir de critérios extrínsecos como o cognitivo, o moral, o político, o pragmático. Essa é a premissa da crítica romântica, pois não seriam admissíveis aí leis exteriores para julgar as obras de arte. É a lei da própria obra que deve dirigir os esforços críticos. Não se trata de julgar as obras tendo como parâmetro o ideal geral ao qual todas devem obedecer, e sim de criticá-las tendo em vista o ideal que cada uma, em si e para si, formula individualmente. Nesse sentido é que Benjamin afirma que "apenas com os românticos se estabelece de uma vez por todas a expressão 'crítico de arte' em oposição à expressão mais antiga 'juiz de arte'", já que, agora, "evita-se a representação de um tribunal constituído diante da obra de arte, de um veredicto fixado de antemão".[23]

Eis o que permite a Friedrich Schlegel afirmar que a poesia "é um discurso que é sua própria lei":[24] a autonomia da estética formulada por Kant. Essa autonomia deveria ser concedida às obras de arte para defendê-las da operação racional do conhecimento estrito, explicada pelo próprio Kant com a metáfora do tribunal. Para ele, a razão devia enfrentar a natureza "a fim de instruir-se por ela, não como um aluno que aceita docilmente tudo o que o professor lhe dita, mas como um juiz que, no exercício de sua função, compele as testemunhas a responder às perguntas propostas por ele".[25] Buscando na arte a exatidão da ciência, os neoclássicos aplicavam a ela critérios expostos por Kant sobre o conhecimento, compelindo obras singulares como se fossem réus julgados por certa legislação fixada previamente e com validade genérica. Só que o próprio Kant já estipulara que, na relação estética, era exigida a autonomia diante dos interesses vindos do conhecimento, pois agora a singularidade dos objetos – como as obras de arte, por exemplo – não poderia ser reduzida a categorias gerais já sabidas.

Foi por conta disso que Kant distinguiu juízos determinantes de reflexionantes.[26] Os primeiros operam quando damos conta de um caso particular pela aplicação de regras, leis e princípios gerais prévios. Porém, quando acontece de um caso particular não caber dentro desses parâmetros, não temos como determiná-lo. Só podemos refletir sobre ele. Esse segundo procedimento é que caracteriza a estética, pois aqui os casos são sempre singulares, como as obras de arte. Isso nos obriga a pensar então a partir delas, sem o amparo de conceitos gerais. É o que inspira a crítica de arte dos primeiros românticos. Ela é reflexão sobre a obra, não determinação da obra. Ela não pode ser preconceituosa, pois não possui conceitos prévios: deve tirá-los da própria obra.

Essa postura crítica era decisiva para compreender algo que a modernidade passou a prezar: o novo. Se as obras pretendem originalidade, a crítica não pode julgá-las com os parâmetros que já conhece, ou perderia o que trazem de novo.

Foi por isso que, muito tempo depois, Gilles Deleuze buscou dar fim ao "juízo que supõe critérios preexistentes (valores superiores), e preexistentes desde sempre (no infinito do tempo), de tal maneira que não consegue apreender o que há de novo num existente, nem sequer pressentir a criação de um modo de existência".[27] É claro que os primeiros românticos já suspeitavam que o novo podia vir a ser banalizado, mas a discussão não se encerrava aí. "É novo ou não é: eis a questão que, diante de uma obra, se faz do ponto de vista mais alto e do mais baixo, do ponto de vista da história e do da curiosidade."[28] Do ponto de vista da história, caberia à crítica assimilar a novidade das obras, para que diferentes sentidos pudessem nascer daí. Isso era o oposto do que se entendia, até então, por crítica, como diz August Schlegel:

> Costumam chamar a si mesmos de crítica. Escrevem de modo frio, superficial, altaneiro e … insípido. Natureza, sentimento, nobreza e grandeza de espírito absolutamente não existem para eles e, no entanto, procedem como se pudessem convocar tais coisas perante seus tribunaizinhos. Imitações da antiga mania de versificação do mundo elegante francês são a meta suprema de sua tépida admiração. Correção é para eles sinônimo de virtude.[29]

Nem juiz e nem tribunal poderiam compreender as obras de arte, já que não é a sua correção que está em jogo, ao menos não no sentido estreito que supõe que ela possa ser verificada por algum código exterior de regras. Pois "no sentido mais nobre e original da palavra *correção*, visto que significa cultivo intencional e desenvolvimento complementar do que há de mais íntimo e ínfimo na obra conforme o espírito do todo, reflexão prática do artista, nenhum poeta moderno seria mais correto do que Shakespeare",[30] comenta Friedrich Schlegel. Shakespeare era incorreto de acordo com o cânone classicista, mas correto tendo em vista a construção endógena de sua obra. Com isso, Schlegel falava de outro tipo de correção, cujo critério é estabelecido pela própria obra autonomamente.

Essa autonomia da arte era, entretanto, somente a premissa da crítica dos românticos. Pois eles foram além dela. Saía-se do juízo estético entendido apenas como sentimento. Benjamin afirma que "neste contexto pode-se indicar sem dificuldade uma diferença entre o conceito kantiano de juízo e o romântico de reflexão: a reflexão não é, como o juízo, um procedimento subjetivo reflexivo, mas, antes, ela está compreendida na forma de exposição da obra".[31] Nesse aspecto, os românticos adiantam o problema que, depois, Hegel atribuiria à estética de Kant: seu subjetivismo. Se a obra deve ser compreendida por sua forma de exposição efetiva e não pelo sujeito que a criou, seu acolhimento deve ser crítico, e não emocional. Friedrich Schlegel provocava: "Se muitos amantes místicos da arte, que consideram toda crítica como desmembramento e todo desmembramento como destruição da fruição, pensassem consequentemente, então 'oh!' seria o melhor juízo artístico sobre a obra de arte mais apreciável."[32] Ele defende que a arte suscite mais que a admiração estupefata. Para servir à obra, a crítica não lhe pode ser servil. Por isso, se "sempre se fala da perturbação que a dissecação do belo artístico provoca na fruição do amante", é bom lembrar que "o verdadeiro amante não se deixa perturbar assim".[33]

Tal violência da crítica, que significou um distanciamento dos românticos em relação a Kant, só não se tornava, porém, um atropelamento de normas sobre as obras porque, ao mesmo tempo, eles preservavam a autonomia que Kant postulara para a estética. Eles avançam da contemplação para a produtividade da reflexão crítica, cuja tarefa surge da ausência da escala de valores prontos para julgar as obras. Resta fazer certo "experimento na obra de arte, através do qual a reflexão desta é despertada e ela é levada à consciência e ao conhecimento de si mesma",[34] afirma Benjamin. Então, a crítica não se situa fora da obra. Ela desdobra o que a própria obra põe, ela continua a obra. Essa continuação, entretanto, não é o acréscimo da opinião subjetiva desse e daquele crítico. Se as opiniões forem de fato críticas, elas serão o desenvolvimento da obra conhecendo-se a si mesma. "Na medida em que a crítica é conhecimento da obra de arte, ela é o autoconhecimento desta; na medida em que ela a julga, isto ocorre no autojulgamento da obra", diz Benjamin.

Nesse sentido, o conceito de crítica de arte do romantismo alemão distancia-se da prática corrente. Ele não tem qualquer preocupação corporativa com a divisão entre artistas e críticos, pois ambos devem estar a serviço da obra. Sendo assim, o crítico não descobre o sentido último da obra, pois este, que jamais é último, já é efetuado pela própria produtividade reflexiva da crítica praticada. No fim das contas, como observa Benjamin, "este processo só pode ser representado de maneira coerente através de uma pluralidade de críticos que se substituem, se estes forem não intelectos empíricos, mas graus de reflexão personificados".[35] Não é certa pessoa ou subjetividade que vai cumprir tal processo. É o processo de reflexão que se cumpre através da crítica e dos críticos. Logo, "não é o crítico que pronuncia esse juízo sobre a obra, mas a arte mesma, na medida em que ela ou aceita em si a obra no *medium* da crítica ou a recusa",[36] diz Benjamin. Se a obra de arte não puder ser criticada, nesse sentido especificamente romântico, não seria arte. Mas é preciso sublinhar que a afirmação só vale pois falamos aqui do "fundamento de uma crítica totalmente outra", observa Benjamin.

Essa outra "crítica é, então, de modo totalmente oposto à concepção atual de sua essência, em sua intenção central, não julgamento, mas antes, por um lado, acabamento, complemento, sistematização da obra, e, por outro, sua dissolução no absoluto".[37] Ela é o acabamento da obra, pois seu fito não é elogiar ou condenar, já que ela não visa a determinar. Seu objetivo é intensificar e desdobrar, ou seja, refletir. Fazendo assim, a crítica complementa a obra. Benjamin, porém, disse ainda que a crítica dissolve a obra no absoluto. Ele quer dizer, com isso, que a crítica liga a obra finita (que enquanto coisa concreta é particular) ao âmbito infinito da arte (que enquanto ideia é absoluto). Toda obra específica só é em geral "de arte" porque pertence ao âmbito no qual se situam todas as obras enquanto participam da (ideia de) arte. Cabe à crítica, para os primeiros românticos, explicitar o pertencimento da obra particular relativamente ao absoluto da arte. Deve-se acrescentar que o acabamento da obra e sua dissolução no absoluto feitos pela crítica não são operações diferentes: "ambos processos coincidem", diz Benjamin. Eles coincidem porque o absoluto da arte não existe completamente fora das obras, mas é constituído pelo tecido entremeado do conjunto das obras. Por isso, para a crítica dos primeiros românticos, o "centro de gravidade está não na estimação da obra singular mas na exposição de suas relações com todas as demais obras". Por trás dessa explicação de Benjamin, portanto, está a concepção romântica de que todas as obras comunicam-se entre si no âmbito (do absoluto) da arte, de forma infinita.

Esse âmbito é o que Benjamin chama de ideia de arte ou, às vezes, de "*medium*-de-reflexão", pois é nesse "*medium*" que as obras entram em contato umas com as outras em certo "*continuum* das formas", no qual, "por exemplo, a tragédia se relacionaria, para o espectador, de maneira contínua com o soneto". Está aí a explicação para a valorização romântica do gênero do romance como aquele no qual todos os outros poderiam entrar em comunhão no "absoluto literário". Em certo sentido, os primeiros românticos concebiam a própria ideia da arte como uma obra – a obra das obras, a obra que não é senão a conjunção de todas as outras, o Livro dos livros, como se disse depois com Mallarmé. É nesse contexto que a crítica pode tomar a obra singular e fazê-la absoluta ao desdobrar sua reflexão no *medium* que é a arte. Essa crítica "nada mais deve fazer do que descobrir os planos ocultos da obra mesma, executar suas intenções veladas", pois, "no sentido da obra mesma, isto é, em sua reflexão, deve ir além dela mesma, torná-la absoluta".[38]

Reconhece-se, assim, que "a obra é incompleta",[39] como afirma Benjamin, já que, por si mesma, não é absoluta. Só que a falta é positiva para os primeiros românticos, já que "só o incompleto ... pode levar-nos mais adiante", enquanto "o completo é apenas fruído",[40] afirma Novalis. Daí a centralidade da crítica, apareça ela onde for, com quem for e como for. Não é a simples fruição estética da obra que está em primeiro plano, e sim a correspondência a ela na linguagem crítica, que só ocorre porque a obra ainda não é completa por si. É a crítica que busca completá-la, ainda que não consiga. É a própria obra que exige ser criticada, como possibilidade de dissolução de si no absoluto da arte. Desse modo, a obra liga sua finitude particular à infinitude de seu pertencimento à arte. "Esta intensificação de consciência na crítica é, a princípio, infinita", atesta Benjamin, porque "a crítica é, então, o *medium* no qual a limitação da obra singular liga-se metodicamente à infinitude da arte e, finalmente, é transportada para ela, pois a arte é, como já está claro, infinita enquanto *medium*-de-reflexão".[41] Num fragmento, Schlegel já deixara dito que "uma obra está formada quando está, em toda parte, nitidamente delimitada, mas é, dentro dos limites, ilimitada e inesgotável; quando é de todo fiel, em toda parte igual a si mesma e, no entanto, sublime acima de si mesma".[42] Só quando é fiel apenas a si mesma em sua finitude, a obra pode estar, simultaneamente, acima de si mesma: sublime, infinita.

Essas palavras provam que à abolição das regras neoclássicas no campo da arte não corresponde, para os primeiros românticos, o elogio de subjetividades desenfreadas. É verdade que, diante do artista, "nenhuma crítica pode ou deve roubar-lhe sua essência mais própria, sua mais íntima força, para refiná-lo e purificá-lo até uma imagem comum, sem espírito e sem sentido, como se esforçam os tolos".[43] Longe, porém, de atacar a crítica em geral, discrimina-se outro papel para ela diante do artista: "A elevada ciência da crítica genuína deve-lhe ensinar de como precisa formar e educar a si mesmo, em si mesmo, e antes de tudo a compreender toda outra manifestação autônoma da poesia em sua clássica força e plenitude", observa Schlegel, "para que as flores e os grãos de espíritos alheios se tornem alimento e semente de sua própria fantasia." Se a crítica pode ajudar o artista, ainda que não dependa disso para se legitimar, é evidenciando que sua obra, por mais que enverede por caminhos distintos da de outros, pertence ao "grande oceano universal" no qual "todas as correntes da poesia deságuam".[44] Ela pertence à arte.

Por sua vez, a crítica, enquanto acabamento da obra, situa-se, ela mesma, dentro do campo da arte, ainda que não exatamente da mesma forma que a obra primeira. Ela carrega a obra adiante, eleva sua reflexão, potencializa, desdobra. Não está lá e a obra, cá: ela continua a obra. Para cumprir tal função, a crítica experimenta transformação decisiva: a partir de agora, "de poesia, também, só se pode falar em poesia",[45] afirma Friedrich Schlegel. Segundo Benjamin, os primeiros românticos "fomentaram a crítica poética".[46] Só assim poderíamos encontrar o dizer que corresponde ao que a arte é, sem engolfá-la em conceitos prontos. Se a poesia moderna era crítica, a crítica moderna era poética.

Seria possível escutar, aqui, fortes ecos da concepção de Kant do que seria a ideia estética, presente por exemplo na arte: A "representação da faculdade da imaginação que dá muito a pensar, sem que contudo qualquer pensamento determinado, isto é, conceito, possa ser-lhe adequado, que consequentemente nenhuma linguagem alcança inteiramente nem pode tornar compreensível".[47] Não é difícil enxergar na crítica de arte romântica a construção dessa linguagem que não se fecha em conceitos determinados e acolhe a ausência da transparência compreensiva completa, para assim corresponder ao que a ideia estética da obra de arte dá a pensar. E ela dá muito a pensar.

"Pode existir um falar de poesia que não só lhe esteja adequado, mas que ela até exija", diria Heidegger muito tempo depois, alertando que "talvez se possa falar da poesia poeticamente, o que, todavia, não quer dizer em versos e rimas".[48] Não se trata, portanto, de colocar o crítico para escrever em verso. Pelo contrário, seu elemento costuma ser a prosa. Mas essa prosa, enquanto tal, é ela mesma literatura. Situa-se dentro da arte, não fora. Também o crítico é escritor: ele escreve crítica. Essa valorização da dimensão da materialidade da escrita na forma de expressão é que dá o caráter poético da crítica, cujo exercício, então, está menos distante da obra sobre a qual fala do que, em geral, supomos. "Tanto a poesia como o pensamento se movimentam no elemento do dizer",[49] observaria Heidegger décadas mais tarde.

6. Neo, pós e anticlassicismo

Sempre que o presente desafia a tradição precedente, ganha força a pergunta sobre como podemos nos relacionar com o passado. Tematizar, conscientemente, a forma pela qual estamos situados na história é, nessa medida, já o sinal de que não pertencemos a ela de modo natural. Nesse sentido, a formação daquilo que chamamos de modernidade, os "novos tempos", ocorre simultaneamente ao nascimento da antiguidade, posto que esta, antes daquela, não poderia ser exatamente antiga. Em outras palavras: o que torna antiga a antiguidade é a modernidade, que, ao mesmo tempo, só é moderna pois coloca outro tempo como distinto de si mesma. Novalis gostava de dizer que, em sua época, a antiguidade não existia, mas apenas começava a surgir, precisava ser produzida.

Em seu alvorecer, essa consciência histórica veio à tona, sobretudo, pelo paulatino enfrentamento do passado clássico. Seria o presente neo, pós ou anticlássico? No sentido cronológico, o simples fato de colocar em questão a relação com o classicismo denuncia o contexto pós-clássico: não se está mais dentro dele organicamente. Entretanto, esse "pós" pode ser neo ou anticlássico diante do passado. Tal dualidade balizou a famosa querela de antigos e modernos, que só foi possível porque ambos situavam-se após o classicismo. Mesmo quando os franceses, seguindo os renascentistas italianos, propõem, no século XVII, o neoclassicismo, reconhecem tacitamente estar fora do classicismo original. São "neo". Podem desejar manter-se fiéis à tradição greco-romana, mas, só por se tratar de um desejo, e não de uma certeza, já estão fora daquele pertencimento original. Nesse sentido, são modernos, a despeito de quererem ser como os antigos.

De outro lado, foi comum enxergar nos românticos, no século XVIII, a busca de uma formação anticlássica, por conta de sua reabilitação da Idade Média, bem como de diversas culturas orientais, e sobretudo de sua aparente oposição aos valores clássicos. Fazendo o elogio do exagero e não da contenção, do subjetivo e não do objetivo, do caos e não da ordem, do extravasar e não da sobriedade, da transgressão e não da manutenção, da noite e não do dia, os românticos teriam aberto guerra ao clima apolíneo da cultura grega. Na verdade, eles já estavam, antes de Nietzsche, sugerindo que os gregos eram, além de apolíneos, também dionisíacos. Essa, porém, é outra história, à qual voltaremos depois.

Na realidade, o maior problema de opor romantismo e classicismo é que, assim, não se consegue explicar como os gregos permaneceram centrais para o pensamento romântico, saudados como a fonte original para a qual a cultura devia voltar os olhos. Não por acaso, no que diz respeito ao cunho classicista da maturidade de Schiller e Goethe vivida na cidade de Weimar, existem mais convergências com seus contemporâneos românticos situados em Iena do que discordâncias, malgrado as declarações de uns e de outros. Tanto que é comum acusar os românticos de nostálgicos ou de estarem sob a tirania da cultura grega,[1] o que, a rigor, não é o caso. É verdade, contudo, que os primeiros românticos buscavam para a formação moderna, nas palavras de Friedrich Schlegel, "a perspectiva de um classicismo crescendo sem limites".[2]

No caso aqui, a questão é, como diz Hölderlin, o ponto de vista segundo o qual devemos encarar a antiguidade. "Sonhamos com formação, piedade etc., mas não possuímos nenhuma", diz ele, para completar que "são apenas pretensão – sonhamos com originalidade e autonomia, acreditamos enunciar o novo em alto e bom tom, mas tudo isso não passa de reação, de uma espécie de vingança suave contra a escravidão que norteia o nosso relacionamento com a antiguidade". Sua conclusão é a seguinte: "Parece que, realmente, quase não se oferece outra escolha senão deixar-se soterrar pelo já assumido, pelo positivo, ou, com a mais violenta soberba, contrapor a vida de nossas forças a tudo o que foi dado, aprendido, a todo o positivo."[3]

O que Hölderlin está dizendo aqui? Sonhamos com a construção da cultura própria do nosso tempo, com a nossa formação. Desejamos autonomia, ou seja, dar-nos nossa própria lei, de nossa época, em vez de tomá-la emprestada. Porém, essa pretensão esbarra na solidez do "já assumido", da positividade do dado, que eclipsa a abertura da negatividade daquilo que ainda "não" é. Mesmo buscando o novo, os modernos são dominados pela reação, tornando-se, ainda, escravos da antiguidade que querem negar, pois no esforço para vencê-la acabam por mantê-la como o ponto de orientação contrastante para o presente. Eis a bifurcação histórica em que estava a educação da modernidade: afirmar o presente sobre o passado ou deixá-lo subordinado a este, contrapor com "violenta soberba" a força do atual a tudo o que foi feito ou "deixar-se soterrar" pelo que já está formado?

Esse "tudo ou nada" foi recusado pelos primeiros pensadores românticos, assim como por Hölderlin. Friedrich Schlegel, por exemplo, diluía a oposição do romantismo moderno à antiguidade clássica, ao afirmar que "somente quando forem encontrados o ponto de vista e as condições da identidade absoluta que existiu, existe ou existirá entre antigo e moderno, se poderá dizer que ao menos o contorno da ciência está pronto".[4] Logo, não é estranho que abundem, no romantismo, elogios aos gregos. Tanto que, ao formularem algum cânone, os românticos lhes concedem o primeiro posto. Falando sobre "épocas da arte poética", por exemplo, louvam Homero. "Na planta homérica vemos também o surgimento de toda poesia; mas as raízes se subtraem ao olhar, e as flores e os ramos da planta brotam inconcebivelmente belos da noite da antiguidade."[5] Passagens assim suscitaram a acusação de "grecomania" aos românticos, embora seja claro, para Schlegel, que "jamais se deveria evocar o espírito da antiguidade como uma autoridade".[6]

É que o elogio aos gregos não fez com que os românticos buscassem fazer renascer a cultura antiga. Não se tratava de voltar aos gregos, mas de voltar os olhos para eles. É aí que as coisas começam a se complicar, ao mesmo tempo que ficam interessantes. Embora admirassem a arte grega, os românticos não foram soterrados pela antiguidade, graças à pioneira importância que concederam à história. Segundo Friedrich Schlegel, "a ciência da arte é sua história".[7] Essa perspicácia histórica impediu que os primeiros românticos, mesmo venerando os gregos, os colocassem como modelo fora do tempo a ser copiado. Se o elogio à antiguidade não deixa conceber o romantismo como um anticlassicismo, o sentido histórico os coloca longe de um neoclassicismo. Nenhuma recriação da cultura grega, para eles, seria possível ou mesmo recomendável, já que roubaria, de antemão, a possibilidade do nascimento singular da cultura moderna, ainda que ela devesse ser considerada através da referência à antiguidade. É nessa fronteira entre a identidade e a diferença com a antiguidade clássica que o pensamento romântico alemão pensa a formação moderna.

No pré-romantismo, a discussão entre modernos e antigos já estava posta. Seu apego a Shakespeare, por exemplo, estava atrelado ao fato de que o dramaturgo inglês era sinônimo de modernidade, pois sua obra livrara-se das regras clássicas. Em torno dele, os pré-românticos juntavam-se para firmar a criação da arte original do presente, enfrentando a "maldição de ser-nos difícil pensar como os antigos",[8] conforme acusava Herder, líder do movimento pré-romântico. Buscando regras antigas para formar a arte moderna, por se confiar serem elas universais e atemporais, esquece-se que, por mais elevadas que sejam, foram criadas numa época específica, a ela pertencendo. Seria preciso, assim, achar a forma originalmente moderna para tratar dos temas modernos, longe do "palavrório estético no qual o pensamento é tratado em separado da expressão", conforme dizia ainda Herder. Para ele, "o poeta que queira reinar sobre a expressão deverá permanecer fiel à sua terra; nela poderá plantar palavras poderosas, pois que conhece o país; aqui poderá colher flores, pois que a terra lhe pertence". Sua conclusão é que "a disposição verdadeira só se estampa na língua materna". Essa aproximação metafórica entre a exploração da linguagem, na escrita, e a do país, na geografia, cara à retórica pré-romântica, tinha por objetivo apontar outro ponto de referência para a poesia que não os antigos gregos, bem como outras tradições formuladas não universal, mas localmente, como na valorização do bardo celta Ossian, que fora inventado. Daí que muitos contos ficcionais do romantismo alemão sejam incursões mágicas ou fantásticas no folclore, na natureza popular.

Para Friedrich Schlegel, que compartilha o problema de Herder, mas não sua solução, trata-se da "estranha predileção que poetas modernos têm pela terminologia grega para designar seus produtos".[9] Em sua volta às tradições locais, buscando a inspiração para a produção de uma arte original, os pré-românticos às vezes renegaram os clássicos. Já os primeiros românticos, embora tenham aberto o leque de fontes aceitas para a criação moderna desvendando alternativas à tradição greco-romana, jamais a abandonaram. Pelo contrário, como vimos, eles tinham em alta conta a antiguidade e nunca deixariam para trás sua riqueza poética. Tampouco, contudo, deixariam de submetê-la ao crivo da história.

Já em 1794, Friedrich Schlegel pensava a arte a partir da história em seu ensaio *Sobre o estudo da poesia grega*. Não faltam nesse texto elogios à antiguidade, na qual poderíamos "fruir a pura beleza", encontrar a "perfeição despretensiosa". Para Schlegel, "a poesia grega verdadeiramente atingiu o limite último da formação natural da arte e do gosto, o mais alto cume da livre beleza". Esses comentários trazem até a sensação de superioridade dos antigos sobre os modernos, carentes da firme solidez cultural grega: "este estado é chamado de época de ouro", escreve Schlegel. Mas ele segue afirmando que "o prazer que as obras da época de ouro grega proporcionam admite, certamente, acréscimo". Como obras perfeitas poderiam sofrer ampliação? É que sua perfeição não era atemporal, mas relativa à sua própria realidade histórica, pois "um máximo absoluto em sua contínua evolução não é possível; porém um máximo relativo, condicionado, uma aproximação permanente, insuperável, é possível", diz Schlegel. Logo, a antiguidade não é o máximo absoluto, mas o máximo relativamente condicionado ao seu tempo. Sua arte era um "exemplo que compreende a ideia inalcançável, que se torna aqui, essencialmente, completamente visível".[10] O estudo romântico da antiguidade ampara-se nesse sentido histórico de que a "arte é infinitamente perfectível", como escreveu Schlegel. Shakespeare era a prova de tal perfectibilidade, levando a arte a alturas que mesmo os gregos não poderiam imaginar. Por melhor que fosse, a beleza clássica não interditaria pensar além dela. Tanto que os modernos olham os antigos para criar sua beleza sobre a deles.

Embora o ensaio em questão ainda traga, no seu bojo, certo respeito às regras e leis de construção poética oriundas dos gregos, o jovem Schlegel, que tinha na época uma inclinação clássica, já lançava ali sua revolucionária consideração sobre a antiguidade, que seria consolidada poucos anos depois com sua participação no grupo romântico de Iena. Sua abordagem já parte da situação moderna e espera contribuir para seu aprimoramento. Não é à toa que o texto abre com estas palavras: "É óbvio que ou a poesia moderna ainda não alcançou o objetivo em direção ao qual se esforça, ou seu esforço não possui objetivo estabelecido, e sua formação, nenhuma direção específica."[11] Estava em germe a transformação no modo de pensar a relação dos modernos com os antigos, que tinham reconhecida a sua qualidade estética sem que fosse preciso destituí-la de sua natureza histórica e forçá-la ao patamar atemporal. Deve-se sublinhar, no título do texto de Schlegel, a palavra "estudo", portanto. É a discussão sobre como a arte grega será encarada e estudada que importa – para compreender os desafios do presente.

Se os primeiros românticos não se opunham à antiguidade clássica, contrapunham-se, porém, ao estudo neoclássico do classicismo, que o transformara em padrão eterno e, lançando mão das lições poéticas aristotélicas, pretendia assim decifrar os segredos da boa produção e correta avaliação de toda arte. Por isso, embora tendo em alta conta a arte grega clássica, Friedrich Schlegel não podia aceitar que dela se derivasse a normatividade pretendida pelo neoclassicismo.

Ele afirma que "a mais infeliz ideia que já se teve – e muitos dos traços de sua prevalência geral ainda persistem – foi esta: atribuir à crítica e à teoria da arte gregas uma autoridade que, no reino da ciência teórica, é completamente inaceitável", completando ainda que "se acreditava ter achado a efetiva pedra filosofal da estética; regras isoladas de Aristóteles e epigramas de Horácio foram usados como poderosos talismãs contra o demônio do mal da modernidade".[12] Mesmo Goethe, tão crítico dos românticos, juntava-se a eles quanto a esse ponto, ao dizer que "fragmentos do tratado sobre a arte poética fornecem uma estranha visão de Aristóteles", pois seria preciso, "antes de todas as coisas, tomar contato com o modo de pensar filosófico deste homem para compreender como ele considerou esta manifestação artística".[13]

Foi essa apropriação neoclássica das lições aristotélicas que fez com que, às vezes, os primeiros românticos se voltassem para uma outra direção do pensamento grego antigo: para Platão. Embora, em sua célebre consideração sobre a arte, Platão tivesse expulsado os poetas da república ideal que imaginou, sua doutrina parecia mais filosófica do que aquela tradição normativa que os romanos e Boileau derivaram de Aristóteles. Por "filosófica" entenda-se uma reflexão especulativa, em vez de regras e determinações sobre o fazer poético prático. Daí advém a atração romântica pela reflexão platônica sobre a natureza metafísica e não empírica do belo, que dava asas para os voos de sua própria filosofia da arte. Interessa, aqui, destacar que contestar a poética aristotélica visava a desautorizar a estética neoclássica francesa e, assim, tirar da antiguidade o valor de modelo a ser imitado.

Nesse ponto, os românticos seguiam a briga travada pelo humanismo de Lessing, a despeito dos valores iluministas deste último, que os separavam. Pioneiro na contestação do neoclassicismo francês, Lessing admitia que os alemães ainda não possuíam uma dramaturgia consistente em sua época. Mas completava: "Penso efetivamente que não só nós, alemães, mas os que se gabam de ter há cem anos um teatro, que se jactam até de ter o melhor teatro de toda a Europa, que também os franceses ainda não têm um teatro."[14] É que o teatro francês, a rigor, seria como um teatro grego copiado, segundo essa visão: ele paga o preço da falta de originalidade para poder satisfazer às prescrições neoclássicas.

Por trás da provocação nacionalista de Lessing, estava o drama da "imitação *de segundo grau*",[15] como a chamaram Philippe Lacoue-Labarthe e Jean-Luc Nancy: os alemães viam-se forçados a imitar a imitação que França e Itália exportavam dos antigos, ficando privados não só de sua identidade, mas até de seus próprios meios de imitação. Reeditar aquele classicismo não seria suficiente para o teatro. Era preciso contestar o predomínio de Molière, Corneille e Racine para valorizar o gênio poético inglês de Shakespeare, exemplo de liberdade face às regras antigas, já que ele não dependera da tragédia grega como modelo empírico para sua criação.

Os primeiros românticos encontraram em Winckelmann a sugestão para pensar de outra forma a questão da imitação. Ele fora pioneiro ao colocar a paixão pelo mundo clássico antigo sob a exigência de contribuir para a formação do mundo moderno. Em suas *Reflexões sobre a imitação das obras gregas na pintura e na escultura*, de 1755, afirmava: "O único meio de nos tornarmos grandes e, se possível, inimitáveis é imitar os antigos."[16] Recuperava, assim, a definição clássica da poesia como imitação, mas para torcê-la, pois o objetivo é oposto: tornar-se inimitável. Sua fórmula paradoxal apontava, para os primeiros românticos, o desafio de serem inimitáveis em sua modernidade mas, ao mesmo tempo, de alcançarem tal originalidade em sua formação justamente pela imitação dos antigos.

Nos artistas modernos capazes de criar algo próprio, o entusiasmo pelos antigos, portanto, não os toma como modelos, mas como estímulo e alimento. Eles escapavam do fato de que, em geral, "o estudo dos antigos foi fatalmente pervertido", como dizia August Schlegel. Suas obras não resultariam em exercícios escolares eventualmente corretos mas sem espírito, que suscitariam "admiração frígida". Por mais embebidas que fossem dos clássicos, trariam o selo da genialidade original, ao contrário da monotonia da cópia. Se Shakespeare era o caso paradigmático dessa situação, os primeiros românticos, contudo, deram outros exemplos, como Dante. Segundo August Schlegel, reconhecendo Virgílio como seu mestre, Dante produziu uma obra que difere radicalmente da *Eneida*. E ele não era um caso isolado. "O que preserva os poemas heroicos de um Tasso e de um Camões vivos até os dias de hoje nos corações e nos lábios de seus compatriotas não é, de modo algum, sua semelhança imperfeita com Virgílio, ou mesmo com Homero", afirma Schlegel, "mas, em Tasso, o sentimento delicado de amor cortês e honra, e, em Camões, a inspiração incandescente de patriotismo heroico". Nesse sentido, considera-se que a "mera imitação é sempre estéril; mesmo quando pegamos algo emprestado de outros, para que assuma forma verdadeiramente poética, deve nascer novamente conosco".[17]

Esses exemplos são mobilizados para sublinhar a valorização da originalidade nas obras de arte. Daí o papel do gênio do artista, tal como foi teorizado na estética de Kant: "o gênio opõe-se totalmente ao espírito de imitação". Imitar, aqui, significa emular apenas. Porém, o próprio Kant sinaliza que, ainda assim, os produtos do gênio são "exemplares". Imitar, agora, ganha outro sentido. Todo artista pode seguir o exemplo do outro, desde que não simplifique tal operação na forma da cópia fiel. Kant admite que "é difícil explicar como isto seja possível", mas não abre mão de afirmar que tais produtos geniais são "os únicos meios de orientação para conduzir a arte à posteridade".[18] Imitar, portanto, é a base da historicidade da arte, graças à qual ela alcança sua posteridade, mas apenas na medida em que essa continuidade se dá pelas sucessivas originalidades geniais que não tomam o exemplo como norma, mas como ensinamento que inspira.

Os românticos consideravam que "a antiguidade inteira é um gênio".[19] Tendo em vista a teoria de Kant sobre a criação, não procuravam na arte antiga modelos a copiar, do mesmo modo que, nas lições poéticas aristotélicas, não queriam encontrar prescrições práticas. Eles buscavam aí exemplos – de originalidade. É que os próprios gregos não copiaram quem quer que fosse, como dizia o pensador holandês Hemsterhuis, que "soube delimitar belamente um âmbito moderno pela simplicidade antiga",[20] segundo August Schlegel. Hemsterhuis observava que "os gregos jamais copiaram as obras dos egípcios, e que se pode considerar que as artes nasceram de fato entre eles".[21] Para sermos então como os gregos, que nada copiaram, também não poderíamos copiá-los. Imitá-los seria, ao mesmo tempo, não imitá-los, já que eles não imitaram ninguém. Para sermos fiéis ao espírito dos clássicos, não poderíamos ser fiéis à simples aparência de seus produtos empíricos.

Nesse sentido, a arte antiga é estimada no romantismo como fonte de inspiração poética exemplar. "Para nós, modernos, para a Europa, esta fonte se encontra na Grécia", dizia Friedrich Schlegel. "Lá havia uma fonte incessante de poesia oniplasmável, um poderoso caudal de representação em que cada onda da vida se derrama sobre a outra." Transformar esse poderoso mar de vida da poesia grega em normas e regras seria traí-la, faria o belo arabesco – que combinava diversas figuras a partir do caos da fantasia criativa – virar a simples diretriz de alguma ordem geral fixa e sem graça. "Este caos formado de maneira estimulante é a semente a partir da qual se organizou o mundo da poesia antiga", escrevem os românticos de Iena, revelando que, "assim como os sábios procuram na água o começo da natureza, a poesia mais antiga também se mostra em fluidas feições".[22]

Note-se que, ao mudarem a forma de olhar a antiguidade, os românticos, ao mesmo tempo, descobriram outra paisagem, diferente da forjada pela tradição. Os gregos não são vistos como estáveis e sólidos, e sim como fluidos e até caóticos. Não constituiriam só o povo solar do dia, mas a cultura cuja fonte escondida era a noite escura. Lá deitavam as raízes de sua arte e a relevância da forma dramática da tragédia. "Igualmente misturadas na mente de Sófocles estavam a divina intoxicação de Dionísio, a profunda inventividade de Atena e a calma prudência de Apolo",[23] escreveu Friedrich Schlegel em 1794. Rompia-se, assim, com o ideal exclusivamente apolíneo de "nobre simplicidade e calma grandeza", ainda defendido por Winckelmann, por exemplo. Os românticos desvendavam também a dimensão dionisíaca da cultura grega, retomada depois por Nietzsche.

Tal descoberta tinha como consequência que a antiguidade, se não era concebida unilateralmente pelo princípio solar apolíneo da ordem harmônica, deixava de fornecer, objetivamente falando, a luz fixa para orientar os modernos. Seu princípio dionisíaco de desmesura retirava dela o equilíbrio das medidas, pois a noite antiga era a fonte de onde brotava sua beleza. Essa ambivalência corrompia a solidez necessária a uma imagem que se queria prescritiva. Longe de ser modelo estável, a antiguidade é fluida. Logo, não pode ser copiada. Sua arte plasmável, contrariando toda rigidez, pode ser apropriada de várias formas. É só uma formação cultural exemplar, que não pode ser repetida, mas pode ser absorvida e, assim, tem muito a ensinar – pois ali os gregos souberam dar forma ao informe, mantendo-se na linha fina que separa e une a ordem e o caos, o ser e o nada, explicitando efetivamente o quão alta pode ser a realização concreta da arte. Ela não deve ser, porém, copiada na objetividade empírica, mas imitada em seu gesto diante do mundo.

Em jogo estava, como observou Friedrich Schlegel, a "percepção da diferença absoluta entre antigo e moderno".[24] Em suma, o perfil histórico do romantismo é desenhado a partir do contraste entre o passado antigo e o presente moderno, ao mesmo tempo em que, a rigor, é assim que se define também o perfil da história de acordo com o romantismo. Por conta de tal contraste, era preciso descartar a autoridade que a tradição concedia aos ensinamentos aristotélicos sobre a arte, já que eles eram tidos como atemporais, válidos para qualquer época. Serviam como guarda-chuva em meio à tempestade moderna. Seguindo com a metáfora, contudo, diríamos que, para os românticos, quem está na chuva é para se molhar. Eles não fogem do tempo. Não tornam eternas regras que são históricas. Por isso, após escrever *Sobre o estudo da poesia grega*, Friedrich Schlegel, junto com o irmão August, descartaria os gregos como época de ouro da cultura. Eles falam da "imagem enganosa de uma época de ouro passada", porque, dizem, "se houve a época de ouro, não foi exatamente dourada", afinal, "ouro não pode enferrujar ou ser corroído".[25] Emerge, aqui, a questão da história. Se fosse de ouro, pela metáfora, a época escaparia ao tempo, pois o ouro não se deixa corroer, fica a salvo do movimento da história. O fato de não sermos mais clássicos provaria que os próprios clássicos não são de ouro. Não são absolutos. Mas o absoluto pode se expressar com eles.

Seria preciso, portanto, entender a articulação do absoluto com sua efetividade histórica concreta. Hegel foi quem, escrevendo depois dos românticos, explicou tal articulação. Para ele, o absoluto não fica fora da história, mas se realiza na história e como história – o que vale para a arte. "Tratamos da arte nascendo da própria ideia absoluta e até mesmo indicando a exposição sensível do próprio absoluto como sua finalidade, devemos proceder junto a esta visão panorâmica", afirma. Nos seus cursos de estética, tal visão panorâmica deve ser a história que "mostre como as partes singulares se originam do conceito de belo artístico em geral enquanto exposição do absoluto".[26] Por conta dessa sistematização da arte no tempo, o historiador da arte Ernst Gombrich confessa: "Hegel é, para mim, o pai da história da arte."[27] Talvez a filiação paternal de Hegel à história da arte possa, porém, ser deslocada. Ele parece mais a mãe, que gera e entrega para o mundo, já pronta, a criança nascente – a historicização da arte. No lugar de pai que insemina estariam, antes, os primeiros românticos, que exigiam, ao lado da "mais profunda especulação", também "a história da arte mais erudita".[28]

Porém, a despeito da proximidade de Hegel, as diferenças entre ele e os românticos são grandes. Pois o modo romântico de pensar a história não tinha o sentido teleológico que Hegel lhe emprestava, não tinha norte fixo para o qual tendesse a priori. Menos ainda achavam os românticos, como Hegel, que o caminhar do tempo tivesse fim, lugar no qual, chegando lá, cessasse. Portanto, a presença da história na compreensão da arte, com os românticos, não foi totalizante. Mesmo assim, mudava a relação do presente moderno com o passado clássico, já que, para eles, os antigos "não possuem o monopólio da poesia",[29] como afirmou Friedrich Schlegel. Embora de Hegel em diante a abordagem da arte pela história tenha se tornado às vezes sufocante, na época o sentimento era o oposto: historicizar a arte era dar a ela o ar que lhe faltava por conta da subordinação ao classicismo enquanto modelo eterno a ser obedecido. Foi isso que fizeram os românticos, mas sem o fechamento sistemático hegeliano.

Pode-se dizer que os românticos tiraram o absoluto dos antigos e colocaram os antigos no absoluto. Essa historicidade parece ser a combinação simultânea e paradoxal de um precário desejo neoclássico com uma posição anticlássica, embora não seja nem bem uma coisa nem outra. Nem o endosso e nem a recusa da antiguidade mediriam o vigor da modernidade. Os românticos não procuram opor a Grécia à formação moderna, e sim construir uma reflexão crítica entre elas. No contexto pós-clássico, eles refundam a relação da modernidade com a antiguidade por um novo caminho. Paradoxalmente, o avanço da época moderna, de acordo com os românticos, viria não da superação dos gregos, e sim da fundação de uma relação mais viva e intensa com eles. Segundo Ernst Behler, a singularidade da posição romântica alemã está precisamente no fato de que nela "classicismo e modernidade entram em uma relação de forte interação, uma comunicação ausente na França, na Inglaterra e em todos os outros tratamentos da querela entre os antigos e os modernos".[30]

Goethe foi sagaz ao afirmar que "classicismo e romantismo, impulso corporativo e liberdade profissional, manutenção e esfacelamento do solo fundamental: é sempre o mesmo conflito, que sempre gera, por fim, um novo", portanto, "o procedimento mais sensato do regente seria moderar de tal modo esta luta que, sem declínio de um dos lados, ele pudesse se equilibrar".[31] Essa deve ter sido a esperança de Hegel ao buscar a síntese feliz dos opostos dialéticos. "Todavia, isto não é dado ao homem, e Deus também parece não desejá-lo", afirma Goethe, aqui mais próximo dos românticos. Para estes, entretanto, o romantismo não é apenas um dos termos do conflito, e sim o nome de sua aceitação. Se eles, às vezes, tentaram ser o regente que moderaria a luta até o equilíbrio, sabiam que o esforço não evitava o restabelecimento, a cada vez, do conflito. No entanto, Goethe, em geral, não os entendia assim, como prova a passagem abaixo, em que ele postula que a origem das noções de classicismo e romantismo estaria em suas próprias discussões.

> O conceito de poesia clássica e de poesia romântica, que hoje corre o mundo e tantas discussões provoca, veio originalmente de mim e de Schiller. Eu seguia na poesia a máxima objetividade e não queria aceitar nenhuma outra. Mas Schiller, que via tudo subjetivamente, considerava a sua atitude a única justa e, para se defender contra mim, escreveu o ensaio acerca da poesia ingênua e da poesia sentimental. Demonstrava que eu, contra a minha própria vontade, continuava a ser romântico, e que a minha Ifigênia, por causa do predomínio que nela tem o sentimento, não era de modo algum clássica, ao gosto antigo, como se poderia supor. Os Schlegel se apoderaram da ideia e a lançaram, a ponto que hoje toda a gente fala de classicismo e de romantismo, quando há cinquenta anos ninguém se lembrava de tal.[32]

Estas palavras sugerem que Goethe não via que, para os primeiros românticos, não resolveríamos a relação com os antigos por afirmação ou negação. Tal dualidade era por eles abandonada na busca da formação moderna, que exigia uma relação produtiva com os clássicos. Pois "os grandes poetas e artistas", observou August Schlegel, "seja qual for a força de seu entusiasmo pelos antigos e seja qual for a determinação de seu propósito de entrar em competição com eles, são compelidos por sua independência e originalidade mental a desbravar seu caminho próprio".[33] Era do que a modernidade precisava. Só assim, acreditavam os românticos, "a antiguidade encanecida tornar-se-á de novo viva",[34] como aponta Friedrich Schlegel. Só assim, aliás, o passado poderia estar vivo no presente.

Nesse contexto, os primeiros românticos dão o passo mais ousado em sua forma de imitar. Paradoxalmente, eles queriam superar os antigos ao imitá-los. Isso seria possível porque eles não buscavam repetir o que a antiguidade foi, e sim o que ela não foi. A modernidade deveria procurar aquilo que os antigos nunca puderam ser. Novalis dizia que com o estudo dos antigos é que surgia, na sua época, uma literatura clássica que os antigos, eles próprios, não tinham. Não se trata de dizer que a cópia é superior ao original, e sim que o que ela quer copiar do original é o que ele não foi, o que ele deixou em aberto como possibilidade a ser conquistada. Eis aí a originalidade da descoberta da antiguidade feita pelos primeiros românticos. Contrariando o conceito tradicional de imitação, alojava-se, em seu coração, não a cópia, mas a criação do novo, já que ela copia o que não foi.

"Este é o caráter da verdadeira imitação", diz Friedrich Schlegel, completando que "o modelo, para o artista, é apenas estímulo e meio para individualizar os pensamentos daquilo que pretende criar".[35] Ele sugeria a comunicação não excludente entre o velho e o novo, já que a "afetação não surge tanto do esforço em ser novo, quanto do temor de ser antigo".[36] Simultaneamente à criação de sua modernidade, os românticos criavam também a sua antiguidade. Imitar deixava de se opor à formação singular de si próprio. Schlegel afirmava que "para poder traduzir perfeitamente dos antigos para o moderno, o tradutor teria de dominar tanto este último que, se necessário, poderia fazer todo o moderno, mas ao mesmo tempo entender tanto o antigo que, se necessário, não poderia apenas imitá-lo, mas também criá-lo de novo".[37] Imitação seria tradução. Nenhuma experiência foi tão aguda, nesse aspecto, quanto as traduções das tragédias gregas feitas por Hölderlin.

Não é, portanto, o conteúdo para o qual os primeiros românticos olham que decide sua posição diante do classicismo. Eles gostariam de ser clássicos, já que, segundo Friedrich Schlegel, "um escrito clássico jamais tem de poder ser totalmente entendido" e "aqueles que são cultos e se cultivam têm, no entanto, de querer aprender sempre mais com ele".[38] Esse é o objetivo da escrita dos românticos. Porém, o que muda, e os distingue do neoclassicismo, é a forma pela qual olham para o que olham: a antiguidade. Essa forma não é a da obediência cega que copia o modelo passado, mas a da apropriação criativa da fonte para o futuro. Era o anúncio do nascimento da estética moderna de vanguarda.

"Daquilo que os modernos querem é preciso aprender o que a poesia deve vir a ser; daquilo que os antigos fazem, o que ela tem de ser",[39] dizia Friedrich Schlegel. O futuro (o vir a ser) entra em contato com o passado (o que tem de ser) no presente (que fica entre ambos). Essa relação dos antigos com os modernos, para os românticos, seria aquela em que "o mestre disciplinasse a sério o discípulo, mas também lhe deixasse, no suor de seu rosto, uma base sólida como herança, sobre a qual o seguidor devesse então avançar sempre mais, com grandeza e audácia, para finalmente movimentar-se com liberdade e habilidade nas mais orgulhosas alturas".[40] Goethe, a despeito de suas várias críticas aos românticos, parecia afinado com eles ao escrever os seguintes versos no *Fausto*:

> O que hás herdado de teus pais,
> Adquire, para que o possuas,
> O que não se usa, um fardo é, nada mais,
> Pode o momento usar tão só criações suas.[41]

7. Fragmentos de vanguarda

Sabemos que a palavra "vanguarda" possui origem no vocabulário militar. Designa as tropas que, na situação de combate, vão à frente, abrem caminho. Literalmente, então, a palavra diz respeito ao espaço, à tomada do lugar avançado no terreno. Tal espaço, porém, deveria ser depois ocupado pelos que vêm atrás, ou seja, a vanguarda diz respeito ao tempo também. No âmbito da cultura e em especial da arte, vanguarda passou a designar, por analogia, os que estão à frente do seu tempo, os que, embora situados no presente, apresentam o futuro, colocando sob nova perspectiva até o passado. Nesse sentido, o romantismo de Iena talvez seja o primeiro exemplo de vanguarda na história, como prova sua apropriação inovadora dos clássicos gregos para o futuro moderno. Não é preciso, portanto, sempre colar às vanguardas o valor de corte completo com o passado, como tantas vezes se fez tendo em vista operações poéticas de movimentos artísticos do começo do século XX. Se as vanguardas rompem, elas o fazem no sentido de que abrem algo. Rompem o tempo como as tropas no espaço, descortinando dimensões que antes não conhecíamos. Para tal, muitas vezes entram em choque com os soldados que preferem, tomados pelo medo, não se movimentar, protegendo o homem da passagem do tempo.

É certo que as vanguardas, às vezes, quiseram avançar dentro da lógica estrita do progresso, que envolve melhoria – o que é posterior é também superior. O caráter crítico da modernidade tinha a função de colocar em marcha a negação do passado e nos carregar até o futuro sonhado. Entretanto, se a modernidade é a época da crítica, como diz Friedrich Schlegel já ao fim do século XVIII,[1] as vanguardas foram tão modernas que fizeram até crítica da crítica, opondo-se ao tempo exclusivamente linear e progressivo, criticando até o sonho que almejavam. Essa ambivalência já foi observada por Octavio Paz com respeito ao romantismo, cuja relação "com a modernidade é ao mesmo tempo filial e polêmica", já que, "filho da idade crítica, seu fundamento, sua certidão de nascimento e sua definição são a mudança".[2] Não era forçosamente o melhor que as vanguardas buscavam no tempo, mas às vezes apenas o diferente. Não se tratava de progredir necessariamente em linha reta predeterminada, seguindo o mandamento moderno mais óbvio, e sim, como no avanço em algum campo desconhecido, de mudança, movimento, descoberta. Romantismo.

Não que as vanguardas desejassem a mudança por si mesma. Mas é que só com ela novas descobertas poderiam ser feitas. Por isso, a vanguarda supõe o movimento. É com ele que podemos fugir às convenções que aprisionam a arte, a filosofia e a vida em formas pretensamente corretas e, assim, arriscarmo-nos no tempo, ou seja, nas transformações. Naturalizar tais formas, pelo contrário, seria negar a história. É dentro desse contexto que compreendemos a conexão feita por Octavio Paz entre romantismo e vanguarda. Para ele, "os futuristas, os dadaístas, os ultraístas, os surrealistas, todos sabiam que sua negação do romantismo era um ato romântico que se inscrevia na tradição inaugurada pelo romantismo: a tradição que nega a si mesma para continuar-se, a tradição da ruptura".[3] Romper tornava-se o gesto típico da modernidade em sua busca do novo.

Rupturas vanguardistas, portanto, são movidas pela sensação de aprisionamento em cárceres que desviam a arte, a filosofia e a vida de suas potências. Liberdade é o que elas buscam. Para os primeiros românticos alemães, pareceriam prisões: o neoclassicismo para a arte, a forma exclusiva do sistema para a filosofia e a burguesia para a sociedade. Seria preciso apontar-lhes outros caminhos. Trilhá-los era encarar o desafio de fazer com que a educação e a formação modernas aproximassem arte e vida, gesto crucial tanto para românticos de primeira hora quanto para vanguardistas depois. Em seu mais famoso fragmento, Friedrich Schlegel declara que o romantismo queria "tornar viva e sociável a poesia, e poéticas a vida e a sociedade".[4] Essa divisa dos primeiros românticos antecipa o caráter vanguardista dos movimentos estéticos do século XX, pois aponta a tensão que era buscar, ao mesmo tempo, a liberdade que a autonomia da arte deu à criação e a superação do isolamento da arte diante da vida, que às vezes advinha dali.

De um lado, a autonomia concedeu à arte uma liberdade de pesquisa estética sem precedentes, já que ela não estava mais subordinada a outras esferas que controlassem suas experiências. De outro lado, tal autonomia ameaçava redundar em simples isolamento, afastando a arte dessas outras esferas da vida, e vice-versa. Este era, para as vanguardas, o problema.[5] Por isso, elas não se voltavam apenas contra um estilo ou uma manifestação artística anterior, mas contra o lugar ocupado pela própria arte na sociedade burguesa, um lugar apartado da vida das pessoas. Já era esse o problema que, anos antes das vanguardas do século XX, os primeiros românticos alemães enfrentavam. Friedrich Schlegel afirmava que a filosofia da arte deveria começar "com a autonomia do belo, com a proposição segundo a qual está e deve estar separado daquilo que é verdadeiro e daquilo que é moral, e tem os mesmos direitos que estes".[6] Ele segue, aqui, a autonomia da estética estabelecida por Kant, já que seu assunto, o belo, deve ser apartado do verdadeiro, que é assunto do conhecimento, e do bem, que é assunto da moral. Somente assim a beleza poderia ganhar sua liberdade e, por consequência, a arte exercitar suas experimentações sem coerções. Logo após afirmar essa divisão, entretanto, Friedrich Schlegel completa que, se aquele é o fundamento da filosofia da arte, ela, contudo, "terminaria com a unificação total".

Percebemos, já aqui no romantismo, a contradição que marcaria as vanguardas. Se a arte deve à sua autonomia a possibilidade de criticar a sociedade de que faz parte, já que possui independência diante dela, ao mesmo tempo tal crítica questiona, justamente, a posição social marginal que a arte ocupa no mundo. Só que, se arte pudesse se juntar ao meio social conforme deseja, sendo por ele absorvida, perderia sua distância (autonomia) crítica. Porém, o ponto, aqui, é que a realidade à qual a arte se juntaria seria uma outra realidade, já transformada a partir desse contato estético. Pois a própria vida, para os românticos, devia ser digna daquele experimentalismo livre de amarras externas que a arte, com sua autonomia, torna possível. Inventar a vida significava levar a arte até ela.

Por isso, Friedrich Schlegel diz que "todo homem que é culto e se cultiva também contém um romance em seu interior" – e acrescenta que "não é, porém, necessário que o exteriorize e escreva".[7] Nós poderíamos ainda acrescentar: bastaria que esse homem o vivesse de fato, e a arte estaria na sua vida. Tanto é assim que Schlegel considera que a descoberta de que a arte extrapola para a vida (supostamente situada fora dela) fizera, por exemplo, o personagem Wilhelm Meister, no romance homônimo de Goethe, abandonar o teatro. Ele percebera que a arte não estava só no palco, e sim na sua formação como pessoa. Soma-se a esse acontecimento no conteúdo do enredo, a forma em que ele é contado, empregando uma linguagem que se constitui pelo contato da prosa vital com a poesia artística.

Mediante o diálogo entre poesia e prosa, procurava-se vitalizar a primeira com sua imersão na linguagem comum cotidiana e, ao mesmo tempo, idealizar a segunda, dissolver sua lógica discursiva em imagens, como sublinhou Octavio Paz sobre o romantismo. Foi ele, ainda, quem chamou atenção para o fato de que, diferentemente do neoclassicismo ou do barroco, "o romantismo apagou as fronteiras entre a arte e a vida: o poema foi uma experiência vital e a vida adquiriu a intensidade da poesia".[8] Dorothea Schlegel dizia que, se a sociedade burguesa tornava difícil levar a arte até a vida, podíamos, ao menos, colocar vida na arte. Partindo da autonomia da arte, os primeiros românticos a conectaram com a vida porque admitiram, desde o começo, que a própria arte é viva, é tão viva quanto o resto do que chamamos de vida. Logo, não precisa se subordinar a outras esferas do real, embora possa se relacionar com todas elas. Essa autonomia da arte a defendia dos critérios tradicionais petrificados que, pretendendo-se atemporais, não acolhiam as transformações da própria vida. Nesse sentido, a autonomia da arte abre o caminho de sua comunicação com a vida – pelo reconhecimento do que há de vida na arte e do que há de arte na vida.

Esse contato entre a arte e a vida estava em jogo na exposição fragmentária do pensamento dos primeiros românticos. Segundo Friedrich Schlegel, "um fragmento tem que ser como uma pequena obra de arte, totalmente separado do mundo circundante e perfeito e acabado em si mesmo como um porco-espinho".[9] Essa separação do mundo circundante e esse acabamento em si mesmo fazem com que o fragmento seja comparável à obra de arte. Ele possui autonomia – a qual é estranhamente comparada ao porco-espinho. É que, como esse animal, o fragmento se defende das pretensões de predadores que, vindos de fora, desejam abocanhá-lo. São os espinhos do fragmento que não deixam que ele, como obra de arte, seja explicado por categorias externas. Ele se defende, assim, da aplicação de conceitos definitivos sobre si. Sempre que atacassem os fragmentos, seus predadores acabariam cheios de espinhos no rosto. Simultaneamente, está aí a comunicação dessa autonomia com a vida. Predadores como os preconceitos estéticos, as categorias filosóficas prontas ou instituições da sociedade burguesa terminam com espinhos cravados em si, ou seja, são contaminados por algo que antes pertencia apenas às obras e aos fragmentos. Estes, por sua vez, estão sempre prontos para o contato com o exterior. Fechando-se em si mesmo, o fragmento, como o porco-espinho, projeta-se para fora. Ele é o projeto dos românticos. Sendo assim, a arte de escrever em fragmentos pretendia, ao mesmo tempo, proteger-se do mundo circundante e comunicar-se com ele, embora essa comunicação, como a metáfora evidencia, não fosse serena, mas violenta, tensa – espinhosa.

Essa violência dos fragmentos aliava-se ao caráter polêmico que as vanguardas costumam suscitar. Tal efeito não é circunstancial. Seus escândalos, programados ou não, são consequência do seu modo de ser. Na medida em que se projeta à frente de seu tempo, a vanguarda tende a entrar em conflito com o seu próprio presente, afinal, ela está no futuro. Suas obras e seus escritos operam uma temporalidade distinta da cronologia óbvia. São pedaços – fragmentos – do futuro lançados no presente. Daí a tendência a publicar revistas, para fazer circular a presença do futuro. Em nada disso a *Athenäum* – revista dos primeiros românticos – foge à regra vanguardista. Nem mesmo no fato de terem sido poucas as suas edições, já que as melhores revistas de vanguarda costumam perecer rapidamente. Friedrich Schlegel, certa vez, tentou responder às polêmicas que envolveram essa publicação do grupo. Seus argumentos são sintomáticos: a culpa pela incompreensão do que o grupo dizia não estava em seus escritos, mas nos leitores. Eram estes que, situados apenas no presente, não teriam como entender o futuro que tinham diante de si.

Se os pré-românticos alemães quiseram, tantas vezes, desbancar o passado em prol dos direitos do presente, os primeiros românticos ousaram algo além. Eles queriam alojar fragmentos do futuro no próprio presente, como um gesto de transformação na história. Podemos chamá-los, empregando a palavra que depois seria do gosto de Nietzsche, de intempestivos, "ou seja, contra o tempo, e com isso, no tempo e, esperemos, em favor de um tempo vindouro".[10] Trata-se da perspectiva descontínua de história, que busca, na contramão do que defendia Hegel, pensar o presente não só como ponto cronológico no progresso permanente da história. É o que justifica a tensão suscitada pelas publicações dos primeiros românticos em seu ambiente cultural. Esse elemento de choque do receptor, derivado do estranhamento provocado pela produção de algo novo, era uma consequência típica das vanguardas. Mas apenas consequência, e não fator proposital tencionado acima dos outros. Era o efeito da situação de dissonância no tempo, em que o não conhecido do futuro penetrava no já sabido do presente, forçando-o em direção não experimentada.

Ironicamente, Friedrich Schlegel explicou que a incompreensão de seus escritos derivava de serem eles "tendências" futuras. "No dialeto dos fragmentos, a palavra significa que tudo agora é só uma tendência", sentencia. Daí o escândalo provocado. "Já quanto a ser ou não da opinião de que todas essas tendências serão resolvidas e corrigidas por mim, ou por meu irmão ou por Tieck, ou por alguém mais do nosso grupo", escreve Schlegel, "ou apenas por filhos nossos, ou netos, ou bisnetos, netos vinte e sete gerações distantes, ou apenas no Juízo Final, ou nunca: isso eu deixo à sabedoria do leitor, a quem esta questão realmente pertence." Pelo deslizamento semântico das palavras, enfatiza-se que a compreensão dos escritos dos primeiros românticos era questão de tempo. No futuro, quem sabe, seriam entendidos. Schlegel afirma que a questão pertence aos leitores, mas sugere que estes, no entanto, ainda estão por vir, já que os atuais podem não ser contemporâneos – estar no mesmo tempo – do que as vanguardas dizem. Escrevendo no fim do século XVIII, Schlegel aposta que no século seguinte, então, "o pequeno enigma de incompreensão da *Athenäum* será também resolvido", já que "então existirão leitores que saberão como ler"[11] – como ler fragmentos, com toda sua exigência interpretativa.

Inacabado, o fragmento jamais se basta, pois não completa uma totalidade, aponta sempre para outro fragmento. Mas não só. Essa operação significava, também, admitir que seu sentido jamais está dado, pronto, fechado. Logo, a escrita aí em jogo transforma-se. Não se escreve para o público existente. Fazê-lo seria conformar-se a códigos conhecidos, mas, como observou Reinhardt Koselleck, na modernidade alemã "a arte entra em cena como antípoda da ordem estabelecida".[12] Escreve-se para leitores que não existem e que, quem sabe, podem vir a existir depois de se deixarem afetar pelos textos, participando da elaboração de seu sentido, atendendo a suas exigências que se tornam, assim, vanguardistas. Ler seria, em certo sentido, escrever junto o texto que se lê. Friedrich Schlegel distinguia o "escritor analítico" do "escritor sintético": aquele "observa o leitor tal como é; de acordo com isso, faz seus cálculos e aciona suas máquinas para nele produzir o efeito adequado"; já este "constrói e cria para si um leitor tal como deve ser", portanto "faz com que lhe surja, passo a passo, diante dos olhos aquilo que inventou, ou o induz a que o invente por si mesmo".[13] Os primeiros românticos queriam ser sintéticos. Escrevendo em fragmentos, exigiam que os lêssemos de modo distinto do habitual. Não se contentavam com os leitores já prontos do presente. Pretendiam criar seus próprios leitores futuros.

Eis por que Schlegel escreveu que "mais difícil que falar bem é dar aos outros o ensejo de falar bem".[14] Esse ensejo era parte do projeto dos primeiros românticos alemães, já que ele visava a construir seus leitores. Sua forma de escrever precisava acalentar essa criação de sentido por parte daquele que acolhe a obra. Subtraindo da obra a totalidade, exige-se que o leitor participe ativamente da sua construção. Philippe Lacoue-Labarthe e Jean-Luc Nancy afirmaram que "a fragmentação não é portanto uma disseminação, mas a dispersão que convém à semeadura e às futuras colheitas", concluindo que "o gênero do fragmento é o gênero da geração".[15] Tinham em mente o título da coleção de fragmentos de Novalis, *Pólen*. Para ele, "o chão está pobre" e "precisamos espalhar ricas sementes".[16] Fragmentos eram sementes que os primeiros românticos plantavam em seu solo histórico, na esperança de que algumas vingassem e se desenvolvessem no encontro com a leitura.

Os primeiros românticos carregavam e transformavam, assim, um gênero de escrita que os precedia. Eles citam as máximas de Chamfort e Le Rochefoucauld. Poderíamos falar dos moralistas franceses e ingleses, de Pascal, do pré-romântico alemão Hamann. Há o precedente dos ensaios de Montaigne. Nenhum desses textos é tal e qual os fragmentos românticos, mas partilham algumas de suas características: a ausência de acabamento; a escrita que não segue cadeias de deduções e argumentações, mas pontua pensamentos; e o tratamento de assuntos de natureza distinta no mesmo escopo. Por vezes, os fragmentos românticos soavam como aforismos, mas sua aparência empírica não dá conta do que eram. Tanto que, para Schlegel, "um diálogo é uma cadeia ou coroa de fragmentos", assim como "um epistolário é um diálogo em escala ampliada e memórias, um sistema de fragmentos".[17] Longe de serem frases póstumas e auxiliares, os fragmentos são a forma predileta de exposição romântica, pois descentralizam a ordem dada.

Entretanto, os românticos não abandonam por completo a forma do sistema. Eles entram em novo e paradoxal contato com ela. Para Friedrich Schlegel, "é igualmente mortal para o espírito ter um sistema e não ter nenhum", portanto ele terá "de se decidir a vincular as duas coisas".[18] Essa percepção quanto à filosofia aplicava-se também à poesia, que não deveria ser "pura e simplesmente dividida" nem "permanecer una e indivisível", mas sim "alternar entre separação e vínculo".[19] Foi o que Schlegel fez. Ele buscava uma exposição, uma linguagem, ao mesmo tempo subjetiva e objetiva. Era o seu "sistema de fragmentos", expressão que aponta tal paradoxo: enquanto o sistema fecha e conclui, os fragmentos abrem e multiplicam. É que a exposição sistemática não daria conta do próprio sistema do absoluto, pois esse não seria só contínuo, mas descontínuo. Walter Benjamin escreveu que Schlegel "não buscou compreender sistematicamente este absoluto; antes, ao contrário, tentou compreender de maneira absoluta o sistema". Essa dita maneira era fragmentária. "Neste sentido, os românticos aludiram ao mesmo tempo, sob o nome da crítica, ao reconhecimento da insuficiência inevitável de seus esforços, procuraram mostrá-la necessária",[20] como observou ainda Benjamin. O valor crítico dos fragmentos era que, enquanto simples tendências, não se completavam em si mesmos. Eles contestavam o predomínio unilateral do sistema, ao menos tal como seria depois entendido e consolidado por Hegel, enquanto forma totalizante de expressão filosófica da época moderna.

Os primeiros românticos alemães expunham, assim, a sua própria modernidade. Escrever em fragmentos responde à crise do pensamento como eles a compreenderam: proveniente, por um lado, da descoberta da diferença entre modernidade e antiguidade através de Winckelmann e, por outro lado, do abalo que Kant promovera na filosofia, descartando o dogmatismo realista tradicional e fundando a filosofia crítica. Em ambos os casos, a objetividade de critérios para o belo na arte e para a verdade na filosofia, respectivamente, era questionada. Era a perda da sensação da completude clássica. Se "muitas obras dos antigos se tornaram fragmentos", afirma Friedrich Schlegel, "muitas obras dos modernos já o são ao surgir".[21] Por conta de percalços e destruições da história, os escritos pré-socráticos, aristotélicos e outros transformaram-se em fragmentos, chegando assim até nós. Seu caráter fragmentado foi efeito de causas externas às obras. Por sua vez, as obras modernas, diferentemente das clássicas, já nascem fragmentadas. São frutos de percalços e destruições do pensamento, que ao refletir sobre si não entretêm contatos perfeitos e diretos com o mundo em torno. Fazem parte do contexto moderno, em que "uma totalidade simplesmente aceita não é mais dada às formas: eis por que elas têm ou de estreitar e volatilizar aquilo que configuram, a ponto de poder sustentá-lo", como observa Georg Lukács, "ou são compelidas a demonstrar polemicamente a impossibilidade de realizar seu objeto necessário e a nulidade intrínseca do único objeto possível, introduzindo assim, no mundo das formas, a fragmentariedade da estrutura do mundo".[22]

Walter Benjamin, em sua tese sobre o drama barroco, já tinha destacado o lugar do fragmento antes do surgimento do romantismo. "O fragmento altamente significativo, a ruína: é esta a mais nobre matéria da criação barroca", diz ele. Já ali, portanto, o "poeta não pode disfarçar a sua arte combinatória, porque o que ele pretende mostrar não é tanto o todo como a sua construção posta à vista", onde se destaca a "ostentação dos processos construtivos", como na obra de Calderón, que "se mostra como a parede de alvenaria num edifício a que caiu o reboco".[23] Essa forma de apresentar a arte, engendrada durante o barroco como efeito de seu momento histórico singular, foi programaticamente procurada pelos primeiros românticos, que admitiam a situação moderna e buscavam fundar seu relacionamento com ela. Sem totalizações, em fragmentos. Era aberta, aí, outra perspectiva para a formação moderna, assumindo seu caráter problemático. Escrevendo e simultaneamente apontando como escreviam, os românticos davam prosseguimento à exposição barroca da arte combinatória em que figura a construção de uma obra.

Estaria aí a origem do que chamamos de vanguarda? Talvez sim. Pois o que está em jogo é "a especialização da vanguarda nela mesma, o fato de que seus melhores artistas são artistas de artistas, seus melhores poetas, poetas de poetas", como pontuou o crítico de arte Clement Greenberg. É a reflexividade moderna. Ela, conforme observa esse autor, "afastou uma grande quantidade daqueles que anteriormente eram capazes de desfrutar e apreciar a arte e a literatura ambiciosas, mas que agora não desejam ou são incapazes de adquirir uma iniciação aos segredos de seu ofício".[24] Essa dificuldade com as obras de vanguarda vinha por elas pedirem ao seu espectador que participasse de seu "ofício", que trabalhasse junto. Fazendo "poesia da poesia", como dizia Friedrich Schlegel, o artista moderno colocava em pauta, para que se aproveitasse sua obra, a reflexão, a flexão sobre si, sobre seu modo de ser e de se fazer. Era o que os primeiros românticos buscavam ao escrever em fragmentos, não por acaso comparados a pequenas obras de arte. Eles convocavam seu leitor a refletir. Essa perspectiva relativizava a expectativa de perfeição das obras em geral, já que, para os primeiros românticos, nenhuma delas poderia encerrar a completude de si mesma.

Em suma, o acabamento das obras deixava de ser o critério de seu valor, uma vez que sua falta seria essencial, e não circunstancial. Por isso, Philippe Lacoue-Labarthe e Jean-Luc Nancy escrevem que "o fragmento designa a exposição que não pretende à exaustividade, e corresponde à ideia, sem dúvida propriamente moderna, de que o inacabado pode, ou mesmo deve, ser publicado (ou ainda à ideia de que o publicado não é nunca acabado)". Isso, porém, não significa afastar o problema do absoluto, do todo; pelo contrário, os fragmentos fazem agudo o caráter propriamente problemático do absoluto, já que apontam para ele como algo que lá não está e que, ainda assim, deve ser apontado. Só que, sendo isso para o que se aponta aquilo que não está presente, o próprio apontar transforma-se. Somente uma forma de escrita descontínua atende à exigência de chegar ao todo quando este, por si mesmo, já não é apenas o que se completa, mas também o que se quebra. Como concluem Lacoue-Labarthe e Nancy, "que a totalidade esteja presente como tal em cada parte, e que o todo seja não a soma mas a copresença das partes enquanto copresença, finalmente, do todo a si mesmo (já que o todo *é* também separação e acabamento da parte), tal é a necessidade da essência que se desdobra a partir da individualidade do fragmento".[25]

Por isso, o fragmento jamais está sozinho. Sua forma é plural. Estamos sempre diante de fragmentos, já que aquilo que cada um deles procura não pode ser atingido. Todo fragmento aponta outro. Entretanto, neste tampouco encontramos o que procuramos: a solução, a resposta. Incompleto por excelência, o fragmento nos envia sempre a outro, pois a sua lógica não é a do mesmo e da identidade, mas da diferença. Ele busca uma completude que, contudo, jamais ocorre. Montando e desmontando simultânea e constantemente seu próprio conjunto, os fragmentos não cessam. Colocam o sentido daquilo que dizem em movimento. Interrompendo a formação de uma totalidade fechada e sem diferenças, o fragmento pontua, mostra, observa, repete, lança, suplementa, contradiz, opõe, relaciona e, assim, forja sua duplicidade constituinte: parte e todo ao mesmo tempo.

Tal paradoxo foi explicado por Maurice Blanchot. Segundo ele, os românticos afirmam "ao mesmo tempo o absoluto e o fragmentário, a totalidade, mas de uma forma que, sendo todas as formas, isto é, no limite não sendo forma alguma, não realiza o todo mas, ao suspendê-lo, significa-o até em sua quebra". É que o próprio todo absoluto, para os românticos, era quebrado. Só se chega a ele pelos fragmentos. Essa forma era o contato com o absoluto desde que ele, toda vez que nos aproximamos, se ausenta. Se fragmento é sempre fragmento de um todo, esse todo, contudo, é sempre já perdido de acordo com os primeiros românticos alemães. Pela perspectiva tradicional, tal projeto podia facilmente ser considerado fracassado. Ele não conclui, não tem sucesso. Busca encontrar o que, segundo ele mesmo, jamais se encontra: o todo, o absoluto. Lança-se na tarefa filosófica de dizer o que não pode ser dito. "O romantismo, é verdade, acaba mal, mas porque é essencialmente o que começa e o que só pode acabar mal, fim que pode ser chamado de suicídio, loucura, perda, esquecimento", conclui Blanchot. "E certamente ele fica, com frequência, sem obra, mas porque é a obra da ausência da obra; uma poesia afirmada na pureza do ato poético, uma afirmação sem duração, uma liberdade sem realização, uma potência que se exalta desaparecendo."[26] Se os românticos costumam acabar mal até biograficamente, é porque aquilo que são não tem no acabamento e no fim sua medida. Seus fragmentos, que seriam sua obra, são a ausência de obra no sentido tradicional. Do romance *Heinrich von Ofterdingen*, Novalis não escreve justamente a parte que intitularia "o acabamento", ausência emblemática do projeto do primeiro romantismo alemão. Nesse sentido, se tal projeto romântico é de vanguarda, ele oferece, contudo, apenas fragmentos de vanguarda, ou seja, tendências – não soluções. Tendências a um futuro que jamais se completa.

Sendo assim, "o sentido para projetos que poderiam ser chamados de fragmentos do futuro"[27] caracteriza o romantismo, como escreveu Friedrich Schlegel. Projetos foram o traço típico das vanguardas, apontando para o que, na configuração espiritual do tempo, já não se satisfazia com o presente. Seria preciso ir além dele. Foi assim que o futuro se tornou o centro privilegiado para as filosofias da história na virada do século XVIII para o XIX. Kant expunha a "perspectiva consoladora para o futuro, na qual a espécie humana será representada num porvir distante em que finalmente ela se elevará por seu trabalho a um estado no qual todos os germes que a natureza nela colocou poderão se desenvolver plenamente".[28] Por trás do argumento estava a doutrina teleológica da história, ou seja, de que seu movimento ganhava significado a partir da descoberta de seu "telos", seu fim, seu objetivo, sua direção – o futuro. Toda individualidade singular estaria submetida à finalidade desse processo histórico. Porém Schlegel, desde jovem, já se opunha a essa concepção. "Nosso destino não é viver, como mendigos, de esmolas do mundo passado, tampouco servindo de trabalho braçal para o mundo futuro, pois nenhum homem singular existe para a espécie, e sim como fim em si mesmo",[29] escreve ele.

Hegel, depois, ainda elevou ao ápice a filosofia da história esboçada com Kant. Nele, o "porvir distante" é próximo, e o desenvolvimento lento é veloz. O caminho para o futuro não é hesitante. É uma marcha firme, cujo motor é a dialética, em que o "progresso está intimamente ligado à destruição e à dissolução da forma precedente do real".[30] Eram acolhidas as transformações como sinal do movimento da história na direção do futuro, cumprindo sua finalidade. Para Hegel, os grandes homens, os heróis, "não colheram os seus fins e a sua vocação no curso das coisas consagradas", já que "a sua justificação não está na ordem existente, mas provém de outra fonte". Estaríamos, aqui, perto do caráter vanguardista dos românticos? Eles, afinal, também achavam que as grandes obras colhiam sua justificação em outra fonte que não a da ordem presente. Mas a proximidade é apenas aparente. Para Hegel, "os indivíduos históricos são aqueles que quiseram e concretizaram não uma coisa imaginária e presumida, mas uma coisa justa e necessária". Provavelmente ele supunha que as obras românticas se sustentavam em um futuro imaginado e presumido, não justo e necessário. Ele talvez estivesse certo, pois o pressuposto da necessidade no tempo dependia da teleologia que a priori determinaria o sentido da história como um todo. E os românticos não partilhavam, sem mais, dessa convicção teórica.

No caso dos românticos, o que está em jogo não é a consumação, depois buscada por Hegel, da totalidade do movimento histórico. Não é essa consciência do processo histórico que conta para eles, e sim o que Maurice Blanchot chamou de "consciência do instante".[31] Justifica-se aí a exposição fragmentária de seu pensamento, ao contrário da completude sistemática de Hegel. É que a consciência do instante jamais pode totalizar o movimento histórico, embora possa pontuar o futuro no presente sem orientação determinista. Paradoxalmente, sistematizar tal consciência só seria possível de modo fragmentado, pois a escrita não pode finalizar o que, por si, não tem fim: a verdade, o todo. Nesse sentido, se há alguma utopia no primeiro romantismo, ela não aponta para a totalização absoluta do tempo por vir, pois o teor crítico de seu pensamento incidia sobre o passado, o presente e também sobre o futuro. Se há alguma perfeição a ser alcançada na história, o homem pode até buscá-la, mas jamais atingi-la, a não ser que fosse Deus, como já tinha dito Fichte.

Se Friedrich Schlegel afirmava que "a poesia romântica é uma poesia universal progressiva",[32] o sentido do termo "progresso" aí não é o que ele tem, por exemplo, em Hegel. Tal progresso não se fecha, como esclarece o mesmo fragmento, segundo o qual "o gênero poético romântico está em devir; sua verdadeira essência é mesmo a de que só pode vir a ser, jamais ser de maneira perfeita e acabada". O romantismo permanece sem acabamento, em devir, aberto: "ele é infinito". Hegel considerava má essa infinitude. Isso explica a diferença que separa sua exposição filosófica da romântica: ele acreditava que a "figura, em que a verdade existe, só pode ser o seu sistema científico",[33] pois apenas ele proporciona o fechamento histórico final em que o saber encontra a si. Romanticamente, porém, os fragmentos não pretendem sequer fazer a mediação entre a precariedade do presente e a totalidade a ser alcançada no futuro. Eles projetam o futuro já no presente. "Neste sentido, todo fragmento é projeto: o fragmento-projeto não vale como programa ou prospecto, mas como projeção *imediata* daquilo que, no entanto, ele inacaba",[34] conforme observaram Philippe Lacoue-Labarthe e Jean-Luc Nancy. No dialeto dos fragmentos, a história não se resolve dialeticamente, mas permanece tensionada sem ser solucionada.

Não se tratava de sobrepujar o passado. É verdade que as vanguardas, em seu movimento, pretendiam apontar o caminho histórico adiante que, aliás, deveria ser seguido pelos que ficaram na retaguarda. Elas gostariam de dizer para onde devíamos ir. Só que o lugar assim apontado não é definido no pensamento dos primeiros românticos. Temos só fragmentos de vanguarda. Para Friedrich Schlegel, "o gênero poético romântico é o único que é mais que gênero e é, por assim dizer, a própria poesia: pois, num certo sentido, toda poesia é ou deve ser romântica".[35] Por trás da aparência pretensiosa, esse fragmento diz que a escrita romântica não deve ser entendida por oposição à clássica ou a qualquer outra. Ela deseja angariar as outras, misturá-las, exercitar suas possibilidades.

Nesse sentido, o grupo de Iena gostaria de conquistar, sob o nome de romantismo, a possibilidade de empregar os mais variados estilos e modos de criação. De acordo com Schlegel, "um homem verdadeiramente livre e culto teria de poder se afinar a seu bel-prazer ao tom filosófico ou filológico, crítico ou poético, histórico ou retórico, antigo ou moderno, de modo inteiramente arbitrário, como se afina um instrumento, em qualquer tempo e em qualquer escala".[36] Isso significa que os primeiros românticos não quiseram deixar para trás o passado para se afirmarem. Sinal claro disso é a forma pela qual, olhando para a história, eles buscaram desvelar fundamentos românticos em autores que os precederam, como Dante, Cervantes e Shakespeare. Diríamos, para concluir, que o movimento de vanguarda do primeiro romantismo alemão apontava para um tempo aberto, em que a própria poesia descobriria que, em vez de optar por este ou aquele caminho, possuía todos os caminhos à sua disposição, para que fossem livremente experimentados.

> Todos os seres que amam a poesia são por ela unidos e aparentados em laços indissolúveis. Pois mesmo que possam em sua vida buscar as coisas mais diferentes, um desdenhando completamente o que outro considera sagrado, desconhecendo-se, incompreendidos e para sempre estranhos, permanecem unidos e em acordo nesta esfera, graças a um encantamento de ordem superior. Toda musa procura e encontra a outra; todas as correntes da poesia deságuam juntas no grande oceano universal.[37]

8. Ironia e alegoria

Ironia é assunto difícil. Não só porque a história da expressão desdobra-se desde Sócrates. É difícil porque, se tivesse a ironia em vista, você que agora lê estas palavras deixaria de saber se deve tomá-las com seriedade. Eis o poder da ironia: ela desestabiliza o discurso. Está presente quando, sem querer enganar e sem estar errado, o sentido literal das palavras difere da verdade que dizem. Esse é o conceito básico de ironia como figura de linguagem desde a retórica latina de Cícero e Quintiliano, quando ela era definida pela intenção do autor, dependendo do que ele quis ou não dizer. Isso, contudo, pode ser pouco. Não pretendo ser irônico aqui. Mas tal confissão basta para que o sentido do que vem aqui escrito seja estável? Maurice Merleau-Ponty, o filósofo contemporâneo, declarou que "o sentido é sempre irônico",[1] já que se move, não é fixado. Tal hipótese, talvez assustadora, foi a que defendeu bem antes o romantismo alemão, sobretudo Schlegel e Tieck.

Ironia era a forma de escrita predileta do primeiro grupo romântico alemão. Não surpreende que ele tenha causado tanta polêmica em sua época. O sentido dos seus textos permanecia confuso, já que a ironia corrói a clareza. Por isso, na última edição da *Athenäum*, a revista do grupo, Friedrich Schlegel publica seu opúsculo acerca da incompreensibilidade, sob o pretexto de defender seus escritos dos ataques que vinham sofrendo. Esperaríamos que ele esclarecesse o que queria dizer. Mas isso não ocorre. "Eu já fui forçado a admitir indiretamente que a *Athenäum* é incompreensível e, como isso aconteceu no calor da ironia, dificilmente posso desfazê-lo sem no processo violentar essa ironia."[2] Schlegel não exterminará sua ironia porque ela não é sua. Ela é do texto. É a ironia da própria linguagem, não um adorno circunstancial. Ironia é o reconhecimento de que o sentido não é completamente compreensível.

Dobrando o problema, em vez de solucioná-lo, Schlegel adota, no opúsculo em questão, o espírito irônico que fizera seus outros escritos causarem escândalo. Por isso, mesmo quando ele propõe o sistema da ironia, ela não será esclarecida. Não há como parar seu efeito corrosivo. Buscamos o conceito da ironia, mas ele próprio é atingido pelo caráter irônico da linguagem, interditando sua pretensão. Desejamos a síntese final do sentido que nos colocaria acima da ironia. Só que, sempre que lá chegamos, a ironia já nos aguarda. Não bastará ao opúsculo de Schlegel, então, declarar a ironia. Ele também deverá ser irônico consigo mesmo, o que o faz apresentar seu sistema em ritmo vertiginoso e até confuso. Teríamos a ironia crassa, encontrada na natureza das coisas e que se sente em casa na história da humanidade; a ironia fina ou delicada, assim como a extrafina, comum entre os poetas, também chegados à ironia direta; a ironia dramática, "quando um autor que escreve três atos, surpreendentemente, torna-se outro homem e agora precisa escrever os dois últimos atos"; e a dupla ironia, quando duas linhas irônicas correm paralelamente. Schlegel elenca todos esses tipos de ironia, mas nós mal conseguimos acompanhá-lo. Por fim, pergunta: quais deuses nos salvarão de todas essas ironias? Ele confessa então sentir que "a única solução é encontrar uma ironia que fosse capaz de engolir todas essas grandes e pequenas ironias e não deixar vestígio algum delas".[3]

Logo, o próprio sistema da ironia proposto por Schlegel é irônico. Sua consumação é o que ele chama de "ironia da ironia", cujos exemplos complicam mais do que explicam. Ela ocorre "se alguém fala da ironia sem a empregar, como acabei de fazer; se alguém fala ironicamente da ironia sem no processo estar consciente de que caiu em uma ironia muito mais intensa", mas também, observa, "se alguém não consegue mais se afastar da ironia, como parece estar acontecendo neste ensaio sobre a incompreensibilidade; se a ironia transforma-se em maneirismo e torna-se, de novo, irônica com o autor".[4] Essa suposta classificação não faz sentido, é até contraditória. Sua reflexividade, que faz com que o texto em que é exposta seja exemplo de si mesmo, não permite que nos situemos na posição necessária para classificar alguma coisa: fora dela. Colocando em prática o que diz, o texto só nos deixa a "ironia tornada selvagem e que não pode mais ser controlada". Para empregar a terminologia do estudioso da ironia Wayne Booth,[5] os escritos dos primeiros românticos não se enquadrariam na "ironia estável", em que a dissonância entre sentido literal e real pode ser descoberta e, assim, desfeita; instrumentalmente empregada, essa ironia forneceria a possibilidade de ser desvendada e até as dicas para tanto. O romantismo pratica a "ironia instável", que desestabiliza o sentido definitivamente.

Essa ironia romântica nos envolve por completo, sem nos deixar sair para onde acharíamos o sentido verdadeiro. Paul de Man explica que a ironia escapa a todo esquema que pretende pará-la. Em sua opinião, como a ironia atinge o próprio entendimento, entendê-la por tais esquemas não é possível. Tal tese, porém, "não significa que devamos deixar de lutar com isso, pois é tudo que podemos fazer, mas isso será sempre interrompido, sempre rompido, sempre desfeito pela dimensão irônica que irá necessariamente conter".[6] Eis aí o que explica Schlegel ter escrito que "ironia é consciência clara de eterna agilidade, do caos infinitamente pleno".[7] Ironia é a consciência de que ela mesma não é temporária, de que sua agilidade é eterna. Não há ordenação total do caos, ele é fonte de possibilidade da criação. Não há esclarecimento ou entendimento final para a questão do sentido.

Entretanto, Hegel, o maior detrator da ironia romântica, começa a atacá-la não por ser confusa, caótica, mas por ser "autoaniquilação do esplêndido, grandioso e primoroso", já que, com ela, as obras de arte objetivas exporiam apenas "o princípio da subjetividade absoluta por si, na medida em que mostram como nulo e em sua autodestruição o que para os homens tem valor e dignidade".[8] Para Hegel, os românticos endossam a superioridade do eu sobre o não-eu estabelecida por Fichte. O poder do intelecto, ao se voltar para si, faria do mundo uma brincadeira, perdendo o respeito por ele. "Esse é o significado universal da genial ironia divina, como concentração do eu em si mesmo, para quem todos os elos foram quebrados e que somente pode viver na beatitude do gozo próprio", afirma Hegel. Romanticamente, porém, a ironia, ao contrário, não daria ao sujeito poder total sobre as coisas. Schlegel não pensa que a ironia quebra "elos", pois ela não seria concentração do eu em si, mas desconcentração a partir de ambiguidades que fazem o elo entre o que é e não é, entre presença e ausência de sentido. Seu humor "tem a ver com ser e não ser, e sua essência própria é a reflexão",[9] afirma. Ironia é o que junta e separa opostos, forçando-os a entrar em contato. Sua ambivalência entre sentido literal e real potencializa a opacidade da linguagem. Mantém distintos, mas aproximados em tensão, significante e significado, palavra e coisa, forma e conteúdo, expressão e ideia.

Ideia é o absoluto no qual estão os particulares, assim como, por exemplo, a ideia de arte abarca todas as suas obras. Para Schlegel, "uma ideia é um conceito perfeito e acabado até a ironia, uma síntese absoluta de antíteses absolutas, alternância de dois pensamentos conflitantes que engendra continuamente a si mesma".[10] Ideia não é solução do problema do sentido, mas acolhimento do conflito que a ele pertence. Sua perfeição e seu acabamento o são ao ponto da ironia, ou seja, do que não permite ao sentido ser de fato perfeito e acabado. Pode-se ver por que Hegel discordava dos primeiros românticos. Ironia era o que fazia com que a síntese absoluta, que ele buscava através da dialética, fosse paradoxalmente quebrada pelas antíteses, elas mesmas consideradas absolutas. Em sua alternância, as antíteses não se acalmariam. Era essa permanência do conflito que Hegel não endossava, mais até do que a suposta concentração egoica da genialidade irônica que ele tanto critica.

Isso fica evidente quando se percebe que Hegel criticava a falta de "seriedade" que a ironia imputa ao seu objeto, deixando de ver que, para Schlegel, na ironia "tudo deve ser gracejo e tudo deve ser sério".[11] Mais uma vez, era posta em jogo a ausência de solução para um lado – o do gracejo – e para outro – o da seriedade. É provável que, para Hegel, essa manutenção ambígua fosse pior do que a simples falta de seriedade, pois a presença do problema da oposição entre antíteses aproximava a ironia romântica de sua dialética, cuja pretensão, entretanto, era completamente outra. Era a síntese final. Daí a violência dos ataques de Hegel à ironia romântica: quanto mais próximo o oponente, mais intenso é o embate para dele se distinguir. Isso explica que até Kierkegaard, a despeito de partilhar com Hegel a crítica à ironia romântica, admita que, com seu desdém, "não ganhamos uma verdadeira análise, mas em compensação Schlegel sempre ganha uma boa sova".[12]

Essa proximidade entre ironia e dialética fez com que, contemporaneamente, Peter Szondi defendesse – talvez de maneira equivocada – que, na "história intelectual, poder-se-ia dizer que Schlegel prepara o caminho para a dialética hegeliana".[13] Ele esquematiza a filosofia da história de Schlegel em três tempos: passado clássico da antiguidade; presente moderno angustiado pelo abismo que o separa da época anterior; e futuro escatológico no qual se aloja a crença no Reino de Deus por vir. Estaríamos situados entre o "não mais" e o "ainda não", entre a tese do passado e a síntese do futuro. Ironia, nesse raciocínio, seria a forma encontrada por Schlegel para suportar seu presente conflituoso à espera da solução futura, seria o emblema da transição da época moderna, depois superada por Hegel, em favor da dialética. Se a modernidade romântica "não pode superar a negatividade da sua situação através de uma ação que levasse à reconciliação", poderia pelo menos, de acordo com Peter Szondi, "ao antecipar a unidade futura na qual acredita, declarar esta negatividade temporária". Paul de Man contestou, com razão, a tese de Szondi. Para ele, a ironia dos românticos não antecipa o esquema dialético de Hegel sobre a história, porque ela persiste na ausência de possibilidade da síntese final. Portanto, a ironia revela uma temporalidade "que se relaciona com sua fonte só em termos de distância e diferença, não permite nem fim nem totalidade".[14] Ironia não é só a estratégia romântica para suportar a situação momentânea do presente que depois se resolveria. Ela veio para ficar: "Ao contrário da asserção de Szondi, a ironia não é temporária, mas repetitiva." Não se acenaria, aqui, com a extinção futura da ironia em prol da harmonização da ambiguidade que ela envolve.

Na ironia romântica, portanto, não há resolução do caos e da fragmentação do presente. Seu jogo sem fim de paradoxos é o que não cabe no sistema de Hegel. Ironia é a "alternância constante de autocriação e autoaniquilamento",[15] afirma Schlegel. Tanto a autocriação como o autoaniquilamento estão presentes na dialética de Hegel. São o "sim" e o "não". Porém, aqui está a diferença: enquanto na dialética a alternância entre criação e destruição estava destinada a encontrar seu acabamento na síntese entre tese e antítese, já na ironia essa alternância é constante, ou seja, ela não dá lugar senão a seu próprio desdobramento, que jamais encontra conciliação final, seja na história, seja na linguagem. Ficamos oscilando, aqui, entre o sim e o não, a tese e a antítese, o finito e o infinito, a ordem e o caos, a ficção e a realidade, o enredo e a obra, a obra e a arte, a vida e a morte.

Era justamente a oscilação entre extremos que encantava os românticos na arte moderna, como no *Dom Quixote*, de Cervantes, com seu jogo irônico sobre o limite que separa imaginação e realidade. Esse tipo de obra desestabilizava seu sentido quando, em vez de querer parecer vida empírica factual, admitia ser obra. Referindo-se a si enquanto texto, o *Dom Quixote*, por exemplo, expunha seu caráter ficcional, ao invés de escondê-lo. Doroteia, personagem da trama, a certa altura comenta: "Falta pouco ao nosso hospedeiro para fazer a segunda parte de *Dom Quixote*."[16] Passagens assim trazem descontinuidade reflexiva à continuidade narrativa, quebrando o enredo pela exposição de seu caráter de obra. Ironicamente, Cervantes, que parecia oferecer a ficção como realidade, expõe a realidade da ficção. Friedrich Schlegel aponta, em sua obra, "espirituosidade fantástica e uma pródiga abundância de audaciosa invenção".[17] Ironias assim também eram praticadas por Laurence Sterne, em *Tristram Shandy*, e Diderot, em *Jacques o fatalista*. No Brasil, é o que vemos em Machado de Assis, tão marcado por Sterne. Seu narrador conversa com os leitores, comentando o que se passa no enredo. Retira-nos do realismo ingênuo. Esse artifício faz a obra mostrar que se sabe como obra. Na antiguidade, os comentários do coro e do corifeu para o público nas comédias gregas, chamados de parábase, já antecipavam o poder da ironia. Mas, agora, ela não é mais só uma figura de linguagem ou um tropo do mundo clássico, usado aqui e ali. Tal parábase, diria Schlegel, tornou-se permanente.

Fiel à sua condição moderna, a força desse tipo de arte vem da sua reflexividade autoconsciente, que coloca em questão, para o leitor, o estatuto do que ele tem diante de si. Pensávamos que o sentido estava no que era contado, mas somos deslocados para o lugar onde aquilo que é contado está: a própria obra. Só que a obra singular faz parte da (ideia de) arte em geral, estando em conexão com outras obras. Somos, assim, deslocados pela segunda vez. Primeiro, fomos do conteúdo da obra para sua forma. E, agora, vamos desta a seu pertencimento à ideia de arte. Ironizando sua forma determinada, a obra expõe que, se não está na vida empírica naturalista, pertence, porém, à vida das formas (de arte) em geral, na qual todas as obras se comunicam umas com as outras, como astros de um universo fantástico. Walter Benjamin apontou aí a "ligação com o incondicionado, trata-se não de subjetivismo e jogo, mas, antes, da assimilação da obra limitada ao absoluto, de sua completa objetivação que paga com sua eliminação".[18] É que a obra abandona sua limitada totalidade fechada em si para se agregar à abertura infinita da forma absoluta da arte como ideia. Fica, assim, mais forte – e não menos. Se, então, a forma específica da obra "torna-se a vítima da destruição irônica", dizia Benjamin, "sobre ela, no entanto, a ironia rasga um céu da forma eterna". Essa perspectiva articula a sobrevida da forma particular da obra com seu pertencimento à ideia geral de arte, que faz a "sua existência indestrutível".

Nas obras em que sentimos "o divino sopro da ironia", afirma Schlegel, "vive uma bufonaria realmente transcendental".[19] Bufão era o bobo da corte que se apresentava nos palácios e, enquanto aparentemente elogiava seu rei, destilava, pela ambiguidade de suas palavras, críticas a seu governo. Ironia era sua marca. Schlegel, porém, acrescenta que essa bufonaria, na arte, é transcendental. Kant dizia que a abordagem transcendental não se preocupa tanto com as coisas, mas com as condições de possibilidade para que nós as experimentemos. Não visa ao condicionado, mas ao condicionante. Entendemos, assim, que Schlegel complete aquele fragmento dizendo que a ironia é, "no interior, a disposição que tudo supervisiona e se eleva infinitamente acima de todo condicionado, inclusive a própria arte, virtude ou genialidade; no exterior, na execução, a maneira mímica de um bom bufão italiano comum". Extravasada como gracejo de um bufão, a ironia, contudo, diz respeito à relação da forma condicionada da obra específica com a condição geral à qual ela pertence, ou seja, ao seu sentido como parte da ideia de arte, do absoluto da arte.

Segundo Schlegel, enfim, a ironia "contém e excita um sentimento do conflito insolúvel entre incondicionado e condicionado, da impossibilidade e necessidade de uma comunicação total".[20] Impossível, a comunicação total é, contudo, necessária. São as obras condicionadas por toda a situação histórica em que se encontram que buscam, ainda assim, o sentido sem condições: a verdade. Esse conflito é insolúvel. Reconhece-se, então, que o sentido nos escapa, mas não vai embora definitivamente. Jamais o possuímos, porém não somos completamente desprovidos dele. Resta procurá-lo. Segundo Novalis, "procuramos por toda parte o incondicionado, e encontramos sempre apenas coisas".[21] Procuramos o ser, e só encontramos entes. Procuramos o significado, e só encontramos significantes. Procuramos a totalidade, e encontramos apenas fragmentos, como os que foram escritos pelos românticos. Por sua vez, a "ironia é autocorreção da fragmentariedade: as relações inadequadas podem transformar-se numa ciranda fantástica e bem-ordenada de mal-entendidos e desencontros mútuos, na qual tudo é visto sob vários prismas: como isolado e vinculado, como suporte de valor e como nulidade",[22] observaria depois Georg Lukács. Essa autocorreção, contudo, não é completa, pois os fragmentos continuam fragmentos.

Sempre que a filosofia busca agarrar o todo com sua reflexão, ele se subtrai, recua, escapa. Explica-se: "Subjetivamente considerada, a filosofia sempre começa no meio",[23] escreve Schlegel. Não começamos nem do final nem da origem. Já estamos sempre no meio e, com isso, não podemos totalizar o sentido da situação na qual nos encontramos. Incondicionado é o que a filosofia procura: o sentido da verdade e a verdade do sentido. Nessa reflexão sem fim, ela conta, porém, só com as palavras, sempre condicionadas. Benjamin observou que "a infinitude da reflexão é, para Schlegel e Novalis, antes de tudo não uma infinitude da continuidade, mas uma infinitude da conexão".[24] É o que fazem os fragmentos. Podem comunicar-se entre si, mas não forçam continuidade entre começo e fim. Sua exposição é conectiva: é parte e todo, isola e vincula. Deve, portanto, ser irônica, já que a "ironia é a forma do paradoxo",[25] diz Schlegel. Ele conclui que "a filosofia é a verdadeira pátria da ironia", pois "onde quer que se filosofe em conversas faladas ou escritas, e apenas não de todo sistematicamente, se deve obter e exigir ironia", sendo que, "nesse aspecto, somente a poesia pode também se elevar à altura da filosofia".[26]

Essa ironia poética é o que Schlegel busca em seu romance, *Lucinda*. Seu erotismo provocara escândalo, pois satirizava costumes burgueses, como o casamento tradicional. Kierkegaard admitiu a dignidade do problema que a história enfrentava, pois havia, na época, "uma rigidez moral, uma camisa de força, dentro da qual nenhum homem razoável consegue mover-se". Ironia era a forma de Schlegel combater essa "seriedade bitolada". Nem assim, porém, Kierkegaard aprova *Lucinda*. Para ele, Schlegel desencaminha-se do problema ao pretender superar toda a eticidade, "não só no sentido de usos e costumes, mas sim toda aquela eticidade que é a validade do espírito, a dominação do espírito sobre a carne".[27] Portanto, a obscenidade do amor, no romance de Schlegel, estava em ele ser ambíguo: espiritual e carnal. Kierkegaard conclui que essa ambiguidade atinge o sentido da composição da obra: "A confusão e a desordem que *Lucinda* quer introduzir no mundo estabelecido, o romance tenta ilustrar plasticamente com a mais completa confusão na estrutura." Condenava-se o romance de Schlegel moral e poeticamente. Hegel, por sua vez, assevera ainda que "não deve acontecer de modo algum o desleixo com a santidade e com a excelência suprema, como na época da *Lucinda* de Friedrich von Schlegel".[28]

No conteúdo e na forma, a obra ofendia. Confundia. Mas seria equivocado atribuir isso a desleixo de Schlegel. Esse era seu objetivo. "Para mim e para este escrito, para o meu amor por ele e para a sua forma em si, não há propósito mais propositado do que anular desde o começo o que chamamos ordem, de afastá-la para muito longe de nós, de reclamar claramente o direito à confusão encantadora",[29] enuncia em *Lucinda*. Suas partes não são ordenadas linearmente, contrariando a expectativa dos romances de formação ao não apresentarem progresso conclusivo de seu personagem. Se o conteúdo do enredo resiste à separação definitiva entre o amor e o sexo, assim como entre o gênero masculino e o feminino, sua forma também é misturada, com sonhos, cartas e diários que se entrecruzam na confusão narrativa. Erotizam-se o enredo e a linguagem. Não "ser demasiado rigoroso quanto à verossimilhança e à significação geral de uma simples alegoria", completa o seu "narrador inábil".[30] Ele sabe que a significação é fragmentada. Irônica e alegórica.

Lemos ainda em *Lucinda*: "Quero que pelo menos entendas nestas divinas alegorias tudo quanto não posso diretamente exprimir."[31] Esta passagem aponta a alegoria como expressão do que não se pode dizer diretamente. Não é acaso, portanto, que a alegoria surja junto com a ironia nos escritos dos primeiros românticos alemães. Há, como diz Paul de Man, "uma estrutura partilhada por ironia e alegoria na medida em que, em ambos os casos, a relação entre o signo e o sentido é descontínua", ou seja, "em ambos os casos, o signo aponta para algo que difere de seu sentido literal e tem por sua função a tematização dessa diferença".[32] Nas alegorias, o signo aponta não somente a descontinuidade em relação a seu sentido. Ele tematiza tal descontinuidade, dá a ver essa diferença. Fundamenta-se aqui a distinção da alegoria diante do símbolo: este postula a possibilidade de identidade entre o signo e seu sentido, apontando para a completude da experiência da linguagem, enquanto aquela, ao contrário, supõe uma irremediável distância de sua própria origem. Paul de Man sugere, ainda, que a falta de final feliz das histórias românticas de amor está precisamente nesse teor alegórico: os amantes "jamais podem entrar em contato completo" e, "quando podem ver um ao outro, estão separados por uma distância inalcançável".

Tal exercício da alegoria começara sobretudo com o drama barroco alemão, de acordo com Walter Benjamin. Sua força, no entanto, foi encoberta pelo veredicto classicista, que a tomava como o fundo sombrio contra o qual se destacaria a clareza do símbolo. Se o romantismo tardio costumou prolongar o preconceito classicista, os primeiros românticos alemães, porém, foram herdeiros da intuição do drama barroco. "Por isso, é digno de nota que Novalis, que tinha muito mais consciência do que o separava dos ideais clássicos que os românticos posteriores, revele uma profunda compreensão da essência da alegoria."[33] Representar perfeitamente o significado no significante, com totalidade orgânica, era o fito do símbolo. Por sua vez, a alegoria quebra essa harmonia. Ela seria a forma poética da modernidade como época que perdera o equilíbrio da plenitude antiga: "As alegorias são no reino dos pensamentos o que são as ruínas no meio das coisas", observou Benjamin.

Nesse contexto, ele conclui que a "beleza simbólica se evapora" e que "o falso brilho da totalidade se extingue", trazendo "uma profunda intuição do caráter problemático da arte".

Efeito disso foi a valorização da categoria estética do sublime, que seria vinculada à alegoria, por oposição à beleza simbólica. Esquematicamente: o belo seria totalizante, harmônico, completo, sereno e tranquilo, enquanto o sublime seria fragmentado, violento, parcial, intenso e emotivo. Predominantes na antiguidade, obras de beleza clássica teriam perfeito equilíbrio entre sua aparência e sua essência. Prevalecentes na modernidade, obras de sublimidade alegórica apresentam a dissonância entre sua aparência e sua essência. Eis o caráter problemático da arte, pois a antiga contemplação sensível da aparência deixa de ser esteticamente suficiente. Pede-se, agora, o pensamento suprassensível em alto grau. Foi o que Kant descobriu ao tratar, após Edmund Burke, da estética do sublime, em que atualizou – e alterou – antigas teses de Longino, cujo tratado (de autoria controversa e voltado não para a arte, mas para a oratória e a retórica) estabelecera que experimentamos o sublime quando há "muita matéria para reflexão", que deve estar "além do que dizem as palavras".[34]

Para Kant, ao contrário do que sentimos no belo, o sublime "pode, quanto à forma, aparecer como contrário a fins para nossa faculdade de juízo, inconveniente à nossa faculdade de apresentação e, por assim dizer, violento para a faculdade da imaginação".[35] Kant expunha o caráter conflituoso do sublime, no qual o que se representa jamais cabe na própria representação, contrariando a expectativa do juízo estético. Era quebrada a bela aparência porque o sublime excede o que a aparência comporta, violentando a imaginação: quando se representa o que não é sensível, como o infinito e o absoluto, não há formas sensíveis adequadas, pois estas são sempre finitas e relativas. Não existem representações sensíveis em que caibam ideias suprassensíveis, embora estas sejam "ativadas e evocadas ao ânimo precisamente por essa inadequação, que se deixa apresentar sensivelmente", afirma Kant. Tais ideias apenas são ativadas indiretamente, em operação análoga à que vimos fazer também a alegoria. Representa-se a própria inadequação da representação. Sem conseguir abarcar na forma aparente (da obra, por exemplo) o que é representado, somos forçados, graças a esse fracasso, para outro lugar que não é apenas o dos sentidos. "Sublime é o que somente pelo fato de poder também pensá-lo prova uma faculdade de ânimo que ultrapassa todo padrão de medida dos sentidos",[36] diz Kant. Deve ser assim porque o sublime "é absolutamente grande", grande fora de comparação, medida e padrão. Daí que a impossibilidade de dar conta do sublime traga não só prazer, como ocorre com a beleza, mas também dor. É a dor de não conseguir formar imagens sensíveis. É o prazer de ativar, por outro lado, a faculdade do pensar, "nossa destinação suprassensível".

Contemporaneamente, Jean-François Lyotard articulou a teoria do sublime feita no fim do século XVIII e encampada pelo romantismo às vanguardas artísticas já do começo do século XX. Em sua opinião, "o sublime será talvez o modo da sensibilidade artística que caracteriza o modernismo",[37] justo por "fazer alusão a algo que não pode ser mostrado", conforme sinalizara o que "Kant chama de apresentação negativa, ou mesmo, uma não apresentação". O sublime, ao contrário do belo, evidenciaria o caráter problemático da arte moderna, com sua nostalgia do absoluto que falta, mas ao qual ela alude. Papel parecido é o que tem a alegoria – tanto que ela é apontada pelo teórico contemporâneo Peter Bürger como prática das vanguardas. "Na obra de arte orgânica (simbólica), a unidade do geral e do particular é estabelecida sem mediação; na obra não orgânica (alegórica), ao contrário – é o caso das obras de vanguarda –, trata-se de uma unidade mediada", afirma ele, pois, "aqui, o momento da unidade é, por assim dizer, afastado para infinitamente longe".[38]

Por isso, Friedrich Schlegel diz que "toda beleza é alegoria", completando que "do mais elevado, por ser inexprimível, só se pode falar de maneira alegórica".[39] Em outras palavras, o estatuto da beleza é sublime. "Belo é aquilo que é ao mesmo tempo atraente e sublime",[40] escreve Schlegel, confirmando o predomínio deste sobre aquele. Do absoluto, do infinito e do ilimitado, só podemos falar indiretamente, ou seja, alegoricamente, já que as obras são relativas, finitas e limitadas. Elas conseguem, entretanto, despertar o sublime, apresentando a impossibilidade de apresentar tais ideias – como faz também a alegoria. Tanto que uma obra só está formada quando está "sublime acima de si mesma",[41] afirma Schlegel. Ela é mais do que é. Faz a ausência presente e a presença ausente. Era já esta operação que os românticos pretendiam com a ironia, qualificada por eles de "sublime".[42]

Sem a possibilidade de totalização da beleza simbólica clássica, sobrava, então, a escrita alegórica, o que significava, para os românticos, a forma fragmentada. Segundo Benjamin, "o fragmento e a ironia constituem metamorfoses do alegórico".[43] Todos os três – fragmento, ironia e alegoria – apresentam o sentido que buscamos na linguagem como problema, a partir da perspectiva descontínua que lhes é própria. O que eles fazem é trazer para a composição das obras as ruínas da paisagem moderna. Conforme apontou Lukács, "todos os abismos e fissuras inerentes à situação histórica têm de ser incorporados à configuração e não podem nem devem ser encobertos por meios composicionais".[44] É o que buscam Schlegel, Novalis e seu grupo romântico ao escreverem em fragmentos.

Já Schelling só aparentemente adota a posição de seus companheiros. Em sua filosofia da arte, de 1802, ele afirma, no tom do grupo de Iena, que, "na alegoria, o particular somente significa o universal, na mitologia ele próprio é ao mesmo tempo universal".[45] Para os antigos, o signo (particular) era já o sentido (universal), em plena harmonia conjunta. Não havia o abismo moderno, que quebra a continuidade entre signo e sentido, a totalidade entre homem e mundo, sujeito e objeto. Esse diagnóstico evidencia a participação de Schelling no primeiro grupo romântico que acabara poucos anos antes, mas ele conclui com o elogio do símbolo (perdido) da mitologia grega contra a alegoria da modernidade (a ser superada), para cujas potencialidades não atenta. Isso o afasta de todo aquele pensamento original, como ocorreu com outros integrantes do grupo depois.

Enquanto o grupo romântico de Iena estava junto, porém, a concepção alegórica e irônica prevalecia, em especial nos fragmentos de Schlegel e nas peças de Tieck. Lemos, na *Conversa sobre poesia*, que "a linguagem, entendida originariamente como idêntica à alegoria, é a primeira ferramenta espontânea da magia".[46] Magia esta que ocorre sempre que aquilo que é finito pode, ainda que precariamente, significar o absoluto, que é sem fim. Ironia é outro nome para essa operação mágica que faz a linguagem. Importa, como observa Beda Allemann, o que "na obra de arte parece saltar ironicamente", pois, junto àquilo que é dito e formulado, há "o que é inexprimível e permanece obscuro sob o fundo, mas que constitui o terreno onde se afundam as raízes da linguagem".[47] Essa tensão, entre o expresso e a profundidade sem fundo de onde ele provém, faz a poesia da linguagem, seja em verso ou prosa, em que os signos finitos combinam-se em processos sem fim.

A ironia, assim compreendida, é a pátria da filosofia: ama o saber, mas sabe que o saber não é completamente sabido. Pode-se, então, "somente vir a ser, não ser filósofo", já que, "tão logo se acredita sê-lo, se deixa de o vir a ser",[48] escreve

Schlegel. Novalis, por sua vez, dizia: "Quem procura, duvidará."[49] Ignorância e conhecimento estão próximos aqui: "quanto mais já se sabe, tanto mais ainda se tem de aprender", pois "não saber, ou antes, saber que não se sabe, aumenta no mesmo grau que o saber",[50] afirmava Schlegel. É que o saber é como o círculo fora do qual está o desconhecido: quanto mais conhecemos, mais esse círculo cresce e, junto com ele, cresce a superfície de contato que temos com o que está fora dele, que não é senão aquilo que nós ignoramos. Por isso, quanto mais conhecemos, mais conhecemos o quanto desconhecemos. Platão já mencionava a "amostra da conhecida ironia de Sócrates".[51] Irônico ali era afirmar: só sei que nada sei. Pois aí se apontava a ausência de fim do processo compreensivo que ama o saber, a filosofia. Por isso, Schlegel gosta de citar a "ironia socrática",[52] chamada de "musa socrática".[53]

Longe de ser só dissimulação, a ironia, como a de Sócrates, era a autocrítica da filosofia. Reconhecia-se sua limitação. "Para Schlegel, a situação básica metafisicamente irônica do homem é que ele é um ser finito que luta para compreender uma realidade infinita, portanto incompreensível",[54] escreveu D.C. Muecke. No caso da apresentação do pensamento na linguagem, sublinha-se que o signo e o significado não coincidem, que entre as palavras e as coisas abre-se o abismo pelo qual caminhamos em vida. Esse gesto detonava o processo moderno que "tem dissolvido criticamente a ideia da obra redonda e compacta",[55] segundo o vocabulário adorniano posterior. Marca-se, aí, a perda moderna da possibilidade de plena significação. Se a cultura alemã na virada do século XVIII para o XIX pensava no sentido da tragédia antiga, a ironia, para os primeiros românticos, era, por sua vez, a tragédia do sentido moderno. Nesse contexto, o poeta Octavio Paz explicou que a centralidade da ironia para os românticos estava em que ela "revela a dualidade daquilo que parecia uno, a cisão do idêntico".[56] Ironia foi "a grande invenção romântica", como "amor pela contradição que cada um de nós é e consciência dessa contradição", o que, segundo Octavio Paz, "define admiravelmente o paradoxo do romantismo alemão".

9. Ler o mundo, viver o poema

"Palavras geralmente compreendem a si mesmas melhor do que aqueles que as usam."[1] Tal frase de Friedrich Schlegel desloca para as palavras a faculdade do entendimento, pela qual em geral definimos a humanidade do homem. Elas se entenderiam melhor do que nós, que as empregamos. O controle subjetivo que nossa vontade pretende ter sobre as palavras seria menos poderoso do que achamos. Nem sempre conseguimos sujeitá-las a nossos desígnios. Estamos sujeitos a elas, que frustram nossas tentativas de pleno esclarecimento do significado que encerrariam. Mas vem à tona, aí, outra dimensão da linguagem, em que se quebra a submissão das palavras a planos e cálculos de significado que as tomariam como significantes inertes. Rompe-se o paradigma pragmático que confia no poder do sujeito consciente sobre elas. Trata-se, então, de buscar alguma aproximação da arte combinatória de sentido que as próprias palavras trariam consigo.

Foi assim que os primeiros românticos alemães de Iena, no fim do século XVIII, colocaram em atividade certo processo de produção de escrita completamente diferente do que até então era conhecido e daquele com que, até hoje, estamos acostumados. Eles o chamaram de sinfilosofia e simpoesia, onde o prefixo "sim" aponta para o mesmo significado presente em "simpatia", ou seja, afinidade que junta, disposição comum. Essa proposta justifica que grande parte das publicações desse grupo romântico tenha sido veiculada sem a assinatura dos seus integrantes. Escritos produzidos em meio a troca tão intensa de pensamentos não poderiam ter a autoria atribuída a algum sujeito determinado. Eles eram o coroamento final da dança de palavras que havia se dado nos encontros do grupo. Não seria possível decidir quem sugerira cada passo. Mas a dança estava lá. É o que, aliás, deveríamos até hoje encontrar em tais escritos: a dança anônima dos múltiplos sentidos.

Mais tarde, vários estudos foram feitos visando a atribuir autoria àquilo que, em seu princípio, não possuía autor. Hoje, os primeiros escritos românticos são classificados cuidadosamente, para podermos distinguir quais pertencem a quem. Dissolvemos, assim, a proposta do grupo e, pior, corremos o risco de esquecer que ela estava fundada em sua filosofia da linguagem. Mesmo quando assinavam textos, os membros do grupo, enquanto ele perdurou, estavam no âmbito dessa filosofia. Eles pensavam que "uma época inteiramente nova das ciências e artes começaria talvez quando sinfilosofia e simpoesia tivessem se tornado tão universais e tão interiores, que já não seria nada raro se algumas naturezas que se complementam reciprocamente constituíssem obras em conjunto", posto que "muitas vezes não se pode evitar o pensamento de que dois espíritos poderiam no fundo pertencer um ao outro, como metades separadas, e só juntos ser tudo o que pudessem ser".[2] Entendemos, assim, que os primeiros românticos alemães tenham formado o grupo amoroso que testemunhou uma troca tanto intelectual quanto afetiva entre seus integrantes. Só com amor, enquanto possibilidade de encontros, poderiam acontecer a sinfilosofia e a simpoesia. Reciprocidade era a chave para abrir essa produção conjunta, potencializando partes que, separadas, talvez fossem privadas do que juntas são capazes.

"Filosofar significa buscar onisciência em conjunto",[3] escreveu Friedrich Schlegel. Esta frase explica que o romantismo alemão, como vimos, formasse um grupo: pessoas filosofando juntas ao buscar a verdade. Ela também justifica a escrita em fragmentos, pois estes, em vez de formarem um todo monolítico, apresentam-se como partes: sua onisciência viria do conjunto de sua pluralidade. E evidencia ainda que, se o sentido das palavras não é controlado pelo seu autor, este entra em contato com o leitor de forma diferente daquela a que estamos habituados: buscando a onisciência em conjunto. O leitor participa da construção do sentido que é posto pelas próprias palavras. Por sua vez, o escritor "não quer produzir nenhum efeito determinado sobre ele, mas com ele entra na sagrada relação da mais íntima sinfilosofia ou simpoesia".[4] Por isso, "não se deve querer sinfilosofar com todos",[5] afirma Schlegel, afinal, são as afinidades fora do controle voluntário que constroem os elos em que essa atividade se dá. Linguagem é aquilo dentro do qual os homens podem se encontrar uns com os outros, pois leitor e escritor são polos produzidos por ela.

No evento da linguagem, a saída das determinações subjetivas conscientes era o que os românticos chamaram de chiste: "explosão do espírito estabilizado".[6] Encadeamos palavra atrás de palavra, forjando para tudo explicações coerentes. Subitamente, porém, somos surpreendidos por aquela palavra que não era para estar ali. É o chiste. Ele explode a estabilidade que o espírito queria manter. Faz surgir, a despeito de nossa vontade, outra coisa – na fala, no papel, na vida. Lembra o quanto não somos senhores da linguagem e, até, de nós mesmos. Precursor do que Freud chama de "ato falho" na psicanálise, o chiste romântico já apontava para o inconsciente. Na nossa falha, as palavras poderiam se achar. "Não acontece que saibamos, um momento antes, que chiste vamos fazer, necessitando, apenas, vesti-lo em palavras", observou Freud, "temos, antes, um indefinível sentimento, cuja melhor comparação é com uma '*absence*', um repentino relaxamento da tensão intelectual, e então, imediatamente, lá está o chiste – em regra, já vestido em palavras."[7]

Linguagem: o chiste vem vestido de palavras, deslocando e condensando sentidos, em vez de ser ordenado por nossa consciência voluntarista. "Deve-se ter chiste, sem o querer ter",[8] diz Friedrich Schlegel. Para seu irmão, August, "no chiste, querer só pode consistir em suprimir as barreiras convencionais e em deixar o espírito livre", sendo que "o mais chistoso seria, contudo, quem o fosse não apenas sem querer, mas também contra sua vontade".[9] Tal vontade pauta-se por regras de raciocínio convencionais, que seguimos sem pensar. O chiste as interrompe. Desagregador, apresenta a descontinuidade do sentido que se queria completo e total. Friedrich Schlegel chega a comentar que os chistes "provocam uma pausa desagradável na conversa",[10] pois surgem como obstáculo na sua trajetória ordenada. O chiste quebra a cadeia de causas e consequências que o entendimento comum organiza. Dentre as faculdades intelectuais, a que o chiste privilegia no homem não é nem o entendimento conceitual nem a vontade consciente, mas sim a imaginação, que "tem de estar primeiro provida, até a saturação, de toda espécie de vida", escreve Friedrich Schlegel, "para que possa chegar o tempo de a eletrizar de tal modo pela fricção da livre sociabilidade, que a excitação do mais leve contato amigo ou inimigo possa lhe arrancar faíscas fulgurantes e raios luminosos ou choques estridentes".[11]

Imaginação é faculdade chistosa. Suas conexões têm maior liberdade para articular sentidos não sabidos. Raios luminosos, faíscas fulgurantes, choques estridentes, fricção: é assim que age o chiste. Ele não abole o contato entre as palavras, mas apenas a ordem que julgávamos estruturar esse contato, fazendo surgir, a cada vez, outra, diferente da que prevíamos. Schlegel afirma que "chiste é sociabilidade lógica".[12] Lógica fala, aqui, a partir da origem grega da palavra "logos", que não é só razão, mas também discurso. Trata-se de socializar – pôr em contato – as palavras. É a razão da linguagem que está em jogo, mais que a razão subjetiva consciente. O chiste, portanto, não é irracional. Friedrich Schlegel escreve que "há também uma razão espessa e ígnea, que faz o chiste propriamente chiste, e dá elasticidade e eletricidade ao estilo sólido".[13] O chiste tem a sua racionalidade, como nos sonhos. Só não no sentido estreito "daquilo que habitualmente se chama razão".

Nessa medida, os românticos aproximaram o chiste da genialidade que, em vez de falar a partir de si, deixa a fala ocorrer através de si. Segundo Friedrich Schlegel, chiste é "genialidade fragmentária".[14] Ela é fragmentária porque não compõe totalidade orgânica fechada conscientemente, mas deixa surgirem os encontros entre as palavras que podem forjar sentidos não sabidos sequer pelo autor empírico – que por isso é um gênio. Novalis falava, sob esse aspecto, de gênio da língua. Não se depende, aqui, do que escolhemos e queremos, já que os "achados chistosos são como o surpreendente reencontro de dois pensamentos amigos após uma longa separação".[15] Palavras podem, a toda hora, conectar-se entre si sem que as controlemos. Nesse sentido, "a poesia romântica é, entre as artes, aquilo que o chiste é para a filosofia, e sociedade, relacionamento, amizade e amor são na vida".[16] Em todos esses casos, descortinam-se novos encontros fora da continuidade linear habitual, desde que abdiquemos da cadeia sistemática do conhecimento tradicional, pois "uma única palavra analítica, mesmo como elogio, pode apagar imediatamente o mais notável achado chistoso, cuja chama só iria aquecer depois que tivesse brilhado".[17]

Pode-se perceber que tanto o chiste quanto a simpoesia e a sinfilosofia, na origem do romantismo alemão, diluíam a centralidade da figura do autor, enquanto, curiosamente, a modernidade a cristalizava. Tal figura "faz parte da evidência de um novo modo de produção de sentido, que é habitualmente referido pela noção de 'subjetividade moderna'", comenta Hans Ulrich Gumbrecht. Nela, "o homem concebe-se como a instância que confere seu sentido aos fenômenos, por oposição à cosmologia medieval, fundada, em razão do ato divino da criação, na imanência do sentido".[18] Sem Deus como referência de estabilização do sentido entre palavras e coisas, os modernos a colocaram no sujeito autor. Tal condição epistemológica foi fortalecida pela invenção concreta da imprensa, pois ela "transformou em caso excepcional o que até então era a situação normal da comunicação humana, a saber, a copresença física dos participantes", explica Gumbrecht, concluindo que, "com o desaparecimento da situação de interação direta, os leitores tiveram necessidade de uma nova orientação para dominar o risco de uma plurivocidade, ou mesmo de uma confusão, de sentido". Extemporaneamente, os primeiros românticos alemães destituíam o valor da autoria porque queriam justamente acolher, ao invés de expulsar, a confusão do sentido que dominava a época moderna, enxergando a plurivocidade como sua grande potência. Tal confusão exigiria que o leitor entrasse em relação ativa e criativa com a obra, pois o sentido não poderia ser estabilizado pela remissão à figura da autoridade subjetiva.

Nesse ponto, o primeiro romantismo antecipou o questionamento contemporâneo sobre o caráter central do autor. "Nas suas manifestações mais extremas, a vanguarda contrapõe a esse caráter não apenas o coletivo, como sujeito da criação, mas a negação radical da categoria da produção individual",[19] observou Peter Bürger, pensando nos movimentos artísticos do começo do século XX, como o dos surrealistas. Seu germe estava na simpoesia e na sinfilosofia românticas. Por sua vez, Walter Benjamin confessa, em carta, que encontra na revista dos românticos, a *Athenäum*, o exemplo de uma linguagem cujo vigor de ação estaria em si mesma, e não nos fins almejados por seus autores.[20] Roland Barthes destacaria a "morte do autor"[21] no fim da década de 1960. Nessa mesma época, Foucault afirmava que, na escrita, "não se trata da amarração de um sujeito em uma linguagem: trata-se da abertura de um espaço onde o sujeito que escreve não para de desaparecer".[22]

No caso dos primeiros românticos, como Novalis esclarece em seu "Monólogo", o espaço deixado pela diluição do autor é o da própria linguagem. Para ele, "exatamente o específico da linguagem, que ela se aflige apenas consigo mesma, ninguém sabe" e "por isso ela é um mistério tão prodigioso e fecundo – de que quando alguém fala apenas por falar pronuncia exatamente as verdades mais esplêndidas, mais originais".[23] É quando falamos por falar e escrevemos por escrever que as verdades são reveladas. É quando deixamos as coisas serem ditas, em vez de querermos dizê-las, que encontramos o esplendor da linguagem. Sua especificidade ocorre aí, ao se afligir consigo mesma, naquilo que ela é. Essa autonomia da linguagem face ao controle humano torna-a misteriosa para nós, traz à tona a sua fecundidade para além do que podemos prever. É sua capacidade de germinar e fazer nascer a si própria. Já quando o homem busca domar a linguagem, ela fica pobre. "Se quiser falar de algo determinado, a linguagem caprichosa o faz dizer o que há de mais ridículo e arrevesado." Inversão estranha do que achamos: falar por falar é superior a falar para expressar adequadamente o que fica supostamente fora da linguagem. Inversão, ao mesmo tempo, familiar: sabemos o quanto, aqui e ali, a linguagem nos surpreende e revela coisas justo no instante em que, distraídos, a deixamos ser o que é e falar o que quer.

Novalis estava especialmente preocupado com a linguagem no âmbito da filosofia e da poesia, em que o emprego pragmático das palavras ameaçaria deturpar sua possibilidade de dizer aquilo que ainda não sabemos, posto que a reduziria a um conjunto já conhecido e previamente dado de significantes e significados adequados a eles. Mas "o que se passa com o falar e escrever é propriamente uma coisa maluca", afirma Novalis. Maluquice que estaria em jogo já com sua própria experiência de escrita.

> Se com isso acredito ter indicado com a máxima clareza a essência e função da poesia, sei no entanto que nenhum ser humano é capaz de entendê-lo e disse algo totalmente palerma, porque quis dizê-lo, e assim nenhuma poesia resulta. Mas, e se eu fosse obrigado a falar? e esse impulso a falar fosse o sinal da instigação da linguagem, da eficácia da linguagem em mim? e minha vontade só quisesse também tudo a que eu fosse obrigado, então isto, no fim, sem meu querer e crer, poderia sim ser poesia e tornar inteligível um mistério da linguagem? e então seria eu um escritor por vocação, pois um escritor é bem, somente, um arrebatado da linguagem?[24]

Novalis antecipa-se à possível acusação de que empregaria a linguagem como quer para, contraditoriamente, fazer seu elogio como aquilo que foge ao que queremos dizer. Se fosse este o caso, teria dito algo "palerma", já que, pelo querer dizer, a poesia não é dita. Ele, porém, explica que não se trata disso e levanta outra hipótese. E se essa sua fala fosse algo a que ele se sentiu obrigado? Então suas palavras seriam o efeito da eficácia da linguagem agindo sobre ele, e não da sua eficácia agindo sobre a linguagem. Foi a própria linguagem que instigou a fala. Surge, assim, outra perspectiva sobre a questão da vontade, que sai da determinação consciente. Essa vontade, em vez de ser o livre-arbítrio do sujeito, é aquilo para o qual ele se sente obrigatoriamente atraído. Nesse caso, as palavras de Novalis poderiam ser poesia. Foi o próprio mistério da linguagem que falou de si mesmo através de Novalis. Define-se, enfim, o que é ser escritor. É estar arrebatado, mas não por sua subjetividade particular, e sim pela linguagem na qual até esta subjetividade vem a ser o que é. Eis por que Martin Heidegger, anos depois, partiu do "Monólogo", de Novalis, para afirmar que não é o homem que fala através da linguagem, mas a linguagem que fala através do homem.[25]

Portanto, o romantismo não toma a linguagem como instrumento de comunicação, como ferramenta a serviço de causas exteriores a ela. Benjamin chama o pensamento de Friedrich Schlegel de "lingual".[26] Tal pensamento já se dá na linguagem, e não antes dela. É que a linguagem, aqui, deixa de ser representação do pensamento e de experiências, para ser, ela mesma, pensamento e experiência. Em termos benjaminianos, abandona-se, então, a instrumentalização da "concepção burguesa da linguagem".[27] Muito antes de Nietzsche chamar seu *Assim falou Zaratustra* de "um livro para todos e para ninguém", Schlegel já dissera que "todo autor legítimo escreve para ninguém, ou para todos", e que "quem escreve para que estes ou aqueles o possam ler merece não ser lido".[28] É assim pois, caso haja um "público-alvo", a linguagem degrada-se em meio direcionado para um fim prévio. Limita-se seu poder criativo. Planeja-se seu propósito. Escrever para ninguém e para todos liberaria a linguagem para explorar sua própria potência. Escreve-se só para escrever. Para a própria linguagem. Escrever é verbo, ato, gesto. Maurice Blanchot afirmou que os primeiros românticos introduziram assim "o poder de a obra ser e não mais representar".[29]

Novalis explicara, no seu "Monólogo", que as palavras "constituem um mundo por si", que elas "jogam apenas consigo mesmas, nada exprimem a não ser sua prodigiosa natureza, e justamente por isso são tão expressivas", mas completou que "por isso espelha-se nelas o estranho jogo das proporções das coisas" e que "somente por sua liberdade são membros da natureza e somente em seus livres movimentos a alma cósmica se exterioriza e faz delas um delicado metro e compêndio das coisas".[30] Em princípio, as palavras constituiriam um mundo por si. Não poderiam exprimir nada a não ser a sua essência. Falariam só da própria linguagem, mas nunca das coisas. Porém, ocorre uma reviravolta. Exatamente porque é assim, nós achamos na linguagem, por espelhamento, o jogo que se dá entre as próprias coisas, pois ela também é uma coisa e, portanto, está submetida à mesma dinâmica ontológica que as demais coisas. Eis seu poder expressivo. Se as palavras fazem o compêndio das coisas, não é por designá-las fixamente, mas por espelharem sua consonância, seu ritmo criador. Seus movimentos exteriorizam a alma cósmica do mundo: cadência, música, analogia, combinação, produção, poesia.

Não se trata, portanto, de conferir a cada palavra seu sentido correto, por precisão e transparência diante das coisas. Novalis defendia, ao contrário, que "quanto mais peculiar, mais abstrata poderíamos dizer, é a representação, designação, reprodução, quanto mais dessemelhante ao objeto, ao estímulo, tanto mais independente, autônomo é o sentido".[31] Na abstração do caráter representacional da linguagem, esta aparece pelo que é em si mesma, em vez de se esconder sob o que significa. Para o sentido surgir na linguagem, ele não dependeria do alicerce óbvio da designação reprodutiva das coisas, podendo ser autônomo nesse aspecto. "Se não precisasse nem sequer de uma ocasião externa, deixaria de ser um sentido, e seria um ser correspondente": melhor ainda neste caso, pensa Novalis, pois, em vez de significar o mundo externo, a linguagem corresponderia à sua configuração por sua própria criação. Nela ouviríamos a música do universo tocar pelo ritmo das palavras e veríamos a dança das coisas nos deslocamentos da sintaxe. Linguagem é fala poética. "Poderiam ser suas configurações mais ou menos semelhantes e correspondentes a configurações de outros seres", afirmava Novalis, para ainda completar que se "fossem suas configurações e a sequência de figuras delas perfeitamente iguais e semelhantes às sequências de figuras de um outro ser – haveria a mais pura consonância entre ambos". Tais "outros seres", aos quais a poesia da linguagem corresponde, eram o próprio mundo.

Por isso, o romantismo, afirma Friedrich Schlegel, "abrange tudo que seja poético, desde o sistema supremo da arte, que por sua vez contém em si muitos sistemas, até o suspiro, o beijo que a criança poetizante exala em canção sem artifício".[32] Ele apontava a proximidade entre a criação da linguagem e a criação da própria natureza: "O homem é um olhar retrospectivo criador da natureza para si mesma."[33] Reflexos da linguagem original do mundo estão na poesia, mas não pela adequação unívoca entre palavras e coisas. É que o original na linguagem não é exatidão. É criação. É dar origem. Tanto que "assim como o coração da terra se reveste de plantas e formas, assim como a vida brotou por si mesma das profundezas e tudo tornou-se pleno de criaturas que alegremente se multiplicavam", afirma Schlegel, "assim também brota espontânea a poesia da força primeva e invisível da humanidade, quando o cálido raio de sol divino a atinge e fecunda".[34] O homem, aqui, não está colocado, como sujeito, em oposição à natureza como objeto. Eles se relacionam por uma linguagem que é analogia. Na fala poética é o próprio mundo que se começa, a cada vez de novo. "Imenso e inesgotável é o mundo da poesia, como o reino da viva natureza o é em animais, plantas e criações de toda espécie, forma e cor." Em suma, a poesia não está somente na arte, ou seja, no artifício. Ela está também nas próprias coisas e na natureza.

Em ambas as passagens citadas de Friedrich Schlegel, a palavra crucial é "como": o mundo da poesia é como o reino da natureza, e o coração da terra se reveste de formas como a vida brotou. É que "a analogia é o reino da palavra *como*, essa ponte verbal que, sem suprimir, reconcilia as diferenças e as oposições", conforme observou mais tarde Octavio Paz, completando que "a analogia concebe o mundo como ritmo: tudo se corresponde porque tudo ritma e rima". Por analogia à criação natural, a arte também cria. Nela, a linguagem, justamente quando faz valer sua autonomia poética, não deixa de refletir a alma cósmica de tudo o que é. Não o faz porque é empregada com a devida precisão, e sim porque, ao criar, segue analogamente o jogo das próprias coisas. Reviravolta, conclui Octavio Paz: "Se a analogia faz do universo um poema, um texto feito de oposições que se resolvem em consonâncias, também faz do poema um doble do universo", o que resulta numa "dupla consequência: podemos *ler* o universo, podemos *viver* o poema".[35]

Nas origens dessa teoria da linguagem, estava o pré-romântico Hamann. Ele dizia que "Deus se revela", que "o Criador é um escritor" cuja obra é o próprio mundo, esse texto que o homem pode ler.[36] Não conhecemos o mundo através da linguagem, mas como linguagem. Logo, não podemos tomá-la enquanto meio instrumental empregado só para designar as coisas. E onde isso não acontece? Na poesia, "a *língua materna* da espécie humana".[37] Sua linguagem não obedece às relações dadas entre signo e sentido, mas cria tais relações, como se fossem filhas. Nós já somos em meio a essa linguagem. Hamann opunha-se a Kant e à filosofia de seu tempo porque não concebia a linguagem subordinada ao sujeito racional, mas o contrário. É a razão que já é, em si, linguagem. Só que a era moderna, ao abandonar essa verdade, afastara-se da dimensão poética de sua existência histórica. Herder, outro pré-romântico, lamenta a perda de "toda a vida da arte poética – já amortecida".[38] Para ele, "o homem está organizado para ser uma criatura de linguagem, pois sem linguagem o homem não possui razão e sem razão não tem linguagem".[39] Experimentamos o mundo não por intermédio da linguagem, mas já dentro dela. Sua origem não é seu começo cronológico, e sim o que a faz dar origem: ontem, hoje, amanhã.

Portanto, a busca pela origem da linguagem torna-se a busca pela linguagem da origem, aquela que, sendo criadora, origina, como fizera o verbo divino. Schleiermacher, ao colaborar para a *Athenäum*, afirmou: "Sem poesia, não há nenhuma realidade."[40] Eis o caráter mágico da linguagem: ao criar, ela repete o gesto do começo do mundo. Ela cria o real. Toda vez que o poeta tomasse a palavra, acenderia com ela a fagulha que fizera Deus, como criador, ser escritor. Esse Deus romântico foi colhido na filosofia de Spinoza, sobretudo através da interpretação de sua obra feita por F.H. Jacobi. Na sua ontologia, Deus é a substância primordial, "ente absolutamente infinito". Tudo o que é, para Spinoza, já é na infinitude de Deus, até mesmo nós, seres finitos. Deus é a natureza. Esta, porém, não é só naturada, ou seja, as coisas que achamos dadas na existência do mundo. Ela é também naturante, "causa livre" produtora de tudo o que é.[41] Deus é suas obras (natureza naturada) e a atividade produtiva que as cria (natureza naturante). Nesse ponto, a atividade humana é análoga: a arte, como "o poema único da divindade", é suas obras e a atividade produtiva que as cria. Daí que Friedrich Schlegel exclame: "Mal consigo conceber como se possa ser poeta sem venerar Spinoza, amá-lo e se tornar completamente um dos seus."[42]

Novalis, por sua vez, considerava Spinoza um "homem embriagado com Deus". Para ele, "este Deus-natureza come-nos, dá-nos à luz, fala conosco, educa-nos, dorme a nosso lado, deixa que dele nos alimentemos, que o geremos e que o demos à luz". Pode-se ver que a religião era submetida, aqui, ao erotismo sensual de um pensamento para o qual "toca-se o céu quando se tateia um corpo humano", pois nada é mais sagrado do que ele. Só por já existirmos em Deus, conforme dizia Spinoza, é possível, como quer Novalis, encontrar sua revelação na própria carne: ela não está fora dele. Ela traz, em si mesma, seu quinhão divino. "É entre os homens que é preciso procurar Deus", afirmava Novalis, já que "nos acontecimentos humanos, nos pensamentos e nas sensações humanos revela-se com a maior claridade o espírito celestial". Por isso, o simples exercício do amor já seria religioso: "Se fizermos da nossa amada um Deus assim, isso é religião aplicada."[43]

Pode-se perceber, pelas palavras de Novalis, o quão singular era essa religiosidade romântica. Seus pilares são os filósofos Spinoza e Fichte: o primeiro foi excomungado da comunidade judaica e o segundo demitido do cargo de professor, envolvido em acusações de ateísmo. Em ambos, a despeito das diferenças, o esforço para contornar os dualismos, respectivamente das filosofias de Descartes e Kant, significava buscar o âmbito ontológico não cindido entre sujeito e objeto, religando um ao outro no absoluto. Nesse sentido é que Novalis declara: "Orar é na religião o mesmo que pensar é na filosofia." Religar é o que elas fazem. Por isso, Schlegel afirma que religião "não é apenas uma parte da formação, um membro da humanidade, mas o centro de todo o resto, em toda parte o primeiro e mais alto, o pura e simplesmente originário".[44] Como, por fim, se constituiria tal religião? Eis a surpresa: pelo contato entre a arte e a filosofia. Friedrich Schlegel explica que "poesia e filosofia são esferas diferentes, formas diferentes ou também fatores da religião", pois, "se vocês tentarem vincular efetivamente a ambas, não obterão outra coisa que religião".[45] Religião, então, ocorre pelo vínculo entre a criação da arte e a reflexão da filosofia: "quem tiver religião falará poesia" e "o órgão para procurá-la e descobri-la é a filosofia".[46]

Nesse contexto, já se apontou que a secularização moderna, embora conquiste a autonomia da arte, postula que ela tome o lugar perdido da religião. Gianni Vattimo, por exemplo, considerou que a arte como fenômeno específico é ligada à sua emancipação frente à religião, mas que, ao mesmo tempo, aí o significado da experiência estética, quando se quer apreendê-la em sua especificidade, remete, de novo, à religião.[47] Embora arguta, essa observação desconsidera que, quando a experiência da arte moderna refere-se à religião, esta já é diferente da tradicional, pelo menos para o grupo romântico de Iena. Primeiro, porque tal referência dizia respeito a uma criação pessoal, singular, e não geral. Schlegel dizia que "só pode ser um artista aquele que tem uma religião própria, uma visão original do infinito".[48] Segundo, porque a religião romântica não revelaria a verdade final do ser. Ela "é pura e simplesmente insondável", sendo que "nela em toda parte se pode cavar, cada vez mais profundamente, ao infinito".[49] Não chegamos ao solo fundamental último.

Por isso, a Bíblia, para o romantismo, não é um documento sagrado, ao menos não no sentido tradicional. Schlegel compara a situação do monarca, que teria sido um homem amável como pessoa privada e apenas não servia para rei, com a situação da Bíblia, "também apenas um amável livro de uso privado, que só não deveria ser Bíblia".[50] Para Novalis, "o relato bíblico é infinitamente variegado – história, poesia, tudo interpenetrando-se", pois "a história de Cristo é sem dúvida tanto um *poema* quanto é uma história".[51] Daí o elogio a Schleiermacher, que veio anunciar "uma religião-*arte*". Para os primeiros românticos, portanto, não se tratava apenas de pensar o caráter religioso da arte, mas também o caráter artístico da religião. É que ambas tinham sido alijadas da filosofia pela estreiteza do conceito iluminista de experiência. Com as Luzes, "procurava-se ver na fé o fundamento da estagnação geral, e esperava-se que esta pudesse ser eliminada pela perspicácia do saber", observa Novalis. Tal eliminação transformou-se no ódio contra a Bíblia, a religião e, por fim, "a todos os objetos do entusiasmo, passou a condenar a fantasia e o sentimento, a moral e o amor à arte".[52] Esse era o cenário contra o qual os românticos se voltavam.

Isso explica a atração do primeiro grupo romântico alemão pelo protestantismo, a despeito das conversões posteriores de alguns de seus membros ao catolicismo (o que atestaria sua virada conservadora após a diluição do grupo). Religiosamente, protestava-se contra a autoridade exclusiva da interpretação que a Igreja de Roma dava para a Bíblia e para o mundo, sobrepondo seu poder à consciência singular dos homens. Martinho Lutero pregava a "liberdade do cristão".[53] Enfatizava-se, aí, a revelação íntima de Deus. Logo, a Bíblia era lida como fonte espiritual não subordinada ao papado. Os fiéis "reapropriaram-se do seu direito, de que haviam prescindido tacitamente, de examinar, definir e eleger em matéria de religião",[54] comenta Novalis. Tal apelo ao contato próprio de cada homem com a Bíblia trazia o mesmo espírito com o qual os românticos pensavam que os leitores modernos deviam se relacionar com os textos em geral: preceitos normativos e objetivos dariam lugar ao confronto livre e pessoal com a linguagem. Eis a razão pela qual Friedrich Schlegel afirma que "catolicismo é cristianismo ingênuo, protestantismo é cristianismo sentimental", sendo este último "uma religião universal e progressiva".[55] Esse trecho emprega, duas vezes, qualificações que diziam respeito originalmente à poesia para falar da religião. Primeiro, temos as categorias "ingênuo" e "sentimental", provenientes de Schiller: aquela predomina na poesia antiga (mais objetiva, direta) e esta prevalece na poesia moderna (mais reflexiva, autoconsciente). Segundo, a expressão "universal e progressiva", que adjetivava a própria poesia romântica buscada por Schlegel.

Os primeiros românticos, portanto, submetiam a religião ao crivo histórico da cultura moderna. Isso era decisivo porque, como observou Novalis, "outrora era tudo aparição de espíritos. Agora não vemos nada, senão morta repetição, que não entendemos. A significação do hieróglifo falta".[56] É a situação moderna: o hieróglifo do mundo deixou de ser claro, decifrável. O poeta busca a "expressão hieroglífica da natureza circundante",[57] declara August Schlegel. Porém, ao fim, "tudo isso é apenas, tão intimamente quanto sua alma o possa abarcar, alusão ao mais elevado e infinito, hieróglifos de um amor eterno e da sagrada plenitude de vida da natureza plasmadora",[58] conclui seu irmão, Friedrich. Escutamos os ecos do sentido cuja voz original, porém, está sempre já perdida.

Se os antigos, fundando na mitologia a sua arte, tinham a segurança de perfeição para o sentido da vida, os modernos o buscam, querem, perseguem pois não o possuem. Novalis, em sua novela *Os aprendizes de Sais*, explora todo o potencial significante da natureza, com "figuras que parecem pertencer a esta grande cifra que reconhecemos escrita em todo lugar, nas asas, cascas de ovo, nuvens e neve, em cristais e nas formações das pedras, nas águas cobertas pelo gelo, no interior e exterior das montanhas, das plantas, animais e homens, na luz do céu", onde "pressentimos uma chave para a escrita mágica, até mesmo uma gramática".[59] Entretanto, esse "pressentimento se recusa a tomar formas definidas, e não parece que deva nos dar a chave dos mistérios": as cifras que fazem das coisas o grande livro do mundo teriam perdido, na modernidade, o código referencial que as tornava inteligíveis. Schlegel afirmava que "nos antigos se vê a letra perfeita e acabada de toda a poesia; nos modernos se pressente o espírito em devir".[60] Restaurar a harmonia completa, se é que ela houve, entre palavras e coisas não é possível. Não há parâmetro objetivo com autoridade sobre a leitura da língua em que o livro do mundo está escrito.

Nessa medida, Deus, como fonte de sentido pleno para a vida, era experimentado pelos primeiros românticos alemães já em sua ausência: abriam-se as portas do absurdo e da contingência. Era a morte de Deus. Para Schelling, "o que chamamos de natureza é um poema que se encontra fechado em maravilhoso e secreto escrito", sendo que "através do mundo sensível o sentido brilha apenas como através de palavras, e a terra da fantasia, que ambicionamos, apenas como através de neblina semitransparente".[61] Só que essa neblina torna-se espessa com a modernidade. E "a resposta é dupla: a ironia, o humor, o paradoxo intelectual; também a angústia, o paradoxo poético, a imagem", apontou Octavio Paz. Para ele, "ambas as atitudes aparecem em todos os românticos: sua predileção pelo grotesco, o horrível, o estranho, o sublime irregular, a estética dos contrastes, a aliança entre riso e pranto, prosa e poesia, incredulidade e fé, as mudanças repentinas". Portanto, "ainda que a origem de todas essas atitudes seja religiosa, é uma religiosidade singular e contraditória, pois se resume na consciência de que a religião está vazia", ou seja, "a religiosidade romântica é falta de religião: ironia; a falta de religião romântica é religiosa: angústia".[62]

Exilados da plenitude divina, os românticos não deixavam de buscá-la: "cumpre outrossim que exista alguém capaz de o sagrado interpretar",[63] dizia Hölderlin. Esse alguém é o poeta em contato com a linguagem como o que, embora familiar, permanece estranho a nós: "quão pouco de nós sabemos, nós em cujas almas um deus impera",[64] sentencia ainda Hölderlin. Poderíamos parafraseá-lo: quão pouco de nós sabemos, nós em cujas almas a linguagem impera. Por isso, ela está sempre a nos ensinar, não só sobre o mundo, mas sobre nós mesmos, sobre o sinal sem interpretação que somos. Novalis escreveu, simples e diretamente: "O homem – metáfora."[65] Octavio Paz constata que "no fundo dessa ideia vive ainda a antiga crença no poder das palavras: a poesia pensada e vivida como uma operação mágica, destinada a transmutar a realidade", completando que, aqui, "o poema não é apenas uma realidade verbal: é também um ato".[66]

Religar-nos ao mundo cuja história trouxera a fratura que arde no coração moderno era o que o ato da linguagem, para os primeiros românticos, tentava, por mais que não conseguisse. Religião, nesse contexto, seria a ação pela qual o homem busca a completude que, porém, jamais lhe é dada. Por isso, Novalis afirmou que a religião "é trágica e, contudo, infinitamente doce".[67] No começo do secular "desencantamento do mundo", esses homens acreditavam que, se não fôssemos capazes sequer de dizer poeticamente o vazio de Deus e do sentido pleno que ele garantia, não teríamos nem como habitar o espaço aberto que aí surgia, não perceberíamos, como disse Heidegger, que "também esta fatalidade da ausência do deus constitui um modo como o mundo mundifica".[68] Os primeiros românticos alemães resistiam, assim, à estreiteza da concepção científica moderna de linguagem, acreditando, como Freud observou depois talvez a contragosto, que "o mundo inteiro era animado, e a ciência, que surgiu tão mais tarde, muito teve de fazer para mais uma vez despir parte do mundo de sua alma; na verdade, mesmo nos dias de hoje, ela não completou essa tarefa".[69] Diriam os românticos: ainda bem, pois então há poesia entre nós.

10. O AMOR ENTRE ARTE E FILOSOFIA

PODEM ARTE E FILOSOFIA entrar em uma relação amorosa? Se julgarmos pela posição dos primeiros românticos alemães, sim. Eles buscavam construir uma linguagem em que criação e reflexão estivessem juntas. "Toda a história da poesia moderna é um comentário contínuo ao seguinte breve texto da filosofia: toda arte deve se tornar ciência e toda ciência, arte; poesia e filosofia devem ser unificadas",[1] escreveu Friedrich Schlegel. Nas obras de arte em que reconhecemos pensamento e nos escritos filosóficos em que somos tomados pelo tom poético, não estariam momentos casuais e desvios desafortunados nos quais se confundiria o que é arte com o que é filosofia. Pelo contrário. Tais momentos tornariam patente o que fica latente em outros, a saber, que filosofia e poesia partilham o espaço da linguagem em que se inventam a si mesmas. Portanto, jamais está definido de antemão, no sentido ontológico, onde fica uma e onde fica outra. Elas podem separar-se a partir de sua origem comum ou buscar a proximidade dessa origem. Durante a tradição ocidental, contudo, prevaleceu a tentativa de separação entre a arte de um lado e a filosofia de outro. Mesmo "naquilo que se chama filosofia da arte falta habitualmente uma das duas: ou a filosofia, ou a arte",[2] observou ironicamente Schlegel. Ele sabia, portanto, que a singularidade da exigência de que a arte fosse filosófica e a filosofia artística ganhava sua dimensão por contraste com a cisão entre elas que vigorava até então. Embora existam exceções, filosofia e arte foram, de Platão a Hegel, mantidas pretensamente à distância uma da outra, ao contrário do que os românticos propunham para a modernidade.

No começo de nossa tradição, Platão já falava da "antiga inimizade" entre a arte e a filosofia. De acordo com ele, "vem de longa data a querela entre poesia e filosofia".[3] Sua contribuição, aliás, em nada ajudou para desfazer a querela. Pelo contrário, acirrou a oposição, condenando a arte em nome da filosofia e, por fim, expulsando os poetas da república ideal aí imaginada. Essa condenação era crucial para Platão, o que mostra que, se ele censurava a poesia, não era por considerá-la sem importância mas, ao contrário, porque reconhecia seu poder e, por isso até, seu perigo. Para ele, a disputa entre arte e filosofia aparece com cores vivas nesse momento histórico diante da força da poesia de Homero, que se torna o inimigo a ser combatido, ainda que admirado. É o problema da formação que está em jogo, por conta do papel do aedo Homero como pedagogo entre os gregos. Para Platão, a poesia corrompia o entendimento dos homens, prejudicando a educação, a não ser daqueles que conhecessem sua verdadeira natureza, ou seja, dos filósofos. Essa natureza da poesia é que justificaria sua condenação. Poesia é, para Platão, imitação. Só por isso, o artista "pode fazer tudo quanto faz particularmente cada obreiro". Por exemplo: o pintor faz sapatos, mesas, bolos, vasos. Pois tudo que ele faz é imitação, ou seja, o faz ao modo de quem carrega um espelho: "Num abrir e fechar de olhos, farás o sol e tudo o que há no céu; num segundo, a terra; rapidamente farás a ti mesmo e os outros animais, os móveis, as plantas e tudo o mais." Só que "tudo isso não passa de aparência; carece de existência real".[4] Esta carência de realidade da arte leva à sua desqualificação.

Tal condenação da arte por Platão era bem radical, pois, ao imitar as coisas que vemos, a arte estaria imitando na verdade coisas que já são, elas mesmas, imitações. É que os fenômenos sensíveis aos quais temos acesso pelo nosso corpo seriam cópias derivadas das essências suprassensíveis que conhecemos pelo nosso pensamento. Em outras palavras, as coisas que a arte imita não são originais, mas já são cópias do que Platão chama de ideias, estas sim a verdadeira realidade, cuja localização é metafísica, ou seja, além do mundo físico. Por isso, a arte é cópia da cópia. Se Deus cria as ideias universais, elas fornecem os modelos que o obreiro tem em mente ao fabricar as coisas singulares. Por sua vez, o artista imita tais coisas. Do mais alto para o mais baixo, teríamos: criador, fabricador e imitador. "Logo, a arte de imitar está muito afastada da verdade, sendo que por isso mesmo dá a impressão de fazer tudo."[5] Essa crítica de Platão à capacidade de "fazer tudo" aproxima os artistas daqueles que eram seu alvo preferido: os sofistas. É como se os artistas, não mais no plano retórico dos sofistas, reproduzissem o mesmo mal que eles, pairando sobre ambos a suspeita de charlatanismo. "Só criam fantasmas, não o verdadeiro ser", afirma Platão. Eles fazem o não-ser se passar por ser, o falso se passar por verdadeiro. Enganam.

Historicamente, Platão foi contemporâneo da descoberta de técnicas realistas de representação nas artes, como em pintura de retratos e construção de cenários, com efeitos de perspectiva (*trompe l'oeil*) capazes de reproduzir objetos tridimensionais na superfície bidimensional. É famosa a anedota segundo a qual ele, ainda criança, dirigiu-se até uma mesa com maçãs no intuito de comê-las mas enfiou os dedos numa pintura, enganado pela reprodução naturalista. Não é pela duvidosa veracidade biográfica de tal anedota que ela interessa, mas por apontar o efeito ilusionista da arte. Esta não só abandona a reprodução da realidade metafísica verdadeira como, pior ainda, nos distancia dela, ao multiplicar as coisas sensíveis fugidias. Para Platão, a filosofia é a saída do "domicílio carcerário" do mundo das aparências que o corpo vê, é a compreensão conceitual das coisas em seu ser verdadeiro pela contemplação espiritual, é "a ascensão da alma para a região inteligível".[6] Já a arte, presa às sensações, atrapalha a conversão da alma para o mundo suprassensível.

É que as artes da imitação, diz Platão, são associadas à "porção do nosso íntimo mais afastada da razão e em que nada se encontra de são e verdadeiro".[7] Logo, a arte incita a parte inferior da alma, de menor valia, passional e maldosa, que se opõe à parte racional. Então, a poesia é acusada "de poder estragar as pessoas sérias". Na arte, sob o pretexto de estarem sendo tratadas as vidas alheias, "a porção melhor de nossa natureza, por não estar suficientemente educada pela razão e pelo hábito, relaxa a vigilância". Predomina a "parte choramingas", que nos faz aplaudir e prestigiar o que condenaríamos se as vidas fossem as nossas. Só que, "depois de alimentar e fortificar nossa sensibilidade no sofrimento dos outros, não é fácil conter a nossa em limites razoáveis".[8] Logo, a arte é danosa à alma.

Em resumo, Platão condena a arte em nome da filosofia duas vezes: primeiro através do referencial do conhecimento, já que, por ser imitação, ela não nos leva até a verdade; e depois através do referencial da moral, já que ela estimula a parte inferior da alma, que é irracional. Em outras palavras: do lado da ontologia, fica firmado que "todos os poetas, a começar por Homero, não passam de imitadores de simulacros da virtude e de tudo o mais que constitui objeto de suas composições, sem nunca atingirem a verdade"; já do lado da ética, a arte "não é coisa séria, mas simples brincadeira",[9] ou seja, é leviana. No começo de nossa tradição, portanto, Platão não apenas separou a arte da filosofia como opôs uma à outra: a primeira seria charlatanismo, a segunda seria pedagogia.

Na ponta final de nossa tradição, contudo, Hegel aproximou arte e filosofia, tidas como expressões do que ele chamava de "espírito absoluto". Se Platão achava que a arte nos afastava da verdade, para Hegel a verdade podia ser representada na arte. De acordo com Platão, a arte era cópia decaída do mundo sensível. Para Hegel, pelo contrário, a arte redime a sensibilidade do caos, da casualidade e da atrofia, "arranca a aparência e a ilusão inerentes a este mundo mau e passageiro", pois nele "imprime uma efetividade superior nascida do espírito". Logo, "deve-se atribuir aos fenômenos da arte a realidade superior e a existência verdadeira, que não se pode atribuir à efetividade cotidiana". Hegel prossegue afirmando, ainda, que a arte pode "exprimir o divino, os interesses mais profundos da humanidade, as verdades mais abrangentes do espírito" e que "os povos depositaram nas obras de arte as suas intuições interiores e representações mais substanciais".[10] Na medida em que a arte toma a matéria natural sensível, como a tinta e o mármore, mas a submete ao espírito humano, dando-lhe forma, a sensibilidade aparece aí "libertada do esqueleto de sua mera materialidade". Nas obras de arte, a simples necessidade da natureza sensível é submetida ao contato com a liberdade pensante do homem.

Sendo assim, "a obra de arte se situa no meio, entre a sensibilidade imediata e o pensamento ideal". Resultado: "Ela ainda não é puro pensamento, mas apesar de sua sensibilidade, também não é mais mera existência material, como pedras, plantas e vida orgânica."[11] Hegel concede à arte, portanto, lugar importante no seu sistema filosófico. No entanto, reeditando aquela "antiga inimizade" de que falava Platão, avisa que a arte ainda não é puro pensamento: "Ao atribuirmos à arte essa alta posição, devemos, entretanto, lembrar que ela não é ... o modo mais alto e absoluto de tornar conscientes os verdadeiros interesses do espírito."[12] É que, na arte, a verdade precisaria ainda transitar para a sensibilidade e a ela se adequar, já que ela necessita da apresentação material como obra. Portanto, a arte fica limitada a certos conteúdos, já que ela não poderia expressar a versão mais profunda da verdade, que não é nem aparentada e nem simpática ao sensível. Se os deuses gregos são exemplos de verdade da arte, esse já não é o caso do Deus cristão, pois ele não pode ser bem recebido e expresso no elemento material. Menos ainda é esse o caso da filosofia racional moderna, em seu exercício do puro pensamento conceitual.

Filosofia, religião e arte seriam as expressões máximas do espírito. Mas não em pé de igualdade: estão hierarquizadas, respectivamente, da mais para a menos importante. Hegel, então, abraça a arte na história da formação do espírito absoluto, mas a coloca no passado, como expressão da verdade já não essencial para a modernidade. Elogiada e venerada, a arte, porém, teria cedido lugar para a religião e, depois, para a filosofia como expressão central do espírito absoluto. Hegel acolhe a arte no sistema de seu pensamento, mas para colocá-la, ainda uma vez, numa dimensão periférica. Se a filosofia seria capaz de compreender a arte, a arte não seria capaz de compreender a filosofia. Essa suposta inferioridade deixa de ser vista estaticamente, como era em Platão, para ser vista temporalmente: a arte, por estar abaixo da filosofia, está antes dela – fadada a ficar para trás. Por mais fundamental que seja na constituição passada da história do espírito da humanidade, a arte permanece, para Hegel, sob o signo do "ainda não": ainda não é o ponto mais alto, no qual o espírito sabe a si mesmo absolutamente – ainda não é filosofia.

Tendo escrito antes de Hegel, os primeiros românticos alemães concordariam com ele, em parte, quanto ao contato da arte com o sensível, que não o copia, mas o enforma. Só que essa operação é diferente para eles, pois não busca salvar as coisas sensíveis de sua pobre materialidade, já que esta não seria assim tão pobre. Todos os produtos da arte são, para os românticos, poemas escritos sobre a poesia primeira, que já é a do mundo.

> E que são eles ante a poesia sem forma e consciência que se faz sentir nas plantas, que irradia na luz, que sorri na criança, cintila na flor da juventude, arde no peito amoroso das mulheres? Esta contudo é a originária, a primeira, sem a qual certamente não haveria nenhuma poesia das palavras. Nós todos, humanos, não temos nenhum outro objeto e nenhuma outra matéria de toda ação e alegria, sempre e eternamente, que não o poema único da divindade, de que somos também parte e flor – a terra.[13]

Essas palavras de Friedrich Schlegel expõem o olhar romântico para as coisas sensíveis sem forma e consciência, exuberantes em seu colorido e na sua multiplicidade abundante. Não caberia à arte, portanto, socorrer esse mundo, como queria Hegel. Nem, contudo, restaria a ela apenas copiá-lo, como acusara Platão. É outra a posição romântica. Para ela, o papel da arte seria o de fazer este mundo ressurgir com forma e consciência, adentrando a cultura do homem em sua relação com o que a cerca. "É essencialmente próprio a toda arte associar-se ao cultivado",[14] afirmou Schlegel. Já que somos parte da natureza e ela mesma é criadora, também fazemos, ou seja, criamos e produzimos poemas e os lemos – cultivamos. Somos seres poéticos, da *poiésis*. Modelo e cópia deixavam de ser o par explicativo do contato entre verdade e arte. Esta faz parte do próprio movimento pelo qual a verdade cumpre seu ciclo de vida como criação, natural e humana.

Ecoa, aqui, o velho ensinamento aristotélico de que "a arte, por um lado, completa aquilo que a natureza não é capaz de elaborar, e, por outro, imita as coisas naturais".[15] Hemsterhuis, filósofo holandês admirado no romantismo, quase copia essa sentença. Para ele, "o primeiro fim de todas as artes é imitar a natureza, e o segundo é acrescentar à natureza produzindo efeitos que ela geralmente não produz, ou não é capaz de produzir".[16] Esses dois lados ou fins da arte, para os primeiros românticos alemães, explicavam-se pelo mesmo princípio. Imita-se não o produto acabado na matéria sensível do mundo, e sim o fulgor que pulsa na natureza para que ela crie tal mundo. Já que essa criação é sem forma e consciência, a arte completa o que a natureza "não sabe" elaborar: a forma e a consciência. Mas "não sabe" só em parte, pois ela o elabora no próprio homem, que a ela pertence. Se a natureza é às vezes divinizada pelos românticos, é porque eles a pensam sem a objetividade científica que a coloca fora do homem enquanto sujeito – "é este suave reflexo da divindade no homem a própria alma, a faísca de toda poesia".[17]

Tanto os românticos como Hegel compartilham a valorização ontológica da arte, em contraposição à sua desqualificação por Platão. Só que os românticos vão ainda mais longe, pois nem sequer colocam, como Hegel, a arte abaixo da filosofia. Eles querem "pôr a poesia em contato com a filosofia".[18] Buscam relacionar amorosamente arte e filosofia. Porém, a despeito dessa singularidade, seu anseio básico ainda é pela verdade e pelo absoluto, como era para Platão e Hegel. Mas acrescentam: "Uma vez que se tenha predileção pelo absoluto e não se possa deixar disso, então não resta outra saída senão se contradizer sempre e vincular extremos opostos."[19] Se levarmos em conta que, para Friedrich Schlegel, "poesia e filosofia são apenas extremos",[20] então fica claro que vinculá-las é a aproximação romântica do absoluto, ainda que seja contraditória.

Trata-se de "aproximação" do absoluto porque, para os românticos, ele não pode ser alcançado absolutamente, mas só relativa ou, ainda, contraditoriamente. Isso não seria tolerável para Hegel, cuja dialética foi a estratégia para assegurar o respeito pelo princípio da não contradição, resolvendo na figura da síntese do saber a oposição de tese e antítese. Heidegger dizia que "o pensamento de Hegel pretende colocar as contradições, enquanto absoluto, numa fluidez geral e obrigá-las assim a resolverem-se".[21] No caso dos românticos, a contradição não se resolve, ela permanece sempre. Em oposição à soberba confiança de Hegel quanto a nossas chances de alcançar o absoluto, ou seja, de descobrir as grandes verdades, Friedrich Schlegel defende que "elas nunca podem ser expressas em sua totalidade".[22] Toda compreensão do absoluto jamais seria, ela mesma, absoluta.

Poderíamos sentir, aqui, a influência de Kant, por conta de sua interdição ao conhecimento das coisas em si mesmas pelos homens. Sem dúvida, sua crítica à pretensão do saber humano foi decisiva para os primeiros românticos, bem como o ceticismo. No entanto, o acesso ao absoluto, para eles, não é totalmente interditado. Sua posição foge à dualidade entre ser ou não ser possível chegar à verdade. Por isso, Schlegel admite: "Na árvore genealógica dos conceitos primordiais de Kant sinto com desagrado a falta da categoria 'aproximadamente'."[23] Nossa relação com o absoluto não seria de desistência e nem de alcance, mas da ordem da aproximação, pensam os românticos. Eis por que Schlegel frisa que só há compreensão junto com falta de compreensão, ou não haveria o que ser compreendido. Elas dependem uma da outra, só são o que são uma pela outra.

> Sim, mesmo a posse mais deliciosa dos homens, sua própria satisfação interior, depende, em última análise, como qualquer um pode facilmente verificar, de algum ponto de força que deve ser deixado na obscuridade, mas que, em contrapartida, suporta e sustenta o todo. Essa força se perderia no instante em que fosse sujeitada à compreensão. De fato, seria muito ruim para vocês se, como vocês querem, o mundo todo devesse se tornar inteira e seriamente compreensível. E não é este mundo inteiro, sem fim, construído pelo entendimento a partir da incompreensão e do caos?[24]

Dessa perspectiva, aquilo que, no entender de Hegel, era o defeito da arte não consegue ser superado pela filosofia, já que esta também não alcança a compreensão completa e nem é perfeitamente adequada para acolher o conteúdo mais elevado do absoluto. Contemporaneamente, o estudioso Günter Figal chegou a afirmar que "a defesa mais eficaz no interior da discussão hermenêutica do incompreensível remonta a Friedrich Schlegel".[25] Filosofia não é só a ordem suprema do entendimento, para os românticos, mas também caos: este interrompe aquela, permitindo que haja variedade de vida nas artes, na filosofia, na política e na sociedade. No âmbito da linguagem, a ironia, a fragmentação, o chiste e a alegoria eram formas dessa interrupção. O processo reflexivo e compreensivo incluía em si a nomeação de sua impossibilidade de se completar. Para Novalis, "quando na comunicação dos pensamentos alternamo-nos entre absoluto entendimento e absoluto não entendimento, isso já pode ser chamado uma amizade filosófica".[26] Essa fórmula contraditória torce nossa compreensão habitual, pois o absoluto é partido entre entendimento e não entendimento, sem que possamos fixá-lo em algum dos dois polos. Na comunicação, não há clareza completa, mas alternância.

Para os primeiros românticos, a ordem não exclui o caos, mas o exige como aquilo que a traz à vida e com vida. "Faz parte da pluralidade não apenas um sistema abrangente, mas também sentido para o caos fora dele",[27] afirma Friedrich Schlegel. Logo, caos não é só desordem. "Somente é um caos aquela confusão da qual pode surgir um mundo."[28] Se caos é confusão, é porque, nele, há fusão conjunta de tudo o que é em sua diversidade. Daí surge o mundo. Daí surgem os mundos: "A mais elevada beleza, a mais elevada ordem, é, justamente, a do caos, um caos que só espera o contato do amor para se desdobrar em um mundo harmônico."[29] Não seria com este espírito que Nietzsche, depois, diria que "é preciso ter ainda caos dentro de si, para poder dar à luz uma estrela dançante"?[30]

Reconhecer que a ordem da compreensão é acompanhada pelo caos de sua falta de completude é decisivo, "pois quem ainda não chegou ao claro conhecimento de que, inteiramente fora de sua própria esfera, ainda pode haver uma grandeza para a qual lhe falta completamente o sentido", provoca Friedrich Schlegel, "quem nem ao menos tem pressentimentos obscuros da região cósmica do espírito humano onde essa grandeza pode aproximadamente ser localizada: este é ou sem gênio em sua esfera, ou ainda não chegou, em sua formação, até aquilo que é clássico".[31] Nessa citação, o "quem" poderia ser a arte ou a filosofia. Elas deveriam ter sentidos uma para a outra, para fora de suas esferas. Daí que os primeiros românticos pensem nas fronteiras das classificações dos discursos da tradição. Seus escritos têm forma híbrida. Se precisassem deixar a arte para ser filosofia ou deixar a filosofia para ser arte, não seriam mais o que são: arte e filosofia.

Se, ao contrário de Platão, os primeiros românticos não consideravam a arte mera brincadeira infantil, mas sim reflexão, tampouco acreditavam, com Hegel, que a filosofia não tivesse sua própria dose de criação poética. Essa dupla distância, das pontas inicial e final de nossa tradição ocidental, define o modo como eles entendem a relação da arte com a filosofia. Não se tratava, é claro, de organização corporativa, como se poetas e filósofos devessem se juntar. Importava exercitar o caráter filosófico da arte e o artístico da filosofia. Se a arte reflete como a filosofia, por sua vez a filosofia cria como a arte: ambas buscam, por dentro da linguagem, a verdade, o absoluto. Nem a arte seria ingênua, nem a filosofia abstrata: a arte, como a filosofia, pensa; a filosofia, como a arte, escreve.

Entretanto, a tradição ocidental fundava a superioridade da filosofia sobre a arte por a primeira nos levar além da linguagem e a segunda nos manter presos a ela. Toda arte viria maculada com a materialidade do mundo. Não seria pura o suficiente para dar acesso ao reino da ideia e do espírito. Tanto em Platão como em Hegel, a despeito das diferenças entre os dois, o rebaixamento ontológico da arte em relação à filosofia está fundamentado no sentido metafísico do pensamento, pelo qual ele devia nos levar além do mundo físico sensível, fosse para superá-lo ou suprassumi-lo. No caso da estética de Hegel, pode-se notar o exato momento em que o critério metafísico determina o abandono da arte e a entrada na filosofia. Para ele, "a arte poética é a arte universal do espírito tornado livre em si mesmo e que não está preso ao material exterior e sensível para a sua realização".[32] No seu sistema, a poesia ocupa lugar superior já por ser a mais metafísica de todas as artes, mais desprendida do sensível e do material. "Mas, exatamente nesse estágio supremo, a arte também ultrapassa a si mesma, na medida em que abandona o elemento da sensibilização reconciliada do espírito, e da poesia da representação passa para a prosa do pensamento." Essa prosa do pensamento seria a filosofia, livre de resíduo mundano.

Porém, como poderia a filosofia ser pura, se ela já é prosa? Enquanto linguagem e enquanto escrita, não estaria a filosofia, como a arte, presa ao sensível? Foram essas as perguntas dos primeiros românticos alemães. Daí sua valorização da retórica, da gramática e da filologia. Eram modos de aprofundamento no que chamavam de "doutrina do espírito e da letra",[33] sem detrimento da segunda pelo primeiro. Para os românticos, filosofia e linguagem não se separam. Podemos pensar a favor ou contra a linguagem, mas não sem ela. Então, a questão é como despertar na linguagem o seu fundo sem fundo, no qual ela deixa de ser apenas o código já familiar ao nosso conhecimento para se tornar a experiência de estranheza em que alguma criação diferente e nova ocorre.

Daí surge a definição do romantismo, ou melhor, do que é romantizar, pois há de se frisar aí o sentido verbal do termo, de ação, mais do que o substantivo. "Essa operação é ainda totalmente desconhecida", observa Novalis, para completar que, "na medida em que dou ao comum um sentido elevado, ao costumeiro um aspecto misterioso, ao conhecido a dignidade do desconhecido, ao finito um brilho infinito, eu o romantizo" – e "inversa é a operação para o superior, desconhecido, místico, infinito".[34] Romantizar é traduzir, desde que compreendamos a palavra em sentido amplo. É traduzir o pequeno no grande e o grande no pequeno, o superior no inferior e o inferior no superior, o conhecido no desconhecido e o desconhecido no conhecido, a vigília no sonho e o sonho na vigília, o homem no mundo e o mundo no homem, a arte na filosofia e a filosofia na arte. Foi nesse contexto que Novalis declarou que "o mundo precisa ser romantizado". Ele gostava de dizer que tudo podia ser traduzido, não apenas livros. Traduzir era, em certo sentido, a ação básica da filosofia romântica: "elevação e rebaixamento recíprocos".

Esse significado amplo da tradução transformou também seu sentido estrito: a obra original à qual a tradução para outra língua deveria ser fiel já seria, ela mesma, a tradução do poema da vida. É comum tradutores comentarem a dificuldade e até impossibilidade de verter uma língua em outra. Tal dificuldade, porém, começa antes, na tradução que a obra original faz da linguagem das coisas para a linguagem humana. Eis a primeira tradução, potencializada nas seguintes – como aquela fizera com a vida. Tradução é criação porque criação é tradução. Nesse cenário é que Friedrich Schlegel dizia que, na sua época, "a tradução dos poetas e a reconstituição de seus ritmos tornaram-se arte".[35] Era o caso da até hoje elogiada versão que seu irmão, August, fez de Shakespeare para o alemão.

Não se tratava, porém, de achar que "a tradução pretende servir ao leitor",[36] como apontaria depois Walter Benjamin, ao explicar que nem a obra de arte original devia ter o público em vista. Não se buscaria, aqui, a origem do "original" a ser oferecida ao público, pois esta é perdida até nele, que já é tradução da vida. Não se completa perfeitamente uma tradução pois a obra já não é completa em si. Mas o que, então, faz a tradução? Intensifica criticamente a obra que traduz. Eis o âmbito da tradução: a crítica. Escreve-se porque a linguagem das coisas torna possível a tradução na linguagem humana. Traduz-se porque a obra em uma língua torna possível a tradução em outra. Portanto, as traduções não teriam em vista dar ao leitor familiaridade em sua língua, mas oferecer, ao contrário, a chance de estranhá-la. Por isso, "aquilo que se perde em traduções de hábito boas ou excelentes é o melhor",[37] afirma Schlegel. Perde-se o desdobramento da obra para além, preferindo voltar-se, pela fidelidade, para aquém, para trás, como se fosse possível restaurar, na nova língua, a exatidão do que estava na anterior. Mas o que interessa é o oposto: a alteridade, a diferença entre as línguas, a passagem do mesmo ao outro e do outro ao mesmo.

Romanticamente, portanto, valorizar a tradução era quebrar a lógica da fidelidade à origem, ao primeiro. Era o "gosto sublime em sempre preferir coisas à segunda potência", como "cópias de imitações, juízos sobre resenhas, adendos a suplementos, comentários a notas",[38] afirma Schlegel. São gestos alegóricos, pois apontam para o que não se completa e mesmo assim se faz. Como observou Antoine Berman, "têm todos em comum o fato de remeter a um outro ausente: a tradução ao original, os fragmentos a um todo, as cartas e os diálogos a um referente externo do qual eles tratam, a crítica ao texto literário ou à totalidade do sistema literário".[39] Tal ausência deve-se ao fato de que a origem é sempre o que falta. Diante disso, a tarefa do tradutor altera-se, segundo Novalis. Ele "tem de ser o poeta do poeta e assim poder fazê-lo falar segundo sua própria ideia e a do poeta ao mesmo tempo", pois as traduções "não nos dão a obra de arte efetiva, mas o ideal dela".[40] Essa poderia ter sido a descrição do que, por exemplo, Hölderlin buscou em suas famosas traduções dos gregos. Nesse sentido, a tradução não fica abaixo da obra "original", mas se coloca acima dela, sobreposta. Entretanto, "é preciso para isso uma cabeça, onde espírito poético e espírito filosófico se interpenetraram em sua inteira plenitude", conclui Novalis.

No pensamento romântico, portanto, tudo conflui para a aliança entre a poesia e a filosofia. Hölderlin, acompanhado de seus jovens colegas seminaristas Schelling e Hegel, escreveu, no esboço conhecido como o "Mais antigo programa de sistema do idealismo alemão", que "a filosofia do espírito é uma filosofia estética".[41] Ele afirma, ali, que "os homens desprovidos de sentido estético são nossos pseudofilósofos". Eis o que faz com que a elaboração da filosofia da arte romântica transforme-se, também, na prática de uma arte do filosofar. Não se tratava da "representação interior" subjetiva emocional, como no pré-romantismo, nem racional, como em Descartes e Kant. Se "o expor, o apresentar, é a função da arte",[42] segundo Schlegel também a filosofia tem aí seu âmbito: na apresentação da linguagem, e não na representação da mente. Essa filosofia depende, como a arte, de sentido estético. Os românticos tomam a sério, na formulação de Hegel de que a filosofia é a prosa do pensamento, tanto seu caráter pensante quanto seu caráter de prosa, de escrita.

Por essas e por outras, Giorgio Agamben comentou, contemporaneamente, que o confronto entre poesia e filosofia é "bem diverso de uma simples rivalidade; ambas tentam apreender aquele inacessível lugar original da palavra, em relação ao qual se veem ameaçados, no homem falante, seu próprio fundamento e sua própria salvação".[43] Malgrado o objetivo declarado por Platão, ele também deixou acontecer, junto com a tradição de confronto entre poesia e filosofia, uma espécie de história subterrânea, certamente mais rara, em que uma e outra encontram-se aqui e ali, como se estivessem, por caminhos inesperados, enlaçadas na aproximação do misterioso lugar da criação e da reflexão. Nessa história, os primeiros românticos alemães têm lugar de honra. Talvez por terem lido aquilo que Platão deixara como desafio para o pensamento, e não apenas como doutrina estabelecida. Pois, mesmo expulsando os poetas de sua república ideal, Platão frisa: "Não obstante, declaremos desde agora que se a poesia imitativa e serva do prazer puder aduzir um argumento, ao menos, a favor da tese de que ela é indispensável em toda cidade bem constituída, com a maior satisfação a receberemos na nossa."[44] Platão abriu essa brecha para a arte. Os românticos entraram nela – e descobriram um novo pensamento.

Daí a dificuldade de classificação dos primeiros textos românticos. Seriam poesia ou filosofia? Não é possível dar boa resposta a esta pergunta, pois eles foram escritos sob o poder do contato amoroso entre a arte e o pensamento, em que uma coisa é o que é já pela outra, nas múltiplas relações que entretêm. Não se tratava de preencher com conteúdos filosóficos graves a forma literária bela, é claro. Isso manteria a identidade pura de cada termo: a filosofia séria, profunda e complexa, embora sem habilidade de expressar o que pensa, enquanto a arte alijada de tais pensamentos próprios, mas dotada de técnica e talento para falar ou escrever bem. Pelo contrário, colocar arte e filosofia numa relação de amor tinha em vista que, nesse encontro, os termos transformassem um ao outro, em vez de saírem dali tal como entraram. É que, como afirmou Friedrich Schlegel, "no amor, em primeiro lugar vem o sentido de um para o outro, e o mais elevado é a crença de um no outro".[45] No contato amoroso, a figura da alteridade entre arte e filosofia vem à tona justamente no seu encontro, que costuma ser efêmero, pois, para nascer sempre de novo, precisa poder morrer. Eis por que "divino é aquilo que jorra do amor pelo puro ser e devir eterno, amor que é mais alto do que toda poesia e filosofia",[46] afirma Schlegel.

No caso da filosofia, a principal transformação, ao entrar em contato com a arte, é o reconhecimento de que sua questão não é apenas o conteúdo do que diz, mas também a forma como o diz. Os românticos pensavam a inseparabilidade desses polos. Para eles, o conteúdo só é o que é em sua forma e vice-versa: a filosofia já é a sua expressão literária e a arte já é seu conteúdo pensante. Essa valorização da arte e do caráter literário da filosofia feita pelos românticos corria na contramão da tradição ocidental, fundada por Platão, tanto que até a visão aristotélica da arte, segundo a qual "a poesia é mais filosófica e de caráter mais elevado que a história, porque a poesia permanece no universal e a história estuda apenas o particular",[47] jamais ameaça o lugar superior da ciência teórica que é a filosofia. Indo na contramão, porém, não apenas ficamos na direção oposta dos outros. Nós também passamos a vê-los por outro ângulo, bem diferente. Nesse momento, é possível até que enxerguemos coisas que antes não víamos. Talvez, como atestava Schlegel, enxerguemos, por exemplo, em Platão um poeta,[48] já que, de acordo com os primeiros românticos alemães, ele "considerava a filosofia o ditirambo mais audacioso e a música mais harmoniosa".[49]

Concluindo, podemos dizer que o primeiro romantismo alemão é a exceção que confirma a regra da querela dominante em nossa tradição entre arte e filosofia. Por poucos instantes, mas com grande intensidade, os românticos de Iena viveram o amor entre elas. "No romantismo, poesia e filosofia abraçam-se, chegando a fundir-se em alguns momentos com fúria apaixonada; como amantes separados durante longo tempo e que, ao se encontrarem, pressentem que a sua união não será duradoura; fundem-se com a paixão que precede a morte",[50] escreveu a pensadora contemporânea María Zambrano. Muitas vezes, quando amamos, não sabemos bem onde acaba nossa identidade e começa a do outro. Elas se confundem, pois, a rigor, o que somos não se dá senão nos contatos que entretemos. E o amor é o mais radical deles, colocando nossa identidade em constante processo de formação no interior da relação. Nosso anseio, às vezes, seria sair dela para ver quem realmente somos, sem nos darmos conta de que, aí, já não seríamos aqueles que queríamos descobrir, pois já estaríamos em outra situação e, assim, já seríamos outros, e não mais aqueles. O mesmo acontece com o que são a arte e a filosofia no primeiro romantismo alemão. Nenhuma fronteira nítida consegue separar, aí, onde começa uma e termina outra. Elas estão juntas.

Notas

Prefácio (p.9 a 10)

1. G. Lukács, *A teoria do romance*, p.124.
2. F. Schlegel, *O dialeto dos fragmentos*, p.98 (*Athenäum*, Fr. 287).
3. Ibid., p.38 (Lyceum, Fr. 112).

Apresentação: O breve momento de escrita dos primeiros românticos (p.11 a 25)

1. C. Baudelaire, "Salão de 1846", in *Poesia e prosa*, p.674.
2. O. Paz, *Os filhos do barro*, p.83.
3. C. Rosen e H. Zerner, *Romanticism and Realism: The Mythology of Nineteenth-Century Art*, p.7-48.
4. C. Larmore, *The Romantic legacy*, p.xv.
5. G.W.F. Hegel, *Filosofia da história*, p.362.
6. I. Kant, "Resposta à pergunta: que é 'Esclarecimento'?", in *Textos seletos*, p.104.
7. G.W.F. Hegel, *Fenomenologia do espírito – parte I*, p.26.
8. F. Schlegel, *O dialeto dos fragmentos*, p.83 (*Athenäum*, Fr. 216).
9. Ibid., p.65 (*Athenäum*, Fr. 116).
10. Ibid., p.83 (*Athenäum*, Fr. 216).
11. C. Schmitt, *Politische Romantik*.
12. M. Löwy, *Romantismo e messianismo*, p.14.
13. F. Schlegel, *O dialeto dos fragmentos*, p.134 (*Athenäum*, Fr. 424).
14. G. Lukács, *Die Seele und die Formen. Essays*, p.65.
15. F. Schlegel, "Über die Unverständlichkeit", in *Kritische Schriften*, p.534.
16. M. Blanchot, "L'Athenaeum", in *L'Entretien infini*, p.518.
17. F. Schlegel, *O dialeto dos fragmentos*, p.101 (*Athenäum*, Fr. 302).
18. Ibid., p.38 (*Lyceum*, Fr. 38).
19. Novalis, "Pólen", in *Pólen*, p.52 (Fr. 26).
20. F. Schlegel, *O dialeto dos fragmentos*, p.157 (*Ideias*, Fr. 104).
21. Ibid., p.54 (*Athenäum*, Fr. 50).
22. W. Benjamin, *O conceito de crítica de arte no romantismo alemão*, p.77.
23. F. Schlegel, *O dialeto dos fragmentos*, p.145 (*Ideias*, Fr. 5).
24. Philippe Lacoue-Labarthe e Jean-Luc Nancy, *L'Absolu littéraire: Théorie de la littérature du romantisme allemand*, p.15.
25. C. e A. Schlegel, *Las pinturas*, p.37.
26. F. Schlegel, *Conversa sobre a poesia*, p.31.

27. F. Schlegel, *O dialeto dos fragmentos*, p.140 (*Athenäum*, Fr. 441).
28. Ibid. p.52 (*Athenäum*, Fr. 34).
29. Ibid. p.65 (*Athenäum*, Fr. 117).
30. F. Schlegel, *Conversa sobre a poesia*, p.76.
31. F. Schlegel, *O dialeto dos fragmentos*, p.53 (*Athenäum*, Fr. 43).
32. Ibid. p.64 (*Athenäum*, Fr. 116).
33. P. Lacoue-Labarthe e J-L. Nancy, *L'Absolu littéraire: Théorie de la littérature du romantisme allemand*, p.17.
34. J. Habermas, *O discurso filosófico da modernidade*, p.66.
35. O. Paz, *A outra voz*, p.37.
36. Novalis, *Os hinos à noite*, p.41.
37. F. Schlegel, *O dialeto dos fragmentos*, p.23 (*Lyceum*, Fr. 27).
38. F. Nietzsche, *Genealogia da moral*, p.15.
39. F. Schlegel, *O dialeto dos fragmentos*, p.55 (*Athenäum*, Fr. 55).
40. C. Rosen, *A geração romântica*, p.79.
41. S.M. Breyner, "Hölderlin ou o lugar do poeta", in *Jornal do Comércio*, 30-31 dez 1967, suplemento Letras Artes Actualidades, p.1 e p.11.

1. A emergência filosófica da arte (p.27 a 41)

1. F. Pessoa, "Datilografia", in *Obra poética*, p.335.
2. I. Kant, "Prefácio à segunda edição da *Crítica da razão pura*", in *Textos seletos*, p.48 (B XXVI).
3. G.W.F. Hegel, *Fenomenologia do espírito – parte I*, p.64, 35-6.
4. Ibid., p.38.
5. F. Schlegel, *O dialeto dos fragmentos*, p.47 (*Athenäum*, Fr. 3).
6. G.W.F. Hegel, *Cursos de estética I*, p.72.
7. F. Schlegel, *Conversa sobre a poesia*, p.29.
8. Novalis, "Fichte Studien", in *Werke, Tagebücher und Briefe*, vol.II, #566.
9. F. Schlegel, "Jacobis *Woldemar*", in *Kritische Schriften*, p.260.
10. Novalis, "Fichte Studien", in *Werke, Tagebücher und Briefe*, vol.II, #3.
11. Ibid., #566.
12. J.G. Fichte, "A doutrina-da-ciência e o saber absoluto", in *Escritos filosóficos*, p.142, 126, 144, 140, 155.
13. Novalis, "Fichte Studien", in *Werke, Tagebücher und Briefe*, vol.II, #3.
14. J.G. Fichte, "O princípio da doutrina-da-ciência", in *Escritos filosóficos*, p.41-5.
15. Novalis, "Fichte Studien", in *Werke, Tagebücher und Briefe*, vol.V, #5, 566, 502.
16. Ibid., #15.
17. F. Hölderlin, *Correspondência completa*, p.214, 242, 232.
18. F. Hölderlin, "Urteil und Seyn", in *Sämtliche Werke und Briefe*, vol.1, p.840-1.
19. F. Hölderlin, "Cartas", in *Reflexões*, p.111-3.
20. F. Schelling, "Cartas filosóficas sobre o dogmatismo e o criticismo", in *Escritos filosóficos*, p.184.

21. P. Szondi, *Ensaio sobre o trágico*, p.23.
22. F. Schelling, "Trecho do *Sistema do idealismo transcendental*", in Rodrigo Duarte (org.), *O belo autônomo*, p.137.
23. W. Benjamin, *O conceito de crítica de arte no romantismo alemão*, p.48, 30, 108.
24. Novalis, "Fragmentos logológicos I e II", in *Pólen*, p.111.
25. F. Schlegel, "Über die Unverständlichkeit", in *Kritische Schriften*, p.534.
26. F. Hölderlin, "Esboço (O mais antigo programa de sistema do idealismo alemão)", in Denis L. Rosenfield (org.), *Filosofia & literatura: o trágico*, p.173.
27. F. Schiller, *Kallias ou Sobre a beleza*, p.82.
28. F. Schiller, *A educação estética do homem*, p.41, 84.
29. L. de Camões, *Obra completa*, p.270.
30. Platão, "O Banquete", in *O Banquete – Apologia de Sócrates*, p.66-7 (204b-c).
31. F. Schlegel, *O dialeto dos fragmentos*, p.31 (*Lyceum*, Fr. 69).
32. G.W.F. Hegel, *Fenomenologia do espírito – parte I*, p.22, 23.
33. Sófocles, "Édipo Rei", in *A trilogia tebana*, p.20 (v.53).
34. F. Schlegel, *O dialeto dos fragmentos*, p.101 (*Athenäum*, Fr. 303).
35. Novalis, "Fichte Studien", in *Werke, Tagebücher und Briefe*, vol.II, #566.
36. F. Hölderlin, "Cartas", in *Reflexões*, p.111-3.
37. F. Schlegel, *O dialeto dos fragmentos*, p.21 (*Lyceum*, Fr. 4).
38. Ibid., p.139 (*Athenäum*, Fr. 432).
39. F. Schlegel, *Conversa sobre a poesia*, p.30.
40. M. Heidegger, *Vier Seminare*, p.25.
41. F. Hölderlin, *Observações sobre Édipo; Observações sobre Antígona*.
42. F. Schlegel, *O dialeto dos fragmentos*, p.156 (*Ideias*, Fr. 96).
43. Ibid., p.153 (*Ideias*, Fr. 74).
44. Ibid., p.162 (*Ideias*, Fr. 137).
45. M. Heidegger, *Introdução à metafísica*, p.151.
46. D.F. Krell, *The Tragic Absolute*.
47. F. Hölderlin, "Hyperion (vorletzte Fassung)", in *Sämtliche Werke und Briefe*, vol.1, p.559.

2. Poesia transcendental (p.42 a 54)

1. F.W.G. Hegel, *Cursos de estética I*, p.34-5.
2. F. Schiller, *Poesia ingênua e sentimental*, p.44, 55, 61, 72.
3. Ibid., p.88.
4. P. Szondi. "Das Naive ist das Sentimentalische", in *Lektüren und Lektionen II*, p.75-6.
5. F. Schiller, *A educação estética do homem*.
6. F. Schlegel, "Über das Studium der griechischen Poesie", in *Kritische Schriften*, p.116.
7. H.-R. Jauss, "Schlegels und Schillers Replik auf die 'Querelle des anciens et des modernes'", in *Literaturgeschichte als Provokation*, p.160.
8. F. Schlegel, *Conversa sobre a poesia*, p.65.

9. W. Shakespeare, "Hamlet", in *Tragédias: Teatro completo*, p.572.
10. F. Schlegel, "Über das Studium der griechischen Poesie", in *Kritische Schriften*, p.144-5.
11. G. Lukács, *A teoria do romance*, p.34.
12. H. von Kleist, *Sobre o teatro de marionetes*, p.21.
13. F. Schlegel, *O dialeto dos fragmentos*, p.93 (*Athenäum*, Fr. 255).
14. C. Baudelaire, "Salão de 1846", in *Poesia e prosa*, p.675.
15. F. Schlegel, *O dialeto dos fragmentos*, p.88 (*Athenäum*, Fr. 238).
16. Ibid., p.97 (*Athenäum*, Fr. 281).
17. I. Kant, *Crítica da razão pura*, p.33 (B 25). Trad. modificada a partir de J. Ferrater Mora, *Dicionário de filosofia*, p.2918.
18. F. Schlegel, *O dialeto dos fragmentos*, p.88-9 (*Athenäum*, Fr. 238).
19. Ibid., p.64 (*Athenäum*, Fr. 116).
20. Idem.
21. H.U. Gumbrecht, *Modernização dos sentidos*, p.13.
22. T. Adorno, *Teoria estética*, p.11.
23. F. Schlegel, *Conversa sobre a poesia*, p.51-3.
24. Ibid., p.51.
25. F. Schlegel, "Über das Studium der griechischen Poesie", in *Kritische Schriften*, p.123.
26. Idem.
27. F. Schlegel, *On the Study of Greek Poetry*, p.18 e 110. (Conferir a nota do tradutor para a referida passagem).
28. F. Schlegel, *O dialeto dos fragmentos*, p.21 (*Lyceum*, Fr. 21).
29. F. Schlegel, *Conversa sobre a poesia*, p.51-3.
30. Ibid., p.53.
31. Idem.
32. F. Schelling, "Trecho do *Sistema do idealismo transcendental*", in Rodrigo Duarte (org.), *O belo autônomo*, p.135-48.
33. Idem.
34. F. Schlegel, *Conversa sobre a poesia*, p.51, 55-6.
35. Ibid., p.51.
36. F. Schlegel, "Über das Studium der griechischen Poesie", in *Kritische Schriften*, p.127.
37. F. Schlegel, *Conversa sobre a poesia*, p.51, 55, 54.
38. Ibid., p.54.

3. Filosofia do romance (p.55 a 69)

1. G. Lukács, *A teoria do romance*, p.88, 92, 31, 55, 37.
2. F. Schlegel, *Conversa sobre a poesia*, p.67.
3. F. Schlegel, *O dialeto dos fragmentos*, p.30 (*Lyceum*, Fr. 60).
4. Platão, *A República*, p.148 (394c).
5. Aristóteles, "Arte poética", in *Arte retórica e Arte poética*, p.243.
6. F. Schlegel, *O dialeto dos fragmentos*, p.30 (*Lyceum*, Fr. 62).

7. P. Szondi, "Schlegel's Theory of Poetical Genres", in *On Textual Understanding and Other Essays*, p.77.
8. F. Schlegel, *O dialeto dos fragmentos*, p.139 (*Athenäum*, Fr. 434).
9. Ibid., p.70 (*Athenäum*, Fr. 146).
10. F. Schlegel, *Conversa sobre a poesia*, p.67.
11. Novalis, "Das Allgemeine Brouillon 1798/99", in *Werke, Tagebücher und Briefe*, vol. II, n.169.
12. O. Paz, "A ambiguidade do romance", in *Signos em rotação*, p.69.
13. F. Schlegel, *O dialeto dos fragmentos*, p.65 (*Athenäum*, Fr. 116).
14. F. Schlegel, *Conversa sobre a poesia*, p.68.
15. F. Schlegel, *O dialeto dos fragmentos*, p.39 (*Lyceum*, Fr. 120).
16. F. Schlegel, *Conversa sobre a poesia*, p.71, 68.
17. J.W. Goethe, *Os anos de aprendizado de Wilhelm Meister*, p.300.
18. F. Schlegel, "Über Goethes Meister", in *Kritische Schriften*, p.459-60.
19. Ibid., p.452, 457, 460-1.
20. Ibid., p.460-1.
21. F. Schlegel, *O dialeto dos fragmentos*, p.37 (*Lyceum*, Fr. 109).
22. Ibid., p.92 (*Athenäum*, Fr. 252).
23. F. Schlegel, "Über Goethes Meister", in *Kritische Schriften*, p.459.
24. G. Lukács, "Posfácio", in J.W. Goethe, *Os anos de aprendizado de Wilhelm Meister*, p.591.
25. J.W. Goethe, *Os anos de aprendizado de Wilhelm Meister*, p.284.
26. J.W. Goethe, *Os sofrimentos do jovem Werther*, p.17.
27. R. Barthes, *Fragmentos de um discurso amoroso*, p.64.
28. J.W. Goethe, *Os anos de aprendizado de Wilhelm Meister*, p.284.
29. M. Bakhtin, *Estética da criação verbal*, p.219, 222.
30. Novalis, "Das Allgemeine Brouillon 1798/99", in *Werke, Tagebücher und Briefe*, vol. II, n.445.
31. Novalis, "Fragmente und Studien II, 1799-1800", in *Werke, Tagebücher und Briefe*, vol.II, n.290-320.
32. G. Lukács, "Posfácio", in J.W. Goethe, *Os anos de aprendizado de Wilhelm Meister*, p.583.
33. Novalis, "Heinrich von Ofterdingen", in *Novalis Werke*, p.130.
34. Novalis, "Die Lehrlinge zu Sais", in *Novalis Werke*, p.109-12.
35. G. Lukács, "Posfácio", in J.W. Goethe, *Os anos de aprendizado de Wilhelm Meister*, p.583.
36. G. Lukács, *A teoria do romance*, p.147.
37. Novalis, "Fragmentos I e II", in *Pólen*, p.155.
38. F. Schlegel, *Conversa sobre a poesia*, p.76.
39. F. Schlegel, "Über Goethes Meister", in *Kritische Schriften*, p.469.
40. J.W. Goethe, *Os anos de aprendizado de Wilhelm Meister*, p.83.
41. W. Benjamin, "O narrador", in *Magia e técnica, arte e política*, p.211.
42. G. Lukács, *A teoria do romance*, p.60, 67.

43. J.W. Goethe, *Os anos de aprendizado de Wilhelm Meister*, p.575.
44. F. Schlegel, "Über Goethes Meister", in *Kritische Schriften*, p.470.
45. F. Schlegel, *O dialeto dos fragmentos*, p.91 (*Athenäum*, Fr. 247).
46. G. Lukács, *A teoria do romance*, p.54.
47. F. Schlegel, *O dialeto dos fragmentos*, p.100 (*Athenäum*, Fr. 297).
48. F. Schlegel, *Conversa sobre a poesia*, p.68.
49. F. Schlegel, *O dialeto dos fragmentos*, p.23 (*Athenäum*, Fr. 26).
50. F. Schlegel, *Conversa sobre a poesia*, p.68.

4. A criação do gênio (p.70 a 84)

1. G.W.F. Hegel, *Cursos de estética I*, p.43, 49.
2. Platão, *Fedro*, p.59 (245a).
3. J.W. Goethe, *Os sofrimentos do jovem Werther*, p.72.
4. Ibid., p.25-6.
5. R. Barthes, *Fragmentos de um discurso amoroso*, p.45.
6. H. Arendt, *A condição humana*, p.49.
7. G.E. Lessing, "Cartas", in *De teatro e literatura*, p.110.
8. J.W. Goethe, "Para o dia de Shakespeare", in *Autores pré-românticos alemães*, p.66.
9. J.W. Goethe, *Os anos de aprendizado de Wilhelm Meister*, p.182-3.
10. Voltaire, "Cartas inglesas", in *Os pensadores*, vol.XXIII, p.39 e 41.
11. J.W. Goethe, *Os anos de aprendizado de Wilhelm Meister*, p.183-94.
12. J.G. Herder, "Shakespeare", in *Autores pré-românticos alemães*, p.66.
13. Ibid., p.48-9, 58.
14. J.G. Hamann, "De Escritos e Cartas", in *Autores pré-românticos alemães*, p.27.
15. J.M.R. Lenz, "Anotações sobre o teatro", in *Autores pré-românticos alemães*, p.110, 102.
16. G.W.F. Hegel, *Cursos de estética I*, p.49.
17. F. Schlegel, *Conversa sobre a poesia*, p.72, 76.
18. Ibid., p.43-4.
19. Ibid., p.54.
20. I. Kant, *Crítica da faculdade do juízo*, p.164 (200).
21. Ibid., p.153 (182).
22. F. Schlegel, *O dialeto dos fragmentos*, p.75 (*Athenäum*, Fr. 172).
23. Ibid., p.23 (*Lyceum*, Fr. 21).
24. Ibid., p.150 (*Ideias*, Fr. 44).
25. Ibid., p.25 (*Lyceum*, Fr. 37).
26. F. Schelling, "Trecho do *Sistema do idealismo transcendental*", in Rodrigo Duarte (org.), *O belo autônomo*, p.138-41.
27. F. Schlegel, *O dialeto dos fragmentos*, p.162 (*Ideias*, Fr. 136).
28. Ibid., p.30 (*Lyceum*, Fr. 62).
29. Ibid., p.25 (*Lyceum*, Fr. 37).
30. I. Kant, *Crítica da faculdade do juízo*, p.156 (186).

31. Ibid., p.158 (190-191).
32. A. Schlegel, *Kritische Ausgabe der Vorlesungen*, v.I, p.241-4.
33. F. Schlegel, *O dialeto dos fragmentos*, p.23 (*Lyceum*, Fr. 23).
34. Ibid., p.61 (*Athenäum*, Fr. 51).
35. Ibid., p.31 (*Lyceum*, Fr. 69).
36. F. Schelling, "Trecho do *Sistema do idealismo transcendental*", in Rodrigo Duarte (org.), *O belo autônomo*, p.139-40.
37. N. Boileau, *A arte poética*, p.15.
38. I. Kant, *Crítica da faculdade do juízo*, p.155 (185).
39. E. Cassirer, *A filosofia do iluminismo*, p.373.
40. I. Kant, *Crítica da faculdade do juízo*, p.163 (199).
41. F. Hölderlin, "Reflexão", in *Reflexões*, p.23-4.
42. F. Schlegel, *Conversa sobre a poesia*, p.29.
43. F. Schlegel, *O dialeto dos fragmentos*, p.80 (*Athenäum*, Fr. 197).
44. F. Schiller, *Poesia ingênua e sentimental*, p.51.
45. Novalis, "Observações entremescladas", in *Pólen*, p.49 (Fr. 22).
46. Ibid., p.89 (Fr. 92).
47. Novalis, "Das Allgemeine Brouillon 1798/99", in *Werke, Tagebücher und Briefe*, vol.II, n.921.
48. Novalis, "Pólen", in *Pólen*, p.88 (Fr. 94).
49. I. Kant, *Crítica da faculdade do juízo*, p.152 (179).
50. F. Schlegel, *O dialeto dos fragmentos*, p.100 (*Athenäum*, Fr. 299).

5. O nascimento da crítica de arte (p.85 a 98)

1. P. Szondi, *Ensaio sobre o trágico*, p.23.
2. Aristóteles, "Arte poética", p.19.
3. N. Boileau, *A arte poética*, p.66, 72.
4. P. Valéry, "Situação de Baudelaire", in *Variedades*, p.25.
5. J.G. Herder, "Shakespeare", in *Autores pré-românticos alemães*, p.39.
6. J.W. Goethe, "Sobre a arquitetura alemã", in *Escritos sobre arte*, p.43-5.
7. J.M.R. Lenz, "Anotações sobre o teatro", in *Autores pré-românticos alemães*, p.100.
8. J.G. Herder, "Shakespeare", in *Autores pré-românticos alemães*, p.38, 50.
9. I. Kant, *Crítica da faculdade do juízo*, p.158-9 (192).
10. G.E. Lessing, "Cartas", in *De teatro e literatura*, p.110.
11. A. Schlegel, *Vorlesungen über dramatische Kunst und Literatur*, Vorlesung XVII.
12. N. Boileau, *A arte poética*, p.42.
13. P. Szondi, "Antigüedad clásica y modernidad en la estética de la época de Goethe", in *Poética y filosofía de la historia I*, p.16.
14. G.W.F. Hegel, *Cursos de estética I*, p.39.
15. F. Schlegel, *Conversa sobre a poesia*, p.30.
16. M.H. Abrams, *The Mirror and the Lamp*.
17. G.W.F. Hegel, *Cursos de estética I*, p.80.

18. F. Schlegel, *O dialeto dos fragmentos*, p.53 (*Athenäum*, Fr. 44).
19. W. Benjamin, *O conceito de crítica de arte no romantismo alemão*, p.60, 79.
20. F. Schlegel, *O dialeto dos fragmentos*, p.74 (*Athenäum*, Fr. 167).
21. Ibid., p.89 (*Athenäum*, Fr. 239).
22. W. Benjamin, *O conceito de crítica de arte no romantismo alemão*, p.79-80.
23. Ibid., p.60.
24. F. Schlegel, *O dialeto dos fragmentos*, p.30 (*Lyceum*, Fr. 65).
25. I. Kant, "Prefácio à segunda edição da Crítica da razão pura", in *Textos seletos*, p.34 (B XIII).
26. I. Kant, *Crítica da faculdade do juízo*, p.23 (XXVI).
27. G. Deleuze, "Para dar um fim ao juízo", in *Crítica e clínica*, p.153.
28. F. Schlegel, *O dialeto dos fragmentos*, p.54 (*Athenäum*, Fr. 46).
29. Ibid., p.81 (*Athenäum*, Fr. 205).
30. Ibid., p.92 (*Athenäum*, Fr. 253).
31. W. Benjamin, *O conceito de crítica de arte no romantismo alemão*, p.94.
32. F. Schlegel, *O dialeto dos fragmentos*, p.29 (*Lyceum*, Fr. 57).
33. Ibid., p.57 (*Athenäum*, Fr. 71).
34. W. Benjamin, *O conceito de crítica de arte no romantismo alemão*, p.74.
35. Ibid., p.76.
36. Ibid., p.87.
37. Ibid., p.85.
38. Ibid., p.94, 77.
39. Ibid., p.78.
40. Novalis, "Fragmentos I e II", in *Pólen*, p.155.
41. W. Benjamin, *O conceito de crítica de arte no romantismo alemão*, p.76.
42. F. Schlegel, *O dialeto dos fragmentos*, p.100 (*Athenäum*, Fr. 297).
43. F. Schlegel, *Conversa sobre a poesia*, p.29.
44. Ibid., p.30.
45. Idem.
46. W. Benjamin, *O conceito de crítica de arte no romantismo alemão*, p.77.
47. I. Kant, *Crítica da faculdade do juízo*, p.159 (193).
48. M. Heidegger, *Hinos de Hölderlin*, p.13.
49. M. Heidegger, "A essência da linguagem", in *A caminho da linguagem*, p.146.

6. Neo, pós e anticlassicismo (p.99 a 112)

1. Cf. J. Taminiaux, *La nostalgie de la Grèce à l'Aube de l'Idealisme Allemand*, e E.M. Butler, *The Tyranny of Greece over Germany*, respectivamente.
2. F. Schlegel, *O dialeto dos fragmentos*, p.64 (*Athenäum*, Fr. 116).
3. F. Hölderlin, "O ponto de vista segundo o qual devemos encarar a antiguidade", in *Reflexões*, p.21.
4. F. Schlegel, *O dialeto dos fragmentos*, p.71 (*Athenäum*, Fr. 149).
5. F. Schlegel, *Conversa sobre a poesia*, p.35.

6. F. Schlegel, *O dialeto dos fragmentos* p.27 (*Lyceum*, Fr. 44).
7. F. Schlegel, *Conversa sobre a poesia*, p.35.
8. J.G. Herder, "Da terceira coleção de fragmentos", in *Autores pré-românticos alemães*, p.31, 33.
9. F. Schlegel, *O dialeto dos fragmentos*, p.27 (*Athenäum*, Fr. 45).
10. F. Schlegel, "Über das Studium der griechischen Poesie", in *Kritische Schriften*, p.184, 175-6.
11. Ibid.
12. Ibid., p.218.
13. J.W. Goethe, *Máximas e reflexões*, p.142-3.
14. G.E. Lessing, "Dramaturgia de Hamburgo", in *De teatro e literatura*, p.82.
15. P. Lacoue-Labarthe e J.-L. Nancy, *O mito nazista*, p.36.
16. J.J. Winckelmann, *Reflexões sobre a arte antiga*, p.39-40.
17. A. Schlegel, *Vorlesungen über dramatische Kunst und Literatur*, Vorlesung I.
18. I. Kant, *Crítica da faculdade do juízo*, p.153-5 (183-186).
19. F. Schlegel, *O dialeto dos fragmentos*, p.91 (*Athenäum*, Fr. 248).
20. Ibid., p.95 (*Athenäum*, Fr. 271).
21. F. Hemsterhuis, "Carta sobre a escultura", in *Sobre o homem e suas relações*, p.33.
22. F. Schlegel, *Conversa sobre a poesia*, p.35.
23. F. Schlegel, "Über das Studium der griechischen Poesie", in *Kritische Schriften*, p.184.
24. F. Schlegel, *O dialeto dos fragmentos*, p.71 (*Athenäum*, Fr. 149).
25. Ibid., p.90 (*Athenäum*, Fr. 243).
26. F.W.G. Hegel, *Cursos de estética I*, p.86.
27. E. Gombrich, "Hegel e a história da arte", in *Gávea*, n.5, p.57.
28. F. Schlegel, *O dialeto dos fragmentos*, p.90 (*Lyceum*, Fr. 121).
29. Ibid., p.34 (*Lyceum*, Fr. 91).
30. E. Behler, *German Romantic Literary Theory*, p.4.
31. J.W. Goethe, *Máximas e reflexões*, p.21.
32. J.W. Goethe, *Conversações de Goethe com Eckermann*, p.240-1.
33. A. Schlegel, *Vorlesungen über dramatische Kunst und Literatur*, Vorlesung I.
34. F. Schlegel, *Conversa sobre a poesia*, p.52.
35. Ibid., p.75.
36. F. Schlegel, *O dialeto dos fragmentos*, p.35 (*Lyceum*, Fr. 101).
37. Ibid., p.126 (*Athenäum*, Fr. 393).
38. Ibid., p.23 (*Lyceum*, Fr. 20).
39. Ibid., p.33 (*Lyceum*, Fr. 84).
40. F. Schlegel, *Conversa sobre a poesia*, p.35.
41. J.W. Goethe, *Fausto: uma tragédia – Primeira parte*, p.85.

7. Fragmentos de vanguarda (p.113 a 126)

1. F. Schlegel, "Über die Unverständlichkeit", in *Kritische Schriften*, p.532.
2. O. Paz, *A outra voz*, p.37.

3. O. Paz, *Os filhos do barro*, p.133.
4. F. Schlegel, *O dialeto dos fragmentos*, p.64 (*Athenäum*, Fr. 116).
5. P. Bürger, *Teoria da vanguarda.*
6. F. Schlegel, *O dialeto dos fragmentos*, p.92 (*Athenäum*, Fr. 252).
7. Ibid., p.32 (*Lyceum*, Fr. 78).
8. O Paz, *Os filhos do barro*, p.83-4, 86.
9. F. Schlegel, *O dialeto dos fragmentos*, p.82 (*Athenäum*, Fr. 206).
10. F. Nietzsche, *Segunda consideração intempestiva: Da utilidade e desvantagem da história para a vida*, p.7.
11. F. Schlegel, "Über die Unverständlichkeit", in *Kritische Schriften*, p.535, 539.
12. R. Koselleck, *Crítica e crise*, p.89.
13. F. Schlegel, *O dialeto dos fragmentos*, p.38 (*Lyceum*, Fr. 112).
14. Ibid., p.52 (*Athenäum*, Fr. 33).
15. P. Lacoue-Labarthe e J.-L. Nancy, "A exigência fragmentária", in *Terceira Margem*, n.10, p.81.
16. Novalis, "Pólen", in *Pólen*, p.36 (Fr. 1).
17. F. Schlegel, *O dialeto dos fragmentos*, p.58 (*Athenäum*, Fr. 77).
18. Ibid., p.55 (*Athenäum*, Fr. 53).
19. Ibid., p.139 (*Athenäum*, Fr. 435).
20. W. Benjamin, *O conceito de crítica de arte no romantismo alemão*, p.53, 59.
21. F. Schlegel, *O dialeto dos fragmentos*, p.51 (*Athenäum*, Fr. 24).
22. G. Lukács, *A teoria do romance*, p.36.
23. W. Benjamin, *Origem do drama trágico alemão*, p.193, 194.
24. C. Greenberg, "Vanguarda e kitsch", in *Arte e cultura*, p.27.
25. P. Lacoue-Labarthe e J.-L. Nancy, "A exigência fragmentária", in *Terceira Margem*, n.10, p.73, 75.
26. M. Blanchot, "L'Athenaeum", in *L'Entretien infini*, p.517.
27. F. Schlegel, *O dialeto dos fragmentos*, p.50 (*Athenäum*, Fr. 22).
28. I. Kant, *Ideia de uma história universal de um ponto de vista cosmopolita*, p.1, 21.
29. F. Schlegel, "Vom Wert des Studiums der Griechen und Römer (1795-1796)", in *Kritische Schriften und Fragmente*, vol.1, p.43.
30. G.W.F. Hegel, "Extractos", in Jacques d'Hondt, *Hegel*, p.101, 107.
31. M. Blanchot, "L'Athenaeum", in *L'Entretien infini*, p.517.
32. F. Schlegel, *O dialeto dos fragmentos*, p.64 (*Athenäum*, Fr. 116).
33. G.W.F. Hegel, *Fenomenologia do espírito – parte I*, p.23.
34. P. Lacoue-Labarthe e J.-L. Nancy, "A exigência fragmentária", in *Terceira Margem*, n.10, p.73.
35. F. Schlegel, *O dialeto dos fragmentos*, p.64 (*Athenäum*, Fr. 116).
36. Ibid., p.29 (*Lyceum*, Fr. 55).
37. F. Schlegel, *Conversa sobre a poesia*, p.29.

8. Ironia e alegoria (p.127 a 139)

1. M. Merleau-Ponty, *A prosa do mundo*, p.52.
2. F. Schlegel, "Über die Unverständlichkeit", in *Kritische Schriften*, p.538.
3. Idem.
4. Ibid., p.537-8.
5. W. Booth, *A Rhetoric of Irony*.
6. P. de Man, "The Concept of Irony", in *Aesthetic Ideology*, p.179.
7. F. Schlegel, *O dialeto dos fragmentos*, p.153 (*Ideias*, Fr. 69).
8. G.W.F. Hegel, *Cursos de estética I*, p.82-4.
9. F. Schlegel, *O dialeto dos fragmentos*, p.102 (*Athenäum*, Fr. 305).
10. Ibid., p.66 (*Athenäum*, Fr. 121).
11. Ibid., p.37 (*Lyceum*, Fr. 108).
12. S.A. Kierkegaard, *O conceito de ironia*, p.230.
13. P. Szondi, "Friedrich Schlegel and Romantic Irony, with Some Remarks on Tieck's Comedies", in *On textual understanding and other essays*, p.57, 68.
14. P. de Man, "The Rhetoric of Temporality", in *Blindness and Insight*, p.222, 220.
15. F. Schlegel, *O dialeto dos fragmentos*, p.54 (*Athenäum*, Fr. 51).
16. M. de Cervantes, *Dom Quijote de la Mancha*, p.324.
17. F. Schlegel, *Conversa sobre a poesia*, p.42.
18. W. Benjamin, *O conceito de crítica de arte no romantismo alemão*, p.92.
19. F. Schlegel, *O dialeto dos fragmentos*, p.26 (*Lyceum*, Fr. 42).
20. Ibid., p.37 (*Lyceum*, Fr. 108).
21. Novalis, "Pólen", in *Pólen*, p.36 (Fr. 1).
22. G. Lukács, *A teoria do romance*, p.76.
23. F. Schlegel, *O dialeto dos fragmentos*, p.60 (*Athenäum*, Fr. 84).
24. W. Benjamin, *O conceito de crítica de arte no romantismo alemão*, p.36.
25. F. Schlegel, *O dialeto dos fragmentos*, p.28 (*Lyceum*, Fr. 48).
26. Ibid., p.26 (*Lyceum*, Fr. 42).
27. S.A. Kierkegaard, *O conceito de ironia*, p.248-52.
28. G.W.F. Hegel, *Cursos de estética II*, p.240.
29. F. Schlegel, *Lucinda*, p.15.
30. Ibid., p.31.
31. Ibid., p.132.
32. P. de Man, "The Rhetoric of Temporality", in *Blindness and Insight*, p.209, 228.
33. W. Benjamin, *A origem do drama barroco alemão*, p.209, 200, 198.
34. Longino, "Do sublime", in Aristóteles, Horácio, Longino, *A poética clássica*, p.76 (VII.3).
35. I. Kant, *Crítica da faculdade do juízo*, p.91 (76-77).
36. Ibid., p.96 (85).
37. J.-F. Lyotard, "O sublime e a vanguarda", in *O inumano: Considerações sobre o tempo*, p.95, 99, 103.
38. P. Bürger, *Teoria da vanguarda*, p.118.

39. F. Schlegel, *Conversa sobre a poesia*, p.58.
40. F. Schlegel, *O dialeto dos fragmentos*, p.63 (*Athenäum*, Fr. 108).
41. Ibid., p.100 (*Athenäum*, Fr. 297).
42. Ibid., p.26 (*Lyceum*, Fr. 42).
43. W. Benjamin, *A origem do drama barroco alemão*, p.210, 208.
44. G. Lukács, *A teoria do romance*, p.60.
45. F. Schelling, *Filosofia da arte*, p.71 (409).
46. F. Schlegel, *Conversa sobre a poesia*, p.78.
47. B. Allemann, *Ironia e poesia*, p.185.
48. F. Schlegel, *O dialeto dos fragmentos*, p.55 (*Athenäum*, Fr. 54).
49. Novalis, "Observações entremescladas", in *Pólen*, p.49 (Fr. 22).
50. F. Schlegel, *O dialeto dos fragmentos*, p.95 (*Athenäum*, Fr. 267).
51. Platão, *A República*, p.64 (337a).
52. F. Schlegel, *O dialeto dos fragmentos*, p.37 (*Lyceum*, Fr. 108).
53. Ibid., p.26 (*Lyceum*, Fr. 42).
54. D.C. Muecke, *Ironia e o irônico*, p.39.
55. T. Adorno, *Filosofia da nova música*, p.33.
56. O. Paz, *Os filhos do barro*, p.68, 63.

9. Ler o mundo, viver o poema (p.140 a 153)

1. F. Schlegel, "Über die Unverständlichkeit", in *Kritische Schriften*, p.531.
2. F. Schlegel, *O dialeto dos fragmentos*, p.67 (*Athenäum*, Fr. 125).
3. Ibid., p.113 (*Athenäum*, Fr. 344).
4. Ibid., p.38 (*Lyceum*, Fr. 112).
5. Ibid., p.94 (*Athenäum*, Fr. 264).
6. Ibid., p.34 (*Lyceum*, Fr. 90).
7. S. Freud, "Os chistes e sua relação com o inconsciente", in *Edição Standard Brasileira das obras psicológicas completas* – vol.VIII, p.192.
8. F. Schlegel, *O dialeto dos fragmentos*, p.52 (*Athenäum*, Fr. 32).
9. Ibid., p.62 (*Athenäum*, Fr. 106).
10. Ibid., p.126 (*Athenäum*, Fr. 394).
11. Ibid., p.24 (*Lyceum*, Fr. 34).
12. Ibid., p.29 (*Lyceum*, Fr. 56).
13. Ibid., p.36 (*Lyceum*, Fr. 104).
14. Ibid., p.22 (*Lyceum*, Fr. 9).
15. Ibid., p.53 (*Athenäum*, Fr. 37).
16. Ibid., p.65 (*Athenäum*, Fr. 116).
17. Ibid., p.23 (*Lyceum*, Fr. 22).
18. H.U. Gumbrecht, *Modernização dos sentidos*, p.104.
19. P. Bürger, *Teoria da vanguarda*, p.109.
20. W. Benjamin, *The Correspondence of Walter Benjamin, 1910-1940*, p.81.

21. R. Barthes, "A morte do autor", in *O rumor da língua*.
22. M. Foucault, "O que é um autor?", in *Estética: literatura, música e cinema*, p.268.
23. Novalis, "Monólogo", in *Pólen*, p.195.
24. Ibid., p.196.
25. M. Heidegger, "O caminho para a linguagem", in *A caminho da linguagem*.
26. W. Benjamin, *O conceito de crítica de arte no romantismo alemão*, p.55.
27. W. Benjamin, "Sobre a linguagem em geral e sobre a linguagem humana", in *Sobre arte, técnica, linguagem e política*, p.181.
28. F. Schlegel, *O dialeto dos fragmentos*, p.33 (*Lyceum*, Fr. 85).
29. M. Blanchot, "L'Athenaeum", in *L'Entretien infini*, p.518.
30. Novalis, "Monólogo", in *Pólen*, p.195.
31. Novalis, "Fragmentos I e II", in *Pólen*, p.146.
32. F. Schlegel, *O dialeto dos fragmentos*, p.64 (*Athenäum*, Fr. 116).
33. Ibid., p.148 (*Ideias*, Fr. 116).
34. F. Schlegel, *Conversa sobre a poesia*, p.29, 30.
35. O. Paz, *Os filhos do barro*, p.93, 88, 79.
36. J.G. Hamann, "De escritos e cartas", in *Autores pré-românticos alemães*, p.25.
37. Ibid., p.28.
38. J.G. Herder, "Da terceira coleção de fragmentos", in *Autores pré-românticos alemães*, p.31.
39. J.G. Herder, *Ensaio sobre a origem da linguagem*, p.49.
40. F. Schlegel, *O dialeto dos fragmentos*, p.114 (*Athenäum*, Fr. 350).
41. Spinoza, *Ética*, p.13, 53.
42. F. Schlegel, *Conversa sobre a poesia*, p.30, 53.
43. Novalis, "Seleção dos fragmentos e estudos", in *A cristandade ou a Europa*, p.70-93.
44. F. Schlegel, *O dialeto dos fragmentos*, p.146 (*Ideias*, Fr. 14).
45. Ibid., p.150 (*Ideias*, Fr. 46).
46. Ibid., p.148 (*Ideias*, Fr. 34).
47. G. Vattimo, *Para além da interpretação*, p.99.
48. F. Schlegel, *O dialeto dos fragmentos*, p.146 (*Ideias*, Fr. 13).
49. Ibid., p.148 (*Ideias*, Fr. 30).
50. Ibid., p.48 (*Athenäum*, Fr. 13).
51. Novalis, "Seleção dos fragmentos e estudos", in *A cristandade ou a Europa*, p.68, 72, 74.
52. Novalis, *A cristandade ou a Europa*, p.42.
53. M. Lutero, *Da liberdade do cristão*.
54. Novalis, *A cristandade ou a Europa*, p.34.
55. F. Schlegel, *O dialeto dos fragmentos*, p.87 (*Athenäum*, Fr. 231).
56. Novalis, "Fragmentos I e II", in *Pólen*, p.141 (104).
57. F. Schlegel, *O dialeto dos fragmentos*, p.75 (*Athenäum*, Fr. 173).
58. F. Schlegel, *Conversa sobre a poesia*, p.54, 66.
59. Novalis, "Die Lehrlinge zu Sais", in *Novalis Werke*, p.95.
60. F. Schlegel, *O dialeto dos fragmentos*, p.34 (*Lyceum*, Fr. 93).
61. F. Schelling, "Trecho do *Sistema do idealismo transcendental*", in Rodrigo Duarte (org.), *O belo autônomo*, p.147.

62. O. Paz, *Os filhos do barro*, p.69.
63. F. Hölderlin, "A voz do povo", in *Poemas*, p.141.
64. F. Hölderlin, "O adeus", in *Poemas*, p.123.
65. Novalis, "Fragmentos I e II", in *Pólen*, p.157.
66. O. Paz, *Os filhos do barro*, p.85.
67. Novalis, "Seleção dos fragmentos e estudos", in *A cristandade ou a Europa*, p.93.
68. M. Heidegger, *A origem da obra de arte*, p.35.
69. S. Freud, "Moisés e o monoteísmo", in *Edição Standard Brasileira das obras psicológicas completas* – vol.XXIII, p.137.

10. O amor entre arte e filosofia (p.154 a 166)

1. F. Schlegel, *O dialeto dos fragmentos*, p.38 (*Lyceum*, Fr. 115).
2. Ibid., p.22 (*Lyceum*, Fr. 12).
3. Platão, *A República*, p.451 (607b-607c).
4. Ibid., p.434-5 (697c-597e).
5. Ibid., p.438 (598b, 599a).
6. Ibid., p.322 (517b).
7. Ibid., p.445 (603b).
8. Ibid., p.449 (605c), 450 (606b).
9. Ibid., p.441 (600e), p.444 (602b).
10. F.W.G. Hegel, *Cursos de estética I*, p.33.
11. Ibid., p.59.
12. Ibid., p.34.
13. F. Schlegel, *Conversa sobre a poesia*, p.30.
14. Ibid., p.35.
15. Aristóteles, *Física – Livros I e II*, p.93 (199a).
16. F. Hemsterhuis, "Carta sobre a escultura", in *Sobre o homem e suas relações*, p.23.
17. F. Schlegel, *Conversa sobre a poesia*, p.54.
18. F. Schlegel, *O dialeto dos fragmentos*, p.64 (*Athenäum*, Fr. 116).
19. Novalis, "Pólen", in *Pólen*, p.52 (Fr. 26).
20. F. Schlegel, *O dialeto dos fragmentos*, p.156 (*Ideias*, Fr. 96).
21. M. Heidegger, *Hinos de Hölderlin*, p.127.
22. F. Schlegel, "Über die Unverständlichkeit", in *Kritische Schriften*, p.534.
23. F. Schlegel, *O dialeto dos fragmentos*, p.32 (*Lyceum*, Fr. 80).
24. F. Schlegel, "Über die Unverständlichkeit", in *Kritische Schriften*, p.539.
25. G. Figal, *Oposicionalidade*, p.130.
26. Novalis, "Pólen", in *Pólen*, p.44 (Fr. 20).
27. F. Schlegel, *O dialeto dos fragmentos*, p.152 (*Ideias*, Fr. 55).
28. Ibid., p.153 (*Ideias*, Fr. 71).
29. F. Schlegel, *Conversa sobre a poesia*, p.51.
30. F. Nietzsche, *Assim falou Zaratustra*, p.41.

31. F. Schlegel, *O dialeto dos fragmentos*, p.25 (*Lyceum*, Fr. 36).
32. F.W.G. Hegel, *Cursos de estética I*, p.102.
33. F. Schlegel, *O dialeto dos fragmentos*, p.61 (*Athenäum*, Fr. 93).
34. Novalis, "Fragmentos I e II", in *Pólen*, p.142 (fr. 105).
35. F. Schlegel, *Conversa sobre a poesia*, p.45.
36. W. Benjamin, *A tarefa do tradutor*, p.8.
37. F. Schlegel, *O dialeto dos fragmentos*, p.31 (*Lyceum*, Fr. 73).
38. Ibid., p.63 (*Athenäum*, Fr. 110).
39. A. Berman, *A prova do estrangeiro: Cultura e tradução na Alemanha romântica*, p.128-9.
40. Novalis, "Pólen", in *Pólen*, p.72 (Fr. 68).
41. F. Hölderlin, "Esboço (O mais antigo programa de sistema do idealismo alemão)", in Denis L. Rosenfield (org.), *Filosofia & literatura: o trágico*, p.173.
42. F. Schlegel, *Conversa sobre a poesia*, p.48.
43. G. Agamben, *A linguagem e a morte*, p.107-8.
44. Platão, *A República*, p.451-2 (607c).
45. F. Schlegel, *O dialeto dos fragmentos*, p.60 (*Athenäum*, Fr. 87).
46. Ibid., p.132 (*Athenäum*, Fr. 419).
47. Aristóteles, "Arte poética", in *Arte retórica e Arte poética*, p.252 (IX).
48. F. Schlegel, *Conversa sobre a poesia*, p.46.
49. F. Schlegel, *O dialeto dos fragmentos*, p.142 (*Athenäum*, Fr. 450).
50. M. Zambrano, *A metáfora do coração e outros escritos*, p.107.

Bibliografia

Abrams, M.H. *Natural Supernaturalism: Tradition and Revolution in Romantic Literature*. Nova York, Norton Library, 1973.

______. *The Mirror and the Lamp: Romantic Theory and the Critical Tradition*. Londres, Oxford University Press, 1971.

Adorno, Theodor. *Teoria estética*. Lisboa, Edições 70, 1993.

______. *Filosofia da nova música*. São Paulo, Perspectiva, 1989.

Agamben, Giorgio. *A linguagem e a morte*. Belo Horizonte, Editora UFMG, 2006.

Allemann, Beda. *Ironia e poesia*. Milão, Mursia, 1971.

Arendt, Hannah. *A condição humana*. Rio de Janeiro, Forense Universitária, 1999.

______. *Lições sobre a filosofia política de Kant*. Rio de Janeiro, Relume Dumará, 1994.

Aristóteles. "Arte poética", in Aristóteles, Horácio e Longino, *A poética clássica*. São Paulo, Cultrix, 2005.

______. "Arte poética", in *Arte retórica e arte poética*. Rio de Janeiro, Ediouro, 2005.

______. *Física – Livros 1 e 2*. São Paulo/Campinas, IFCH/Unicamp, s/d.

Auerbach, Erich. "A descoberta de Dante no romantismo", in *Ensaios de literatura ocidental*. São Paulo, Duas Cidades/Ed. 34, 2007.

Bakhtin, Mikhail. *Estética da criação verbal*. São Paulo, Martins Fontes, 2003.

Barbosa, Ricardo. *Schiller e a cultura estética*. Rio de Janeiro, Zahar, 2004.

Barnett, Stuart. "Critical Introduction: The Age of Romanticism: Schlegel from Antiquity to Modernity", in Friedrich Schlegel, *On the Study of Greek Poetry*. Nova York, SUNY Press, 2001.

Barthes, Roland. *O rumor da língua*. São Paulo, Martins Fontes, 2004.

______. *Fragmentos de um discurso amoroso*. Rio de Janeiro, Francisco Alves, 2001.

Baudelaire, Charles. *Poesia e prosa*. Rio de Janeiro, Nova Aguilar, 1995.

Behler, Ernst. *German Romantic Literary Theory*. Cambridge, Cambridge University Press, 1993.

______. *Irony and the Discourse of Modernity*. Seattle, University of Washington Press, 1990.

Beiser, Frederick C. *German Idealism: The Struggle against Subjectivism, 1781-1801*. Cambridge, Harvard University Press, 2002.

______. *The Romantic Imperative: the Concept of Early German Romanticism*. Cambridge, Harvard University Press, 2003.

______. *The Fate of Reason: German Philosophy from Kant to Fichte*. Cambridge, Harvard University Press, 1987.

Benjamin, Walter. *Origem do drama trágico alemão*. Lisboa, Assírio & Alvim, 2004.

______. *O conceito de crítica de arte no romantismo alemão*. São Paulo, Iluminuras, 1999.

______. *A tarefa do tradutor.* Rio de Janeiro, Uerj, 1994.

______. *The Correspondence of Walter Benjamin, 1910-1940.* Chicago, The University of Chicago Press, 1994.

______. *Magia e técnica, arte e política.* São Paulo, Brasiliense, 1994.

______. "Sobre a linguagem em geral e sobre a linguagem humana", in *Sobre arte, técnica, linguagem e política.* Lisboa, Relógio D'Água, 1992.

______. *Origem do drama barroco alemão.* São Paulo, Brasiliense, 1988.

Berman, Antoine. *A prova do estrangeiro: cultura e tradução na Alemanha romântica.* Bauru, Edusc, 2002.

Berlin, Isaiah. "Herder e o iluminismo"; "O contrailuminismo", in *Estudos sobre a humanidade.* São Paulo, Companhia das Letras, 2002.

______. *Three Critics of the Enlightenment: Vico, Hamann, Herder.* Nova Jersey, Princeton University Press, 2000.

______. *The Roots of Romanticism.* Nova Jersey, Princeton University Press, 1999.

Bernstein, J.M. (org.). *Classic and Romantic German Aesthetics.* Cambridge, Cambridge University Press, 2003.

Blanchot, Maurice. "L'Athenaeum", in *L'Entretien infini.* Paris, Gallimard, 1969.

Bogado, Angelita Maria. *O romance-projeto: um estudo de "Lucinda" (1799), de Friedrich Schlegel.* Dissertação de Mestrado. São Paulo/Araraquara, Unesp, 2007.

Boileau, Nicolas. *A arte poética.* São Paulo, Perspectiva, 1979.

Booth, Wayne. *A Rhetoric of Irony.* Chicago, The University of Chicago Press, 1974.

Bornheim, Gerd. "A filosofia do romantismo", in J. Guinsburg (org.), *O romantismo.* São Paulo, Perspectiva, 2002.

______. *Páginas de filosofia da arte.* Rio de Janeiro, Uapê, 1998.

______. "Kleist e a condição romântica", in *O sentido e a máscara.* São Paulo, Perspectiva, 1995.

Bowie, Andrew. *Aesthetics and Subjectivity: from Kant to Nietzsche.* Manchester, Manchester University Press, 2003.

______. *From Romanticism to Critical Theory: The Philosophy of German Literary Theory.* Nova York, Routledge, 1997.

Breyner, Sophia de Mello. "Hölderlin ou o lugar do poeta", in *Jornal do Commercio,* 30-31 dez 1967, suplemento Letras Artes Actualidades.

Brown, Marshall. *The Shape of German Romanticism.* Ithaca, Cornell University Press, 1979.

Bürger, Peter. *Teoria da vanguarda.* São Paulo, Cosac Naify, 2008.

Butler, E.M. *The Tyranny of Greece over Germany.* Boston, Beacon Press, 1935.

Camões, Luis de. *Obra completa.* Rio de Janeiro, Nova Aguilar, 2005.

Candido, Antonio. "O patriarca", in *A educação pela noite.* Rio de Janeiro, Ouro sobre Azul, 2006.

Carpeaux, Otto Maria. *A literatura alemã.* São Paulo, Nova Alexandria, 1994.

______. *História da literatura ocidental.* Rio de Janeiro, Edições O Cruzeiro, s/d.

Cassirer, Ernst. *A filosofia do iluminismo.* Campinas, Unicamp, 1997.

Castro, Eduardo B. Viveiros de e Ricardo Benzaquen de Araújo. "Romeu e Julieta e a origem do Estado", in Gilberto Velho (org.). *Arte e sociedade*. Rio de Janeiro, Zahar, 1978.

Cervantes, Miguel de. *Don Quijote de la Mancha*. Madri, Real Academia Española, 2004.

Chaouli, Michel. *The Laboratory of Poetry*. Baltimore, The Johns Hopkins University Press, 2002.

Ciancio, Cláudio. *Friedrich Schlegel. Crisi della filosofia e rivelazione*. Milão, Mursia, 1984.

Cícero, Antonio. "O destino do homem (Hölderlin)", in Adauto Novaes (org.), *Poetas que pensaram o mundo*. São Paulo, Companhia das Letras, 2005.

Ciseri, Ilaria. *Romanticism: 1780-1860: The Birth of a New Sensibility*. Nova York, Barnes & Noble Books, 2004.

Courtine, Jean-François. *A tragédia e o tempo da história*. São Paulo, Ed. 34, 2006.

Croce, Benedetto. *Breviário de estética/Aesthetica in nuce*. São Paulo, Ática, 1997.

D'angelo, Paolo. *A estética romântica*. Lisboa, Editorial Estampa, 1998.

Dastur, Françoise. "Hölderlin, tragédia e modernidade", in Friedrich Hölderlin, *Reflexões*. Rio de Janeiro, Relume-Dumará, 1994.

Deleuze, Gilles. "Para dar um fim ao juízo", in *Crítica e clínica*. São Paulo, Ed. 34, 1997.

Dischner, Gisela. *Caroline und der Jenaer Kreis*. Berlim, Verlag Klaus Wagenback, 1979.

Dubos, Jean-Baptiste. *Réflexions critiques sur la poésie et sur la peinture*. Paris, Pissot, 1770.

Eichendorff, Joseph Freiherr von. "Sortilégio de outono", in Italo Calvino (org.), *Contos fantásticos do século XIX*. São Paulo, Companhia das Letras, 2004.

Eynde, Laurent van. *Introduction au romantisme d'Iena: Friedrich Schlegel et l'Athenaum*. Bruxelas, Ousia, 1997.

Ferris, David. *Silent Urns: Romanticism, Hellenism, Modernity*. Stanford, Stanford University Press, 2000.

Fichte, Johann Gottlieb. *A doutrina-da-ciência e outros escritos*. São Paulo, Abril Cultural, 1984.

______. "A doutrina-da-ciência e o saber absoluto"; "O princípio da doutrina-da-ciência", in *Escritos filosóficos*. São Paulo, Abril Cultural, 1973.

Figal, Günter. *Oposicionalidade*. Petrópolis, Vozes, 2007.

Foucault, Michel. "O que é um autor?", in *Estética: literatura, música e cinema*. Rio de Janeiro, Forense Universitária, 2001.

Fouqué, Friedrich De La Motte. *Ondina*. São Paulo, Landy, 2005.

Franco, Irley. "Eros platônico e moderno", *O que nos faz pensar*, n.01. Rio de Janeiro, PUC-Rio, 1989.

Frank, Manfred. *The Philosophical Foundations of Early German Romanticism*. Nova York, SUNY Press, 2004.

Freud, Sigmund. "Moisés e o monoteísmo", in *Edição Standard Brasileira das obras psicológicas completas* (*ESB*), vol.23. Rio de Janeiro, Imago, 1975.

______. "Os chistes e sua relação com o inconsciente", in *ESB*, vol.8. Rio de Janeiro, Imago, 1975.

Frye, Northrop. "Romanticism", in *Collected Works of Northrop Frye,* vol.3. Toronto, University of Toronto Press, 1997.

______. "The Drubken Boat: the Revolutionary Element in Romanticism", in *The Stubborn Structure*. Ithaca, Cornell University Press, 1970.

Furst, Lilian R. *The Contours of European Romanticism*. Londres, University of Nebraska Press, 1979.

Goethe, Johann Wolfgang. "Sobre a arquitetura alemã", in *Escritos sobre arte*. São Paulo, Humanitas/ Imprensa Oficial, 2008.

______. *Os anos de aprendizado de Wilhelm Meister*. São Paulo, Ed.34, 2006.

______. *Fausto: Uma tragédia*. São Paulo, Ed.34, 2004.

______. *Máximas e reflexões*. Rio de Janeiro, Forense Universitária, 2003.

______. *Os sofrimentos do jovem Werther*. Porto Alegre, L&PM, 2001.

______. "Para o dia de Shakespeare", in *Autores pré-românticos alemães*. São Paulo, EPU, 1991.

______. *Conversações de Goethe com Eckermann*. Lisboa, Vega, 1990.

Gombrich, Ernst. "Hegel e a história da arte", *Gávea*, n.5, abr 1988.

Gonçalves, Márcia C.F. "A recusa da teoria da *mímesis* pelas teorias estéticas na virada dos séculos XVIII e XIX e suas consequências", in Rodrigo Duarte e Virginia Figueiredo (orgs.), *Mímesis e expressão*. Belo Horizonte, UFMG, 2001.

Greenberg, Clement. "Vanguarda e kitsch", in *Arte e cultura*. São Paulo, Ática, 2001.

Grimm, Jacob. *Contos dos Irmãos Grimm*. Rio de Janeiro, Rocco, 2005.

Guinsburg, J. (org.), *O classicismo*. São Paulo, Perspectiva, 1999.

Gumbrecht, Hans Urich. *Modernização dos sentidos*. São Paulo, Ed. 34, 1998.

Habermas, Jürgen. *O discurso filosófico da modernidade*. São Paulo, Martins Fontes, 2000.

Hamann, Johann Georg. "De escritos e cartas", in *Autores pré-românticos alemães*. São Paulo, EPU, 1991.

Hamilton, Paul. *Metaromanticism: Aesthetics, Literature, Theory*. Chicago, The University of Chicago Press, 2003.

Hartmann, Nicolai. *A filosofia do idealismo alemão*. Lisboa, Fundação Calouste Gulbenkian, s/d.

Hegel, G.W.F. *Cursos de estética I*. São Paulo, Edusp, 2001.

______. *Cursos de estética II*. São Paulo, Edusp, 2000.

______. *Fenomenologia do espírito – parte I*. Petrópolis, Vozes, 2000.

______. *Filosofia da história*. Brasília, Editora UnB, 1999.

______. "Extractos", in Jacques d'Hondt, *Hegel*. Lisboa, Edições 70, 1984.

Heidegger, Martin. *Hinos de Hölderlin*. Lisboa, Instituto Piaget, 2004.

______. *A caminho da linguagem*. Petrópolis, Vozes, 2003.

______. *A origem da obra de arte*. Lisboa, Edições 70, 1989.

______. "A tese de Kant sobre o ser", in *Conferências e escritos filosóficos*. São Paulo, Abril Cultural, 1979.

______. *Introdução à metafísica*. Rio de Janeiro, Tempo Brasileiro, 1978.

______. *Vier Seminare*. Frankfurt am Main, Vittorio Klostermann, 1977.

Heine, Heinrich. *Contribuição à história da religião e filosofia na Alemanha*. São Paulo, Iluminuras, 1991.

______. "Concerning the History of Religion and Philosophy in Germany", in *The Romantic School and Other Essays*. Nova York, Continuum, 1985.

Hemsterhuis, Franz. *Sobre o homem e suas relações*. São Paulo, Iluminuras, 2000.

Henrich, Dieter. *Between Kant and Hegel*. Cambridge, Harvard University Press, 2003.

Herder, Johann Gottfried. *Philosophical Writings*. Cambridge, Cambridge University Press, 2002.

______. "Da terceira coleção de fragmentos"; "Shakespeare", in *Autores pré-românticos alemães*. São Paulo, EPU, 1991.

______. *Ensaio sobre a origem da linguagem*. Lisboa, Antígona, 1987.

Hoffmann, E.T.A. "O homem de areia", in Italo Calvino (org.), *Contos fantásticos do século XIX*. São Paulo, Companhia das Letras, 2004.

______. *O pequeno Zacarias, chamado Cinabre*. São Paulo, Martins Fontes, 1998.

Hölderlin, Friedrich. *Observações sobre Édipo; Observações sobre Antígona*. Rio de Janeiro, Zahar, 2008.

______. "Esboço (O mais antigo programa de sistema do idealismo alemão)", in Denis L. Rosenfield (org.), *Filosofia & literatura: o trágico*. Rio de Janeiro, Zahar, 2001.

______. *Reflexões*. Rio de Janeiro, Relume-Dumará, 1994.

______. *Poemas*. São Paulo, Companhia das Letras, 1991.

______. *Correspondencia completa*. Madri, Hipérion, 1990.

______. *Sämtliche Werke und Briefe*. Munique, Carl Hanser, 1970.

Hyppolyte, Jean. *Gênese e estrutura da Fenomenologia do espírito de Hegel*. São Paulo, Discurso Editorial, 2003.

Inwood, Michael. *Dicionário Hegel*. Rio de Janeiro, Zahar, 1997.

Jacobi, F.H. "Briefe über die Lehre von Spinoza", in *Werke*. Leipzig, Fleischer, 1812.

Jauss, Hans-Robert. "Schlegels und Schillers Replik auf die 'Querelle des anciens et des modernes'", in *Literaturgeschichte als Provokation*. Frankfurt am Main, Suhrkamp, 1970.

Justo, José Miranda. "As articulações do pensamento e a questão da história", in Novalis, *A cristandade ou a Europa*. Lisboa, Antígona, 2006.

Kant, Immanuel. *Ideia de uma história universal de um ponto de vista cosmopolita*. São Paulo, Martins Fontes, 2004.

______. *Crítica da razão prática*. São Paulo, Martins Fontes, 2002.

______. *Crítica da faculdade do juízo*. Rio de Janeiro, Forense Universitária, 1995.

______. *Duas introduções à "Crítica do juízo"*. São Paulo, Iluminuras, 1995.

______. *O conflito das faculdades*. Lisboa, Edições 70, 1993.

______. "Prefácio à segunda edição da '*Crítica da razão pura*'"; "Resposta à pergunta: que é 'Esclarecimento'?", in *Textos seletos*. Petrópolis, Vozes, 1985.

______. *Crítica da razão pura*. São Paulo, Abril Cultural, 1980.

Kierkegaard, S.A. *O conceito de ironia*. Bragança Paulista, Editora Universitária São Francisco, 2006.

Kleist, Heinrich von. *Sobre o teatro de marionetes*. Rio de Janeiro, 7Letras, 2005.

Koerner, Joseph Leo. *Caspar David Friedrich and the Subject of Landscape*. New Haven, Yale University Press, 1995.

Koselleck, Reinhardt. *Crítica e crise*. Rio de Janeiro, Contraponto/Eduerj, 1999.

Koyré, Alexandre. "Hegel em Iena", in *Estudos de história do pensamento filosófico*. Rio de Janeiro, Forense Universitária, 1991.

Krell, David Farrell. *The Tragic Absolute*. Indianapolis, Indiana University Press, 2005.

Lacoue-Labarthe, Philippe. *A imitação dos modernos: ensaios sobre arte e filosofia*. São Paulo, Paz e Terra, 2000.

Lacoue-Labarthe, Philippe e Jean-Luc Nancy. *O mito nazista*. São Paulo, Iluminuras, 2002.

______. *L'Absolu littéraire: théorie de la littérature du romantisme allemand*. Paris, Seuil, 1978.

______. "A exigência fragmentária", *Revista Terceira Margem*, n.10. Rio de Janeiro, UFRJ, 2004.

Larmore, Charles. "Hölderlin and Novalis", in Karl Ameriks (org.), *The Cambridge Companion to German Idealism*. Cambridge, Cambridge University Press, 2005.

______. *The Romantic Legacy*. Nova York, Columbia University Press, 1996.

Lenz, J. Michael Reinhold. "Anotações sobre o teatro", in *Autores pré-românticos alemães*. São Paulo, EPU, 1991.

Lessing, Gotthold Ephraim. *Laocoonte ou Sobre as fronteiras da pintura e da poesia*. São Paulo, Iluminuras, 1998.

______. *De teatro e literatura*. São Paulo, EPU, 1991.

Lima, Luiz Costa. "A questão dos gêneros", in *Teoria da literatura e suas fontes*. Rio de Janeiro, Civilização Brasileira, 2002.

______. *Vida e mimesis*. Rio de Janeiro, Ed. 34, 1995.

______. *Limites da voz: Montaigne, Schlegel*. Rio de Janeiro, Rocco, 1993.

______. *O controle do imaginário: razão e imaginação nos tempos modernos*. Rio de Janeiro, Forense Universitária, 1989.

Longino. "Do sublime", in Aristóteles, Horácio e Longino, *A poética clássica*. São Paulo, Cultrix, 2005.

Loveloy, Arthur O. "On the Discrimination of Romanticisms", in *Essays in the History of Ideas*. Baltimore, Johns Hopkins University Press, 1948.

Löwy, Michel. *Romantismo e messianismo*. São Paulo, Perspectiva/Edusp, 1990.

Lukács, Georg. "Posfácio", in J.W. Goethe, *Os anos de aprendizado de Wilhelm Meister*. São Paulo, Ed. 34, 2006.

______. *A teoria do romance*. São Paulo, Duas Cidades/Ed. 34, 2000.

______. *Die Seele und die Formen. Essays*. Darmstadt e Neuwied, Luchterhand, 1971.

Lutero, Martinho. *Da liberdade do cristão*. São Paulo, Unesp, 1998.

Lyotard, Jean-François. "O sublime e a vanguarda", in *O inumano: Considerações sobre o tempo*. Lisboa, Editorial Estampa, 1990.

Maas, Wilma. "Ironia e performance no primeiro romantismo alemão", *Revista Artefilosofia*, n.4. Ouro Preto, Ifac, 2008.

Machado, Roberto. *O nascimento do trágico: De Schiller a Nietzsche*. Rio de Janeiro, Zahar, 2006.

Man, Paul de. "The Concept of Irony", in *Aesthetic Ideology*. Minneapolis, University of Minnesota Press, 1996.

______. "The Rhetoric of Temporality", in *Blindness and Insight: Essays in the Rhetoric of Contemporary Criticism*. Minneapolis, University of Minnesota Press, 1992.

Mannemeier, Franz Norbert. *Friedrich Schlegels Poesiebegriff Dargestellt anhand der Literaturkritischen Schriften*. Munique, Fink, 1971.

Marcuse, Herbert. *Razão e revolução: Hegel e o advento da teoria social*. São Paulo, Paz e Terra, 2004.

Marx, Karl. *Crítica da filosofia do direito de Hegel*. São Paulo, Boitempo, 2005.

Menninghaus, Winfried. "Mitologia do caos no romantismo e na modernidade", *Estudos avançados [online]*, vol.10, n.27, 1996.

Merleau-Ponty, Maurice. *A prosa do mundo*. São Paulo, Cosac & Naify, 2002.

Molnár, Géza von. *Romantic Vision, Ethical Context: Novalis and Artistic Autonomy*. Minneapolis, University of Minnesota Press, 1987.

Mora, J. Ferrater. *Dicionário de filosofia*. São Paulo, Edições Loyola, 2001.

Moritz, Karl Philipp. *Viagem de um alemão à Itália*. São Paulo, Humanitas, 2007.

Morse, D. *Perspectives on Romanticism: A Transformational Analysis*. Londres, The Macmillan Press, 1981.

Muecke, D.C. *Ironia e o irônico*. São Paulo, Perspectiva, 1995.

Muricy, Katia. "O sublime e a alegoria", *O que nos faz pensar*, n.21. Rio de Janeiro, PUC-Rio, 2007.

______. *Alegorias da dialética: Imagem e pensamento em Walter Benjamin*. Rio de Janeiro, Relume Dumará, 1998.

Nietzsche, Friedrich. *Segunda consideração intempestiva: Da utilidade e desvantagem da história para a vida*. Rio de Janeiro, Relume Dumará, 2003.

______. *Assim falou Zaratustra*. Rio de Janeiro, Civilização Brasileira, 2000.

______. *Genealogia da moral: Uma polêmica*. São Paulo, Companhia das Letras, 1998.

______. *O nascimento da tragédia*. São Paulo, Companhia das Letras, 1992.

Novalis. *A cristandade ou a Europa*. Lisboa, Antígona, 2006.

______. *Pólen*. São Paulo, Iluminuras, 2001.

______. *Os hinos à noite*. Lisboa, Assírio & Alvim, 1998.

______. *Werke, Tagebücher und Briefe*. Org. H.-J. Mähl e R. Samuel. 3 vols. Munique, Carl Hanser Verlag, 1978.

______. *Novalis Werke*. Munique, C.H. Beck Verlag, 1969.

Nunes, Benedito. "A visão romântica", in J. Guinsburg, *O romantismo*. São Paulo, Perspectiva, 2002.

Nussbaum, Martha C. *Love's Knowledge*. Nova York, Oxford University Press, 1990.

O'brien, W. Arctander. *Novalis: Signs of Revolution*. Durham; Londres, Duke University Press, 1995.

Oliveira, Bernardo Barros Coelho de. "A necessária ironia da ficção: Algumas considerações sobre o dom Quixote", *Aisthe: Revista de Estética*, n.1. Rio de Janeiro, UFRJ-PPGF, 1997.

Osório, Luiz Camillo. *Razões da crítica*. Rio de Janeiro, Zahar, 2005.

Pareyson, Luigi. *Os problemas da estética*. São Paulo, Martins Fontes, 2001.

Paz, Octavio. "A ambiguidade do romance", in *Signos em rotação*. São Paulo, Perspectiva, 1996.

______. *A outra voz*. São Paulo, Siciliano, 1993.

______. *Os filhos do barro*. Rio de Janeiro, Nova Fronteira, 1984.

Pessoa, Fernando. *Obra poética*. Rio de Janeiro, Nova Aguilar, 1986.

Pinkard, Terry. *German Philosophy 1760-1860: The Legacy of Idealism*. Cambridge, Cambridge University Press, 2002.

Platão. "Sétima carta", in *Diálogos: Fedro, Cartas...* Belém, UFPA, 2008.

______. *Íon*. Porto Alegre, L&PM, 2007.

______. *Fedão*. Belém, UFPA, 2002.

______. *A República*. Belém, UFPA, 2000.

______. "O Banquete", in *O Banquete – Apologia de Sócrates*. Belém, UFPA, 2001.

______. *Fedro*. Lisboa, Edições 70, 1997.

Puente, Fernando Rey e Leonardo Alves Vieira (orgs.). *As filosofias de Schelling*. Belo Horizonte, UFMG, 2005.

Redfield, Marc. "*Lucinda's* Obscenity", in *The Politics of Aesthetics: Nationalism, Gender, Romanticism*. California, Stanford University Press, 2003.

Riasanovsky, Nicholas V. *The Emergence of Romanticism*. Nova York, Oxford University Press, 1992.

Richards, Robert J. *The Romantic Conception of Life*. Chicago, The University of Chicago Press, 2002.

Romano, Roberto. *Conservadorismo romântico. Origem do totalitarismo*. São Paulo, Unesp, 1997.

Rorty, Richard. *Contingência, ironia e solidariedade*. São Paulo, Martins Fontes, 2007.

Rosen, Charles. *Poetas românticos, críticos e outros loucos*. Cotia/ Campinas, Ateliê Editorial/Unicamp, 2004.

______. *A geração romântica*. São Paulo, Edusp, 2000.

Rosen, Charles, e Henri Zerner. *Romanticism and Realism: The Mythology of Nineteenth-Century Art*. Nova York, The Viking Press, 1984.

Rosenfeld, Anatol. *Letras germânicas*. São Paulo/Campinas, Perspectiva/Edusp/Unicamp, 1993.

______. *Texto/Contexto II*. São Paulo/Campinas, Perspectiva/Edusp/Unicamp, 1993.

______. "Introdução: da ilustração ao romantismo", in *Autores pré-românticos alemães*. São Paulo, EPU, 1991.

______. *Texto/Contexto I*. São Paulo/Campinas, Perspectiva/Edusp/Unicamp, 1985.

Rosenfield, Kathrin. "Uma falha na *Estética* de Hegel: a propósito de um silêncio sobre o romance de Goethe", in *A linguagem liberada*. São Paulo, Perspectiva, 1989.

Safatle, Vladimir. "Dialética, ironia, cinismo", in *Cinismo e falência da crítica*. São Paulo, Boitempo, 2008.

Schelling, Friedrich W.J. *Filosofia da arte*. São Paulo, Edusp, 2001.

______. "Trecho do *Sistema do idealismo transcendental*", in Rodrigo Duarte (org.), *O belo autônomo*. Belo Horizonte, UFMG, 1997.

______. "Cartas filosóficas sobre o dogmatismo e o criticismo", in *Escritos filosóficos*. São Paulo, Abril Cultural, 1973.

Schiller, Friedrich. *Kallias ou Sobre a beleza*. Rio de Janeiro, Zahar, 2002.

______. *Poesia ingênua e sentimental*. São Paulo, Iluminuras, 1991.

______. *A educação estética do homem*. São Paulo, Iluminuras, 1990.

Schlegel, August. *Kritische Ausgabe der Vorlesungen*, vol.1. Paderborn, Schöningh Verlag, 1989.

______. *Vorlesungen über dramatische Kunst und Literatur*. Bonn, K. Schroeder, 1923.

Schlegel, Caroline e August. *Las pinturas*. Buenos Aires, Biblos, 2007.

Schlegel, Friedrich. *On the Study of Greek Poetry*. Nova York, SUNY Press, 2001.

______. *O dialeto dos fragmentos*. São Paulo, Iluminuras, 1997.

______. *Conversa sobre a poesia e outros fragmentos*. São Paulo, Iluminuras, 1994.

______. *Lucinda*. Lisboa, Guimarães Editores, 1979.

______. "Vom Wert des Studiums der Griechen und Römer (1795-1796)", in *Kritische Schriften und Fragmente* [1794-1797], vol.1. Paderborn, Schöningh, 1988.

______. *Kritische Schriften*. Munique, Carl Hanser Verlag, 1970.

Schmitt, Carl. *Politische Romantik* [1919]. Berlim, Duncker & Humblat, 1998.

Schulte-Sasse, Jochen (ed.). *Theory as Practice: A Critical Anthology of Early German Romantic Writings*. Minnesota, University of Minnesota Press, 1997.

Seligmann-Silva, Márcio. *O local da diferença: Ensaios sobre memória, arte, literatura e tradução*. São Paulo, Ed. 34, 2005.

______. *Ler o livro do mundo: Walter Benjamin – romantismo e crítica literária*. São Paulo, Iluminuras, 1999.

Seyhan, Azade. *Representation and its Discontents: The Critical Legacy of German Romanticism*. Los Angeles, University of California Press, 1992.

Shaftesbury, Conde de. "A Letter Concerning Enthusiasm to my Lord", in *Characteristics of Men, Manners, Opinions, Times*. Nova York, Cambridge University Press, 1999.

Shakespeare, W. "Hamlet", in *Tragédias: Teatro completo*. Rio de Janeiro, Agir, 2008.

Sófocles. "Édipo Rei", in *A trilogia tebana*. Rio de Janeiro, Zahar, 2006.

Spinoza. *Ética*. Belo Horizonte, Autêntica, 2007.

Steiner, George. *Depois de Babel*. Lisboa, Relógio D'Água, 2003.

Stirnimann, Victor-Pierre. "Schlegel, carícias de um martelo", in Friedrich Schlegel, *Conversa sobre a poesia*. São Paulo, Iluminuras, 1994.

Süssekind, Pedro. *Shakespeare: O gênio original*. Rio de Janeiro, Zahar, 2008.

______. *Helenismo e classicismo na estética alemã*. Tese de Doutorado. Rio de Janeiro, UFRJ-IFCS, 2005.

Suzuki, Márcio. *O gênio romântico: Ciência e história da filosofia em Friedrich Schlegel*. São Paulo, Iluminuras, 1998.

Szondi, Peter. *Ensaio sobre o trágico*. Rio de Janeiro, Zahar, 2004.

______. "Antigüedad clásica y modernidad en la estética de la época de Goethe", in *Poética y filosofía de la historia I*. Madri, La Balsa de la Medusa, 1992.

______. "Friedrich Schlegel and Romantic Irony, with Some Remarks on Tieck's Comedies"; "Schlegel's Theory of Poetical Genres", in *On Textual Understanding and Other Essays*. Minneapolis, University of Minnesota Press, 1986.

______. "Das Naive ist das Sentimentalische", in *Lektüren und Lektionen*. Frankfurt am Main, Suhrkamp, 1973.

Taminiaux, Jacques. *Poetics, Speculation and Judgment: The Shadow of the Work of Art from Kant to Phenomenology*. Nova York, SUNY Press, 1993.

______. *La nostalgie de la Grèce à l'aube de l'idealisme allemand*. Haia, Martinus Nijhoff, 1967.

Thauman, Marianne. *The Romantic Fairy Tale: Seeds of Surrealism*. Michigan, The University of Michigan Press, 1964.

Torres Filho, Rubens Rodrigues. "O simbólico em Schelling", in *Ensaios de filosofia ilustrada*. São Paulo, Iluminuras, 2004.

______. *O espírito e a letra: A crítica da imaginação pura, em Fichte*. São Paulo, Ática, 1975.

Valéry, Paul. "Situação de Baudelaire", in *Variedades*. São Paulo, Iluminuras, 1999.

Vattimo, Gianni. *Para além da interpretação*. Rio de Janeiro, Tempo Brasileiro, 1999.

Volobuef, Karin. *Frestas e arestas: A prosa de ficção do romantismo na Alemanha e no Brasil*. São Paulo, Unesp, 1999.

Voltaire. "Cartas inglesas", in *Voltaire*, col. Os pensadores. São Paulo, Abril Cultural, 1973.

Welleck, René. "The Concept of Romanticism in Literary History"; "Romanticism Re-examined", in *Concepts of Criticism*. New Haven, Yale University Press, 1963.

Winckelmann, J.J. *Reflexões sobre a arte antiga*. Porto Alegre, Editora Movimento, 1975.

Wood, Robert. *An Essay on the Original Genius and Writings of Homer*. Londres, H. Hughs, 1775.

Young, Edward. *Conjectures on Original Composition*. Ithaca, Cornell University Library, 2009.

Zambrano, Maria. *A metáfora do coração e outros escritos*. Lisboa, Assírio & Alvim, 2000.

Ziolkowski, Theodore. *German Romanticism and its Institutions*. Nova Jersey, Princeton University Press, 1990.

Zöller, G. *Fichte's Transcendental Philosophy: The Original Duplicity of Intelligence and Will*. Nova York, Cambridge University Press, 1998.

Agradecimentos

Este livro é uma versão modificada da minha tese de doutorado, defendida em 2009 no Departamento de Filosofia da Pontifícia Universidade Católica do Rio de Janeiro (PUC-Rio) sob o título "Estio do tempo: o amor entre arte e filosofia na origem do romantismo alemão". Gostaria de agradecer ao Eduardo Jardim, que a orientou e que acompanhou meus estudos em filosofia desde o começo, cuidando para que eu buscasse meu caminho; à Katia Muricy, cujo pensamento ofereceu diálogos, falados ou não, presentes neste trabalho; aos demais componentes da banca examinadora, por seus comentários: Luiz Camillo Osório, Pedro Süssekind (a quem agradeço ainda pela ajuda com passagens traduzidas do alemão), Bernardo Barros Coelho e Patrick Pessoa; à Beatriz Andreiuolo e à Maria Letícia Duarte, pela leitura; aos que estiveram por perto no período de estudos na Brown University, nos Estados Unidos; e ao CNPq pelo apoio financeiro entre 2005 e 2008 às pesquisas que resultaram em minha tese. Devo ressaltar que a proposta de Irley Franco para eu dar aulas sobre o Romantismo alemão no curso de especialização em Arte e Filosofia da PUC-Rio esteve na origem deste trabalho, e agradecer também ao Roberto Machado, pelo convite para esta publicação e pelas sugestões para a versão final do texto. Por último, meu jamais suficiente obrigado à Marcela Oliveira, por seu constante apoio e por ter oferecido uma leitura comentada de cada página (e pé de página) deste texto.

ESTA OBRA FOI COMPOSTA POR MARI TABOADA EM META PRO E MINION PRO E IMPRESSA EM PROCESSO SOB DEMANDA PELA UM LIVRO SOBRE PAPEL OFFWHITE PARA A EDITORA SCHWARCZ A PARTIR DE 2025

FSC
www.fsc.org
MISTO
Apoiando o manejo florestal responsável
FSC® C128038

A marca FSC® é a garantia de que a madeira utilizada na fabricação do papel deste livro provém de florestas que foram gerenciadas de maneira ambientalmente correta, socialmente justa e economicamente viável, além de outras fontes de origem controlada.